COURS DE GÉOGRAPHIE

PREMIÈRE ANNÉE

LE MONDE

OU

DESCRIPTION PHYSIQUE ET POLITIQUE

DES CINQ PARTIES DU MONDE

ÉTUDE DÉTAILLÉE DE L'EUROPE

PAR

M. É. KLEINE

Ouvrage rédigé conformément aux Programmes de l'Enseignement
secondaire spécial

PARIS

LIBRAIRIE DUCROCQ

55, RUE DE SEINE, 55

COURS DE GÉOGRAPHIE

PREMIÈRE ANNÉE

LE MONDE

COURS DE GÉOGRAPHIE

PREMIERE ANNÉE

LE MONDE

DESCRIPTION PHYSIQUE ET POLITIQUE

DES CINQ PARTIES DU MONDE

ETUDE DETAILLÉE DE L'EUROPE

PAR

M. É. KLEINE

Sous-chef au Ministère de l'Instruction publique.

Ouvrage rédigé conformément aux Programmes de l'Enseignement secondaire spécial

PARIS

LIBRAIRIE DUCROCQ

55, RUE DE SEINE, 55

LIVRE I.

GÉOGRAPHIE GÉNÉRALE DU MONDE

CHAPITRE I.

LE GLOBE TERRESTRE

La terre dans le système solaire.

Un des savants les plus célèbres et les plus spirituels du siècle dernier, Fontenelle, a très-exactement et très-finement expliqué la situation de notre globe dans l'ensemble du système solaire; il a, avec autant d'ironie que de vérité, marqué la place de notre monde dans les mondes innombrables au milieu desquels nous sommes comme perdus.

« De la terre où nous sommes, ce que nous voyons de plus éloigné, c'est le ciel bleu, cette grande voûte, où il semble que les étoiles sont attachées comme des clous. On les appelle fixes, parce qu'elles ne paraissent avoir que le mouvement de leur ciel, qui les emporte avec lui d'orient en occident. Entre la terre et cette dernière voûte des cieux, sont suspendus, à différentes hauteurs, le soleil et la lune, et les autres astres qu'on appelle planètes.

« Notre folie, à nous autres, est de croire que toute la nature, sans exception, est destinée à nos usages ; et quand on demande à certains philosophes à quoi sert ce nombre prodigieux d'étoiles fixes, ils vous répondent froidement qu'elles servent à leur réjouir la vue. Sur ce principe on ne manqua pas d'abord d'imaginer qu'il fallait que la terre fût en repos au centre de l'univers, tandis que tous les corps célestes, qui étaient faits pour elle, prendraient la peine de tourner alentour pour l'éclairer. La terre se trouvait justement au milieu des cercles que décrivent les planètes, et ils étaient d'autant plus grands qu'ils étaient plus éloignés de la terre.

« Vient un Allemand, *Copernic* (1472—1543 après Jésus-Christ), qui fait main basse sur tous ces cercles différents et sur tous ces cieux solides qui avaient été imaginés par l'antiquité. Saisi d'une noble fureur d'astronome, il prend la terre et l'envoie bien loin du centre de l'univers, où elle était placée, et dans ce centre, il y met le soleil, à qui cet honneur était bien mieux dû. Les planètes, ne tournant plus autour de la terre, ne la renferment plus au milieu du cercle qu'elles décrivent. Tout tourne présentement autour du soleil ; la terre y tourne elle-même.

« Une boule qui roulerait sur une allée aurait deux mouvements. Elle irait vers le bout de l'allée, et en même temps elle tournerait plusieurs fois sur elle-même, en sorte que la partie de cette boule qui est en haut descendrait en bas, et que celle d'en bas monterait en haut. La terre fait la même chose. Dans le temps qu'elle avance sur le cercle qu'elle décrit en un an autour du soleil, elle tourne sur elle-même en vingt-quatre heures. Ainsi, en vingt-quatre heures, chaque partie de la terre perd le soleil et le recouvre ; et à mesure qu'en tournant, on va vers le côté où est le soleil, il semble qu'il s'élève, et quand on commence à s'en éloigner, en continuant le tour, il semble qu'il s'abaisse.

« Mais si la terre tourne, nous changeons d'air à chaque moment et nous respirons toujours celui d'un autre pays. — Nullement, l'air qui environne la terre, ne s'étend que jusqu'à une certaine hauteur, peut-être jusqu'à vingt lieues tout au plus; il nous suit et tourne avec nous. Vous avez vu quelquefois l'ouvrage d'un ver a soie, ou ces coques que ces petits animaux travaillent avec tant d'art pour s'y emprisonner. Elles sont d'une soie fort serrée, mais elles sont couvertes d'un certain duvet fort léger et fort lâche. C'est ainsi que la terre, qui est assez solide, est couverte, depuis sa surface jusqu'à une certaine hauteur, d'une espèce de duvet qui est l'air, et toute la coque du ver à soie tourne en même temps. Au delà de l'air, est la matière céleste, incomparablement plus pure, plus subtile et même plus agitée qu'il n'est.

« C'est pourtant sur cette coque de ver à soie qu'il se fait de si grands travaux, de si grandes guerres, et qu'il règne de tous côtés une si grande agitation [1]. »

Forme de la terre. — Les pôles. — L'équateur.

La terre est une boule. Chacun s'en peut assurer par ses yeux. Transportons-nous dans une vaste plaine de l'Arabie, ou sur la haute mer. Pourquoi les tours, les vaisseaux, les montagnes, lorsque nous nous en éloignons, semblent-ils se plonger sous l'horizon? Et pourquoi, au contraire, lorsque nous en approchons, ces objets se montrent-ils d'abord par le sommet et ne decouvrent-ils que successivement leur milieu et leur base?

[1] De Fontenelle, *Entretiens sur la pluralité des mondes.*

C'est que toute plaine apparente sur la terre est une
surface courbe. Cette observation répétée partout dé-
montre bien que la surface de la terre est à peu près
régulièrement courbée.

De plus, les nombreux voyages faits autour du monde
ont clairement établi la forme de la terre et les calculs
astronomiques ont achevé la démonstration. La hauteur
des montagnes ne prouve rien contre la rotondité de la
terre, car ces irrégularités, qui nous semblent énormes,
sont à peine sensibles lorsqu'on embrasse un globe aussi
vaste, et on a dit mille fois qu'elles ne se remarquaient
pas plus que les aspérités de la peau d'une orange.

Toutefois, il est bien reconnu aujourd'hui que la sphère
terrestre n'est point parfaite : à ses deux extrémités elle
est très-sensiblement aplatie. On a donné à ces extrémités le nom de *pôles*, d'un mot grec qui veut dire *pivot*.
Car à ces extrémités est supposée s'appuyer une ligne
idéale passant par le centre et autour de laquelle la
terre accomplit son mouvement de rotation sur elle-
même. Cette ligne idéale est l'*axe* de la terre.

Des deux pôles, l'un s'appelle le *pôle arctique*, parce
qu'il est tourné vers une constellation que les Grecs appelaient *arctos* ou l'*ourse*. L'autre s'appelle *pôle antarctique*, c'est-à-dire, opposé au pôle arctique. Le premier
s'appelle encore *pôle nord* ou *boréal*, l'autre *pôle sud* ou
austral.

Les points cardinaux.

On a, en effet, pour se rendre compte de la position
des diverses parties de la terre, établi des points de re-
pere, points qui servent de base à toutes observations et
qu'on appelle pour cela *points cardinaux*.

La partie tournée vers les étoiles qui forment la Grande

Ourse, ou, comme le disaient les anciens, le *septentrion*, s'appelle le *nord*. La pointe opposée c'est le *sud* ou le *midi*, parce que c'est le côté où nous voyons le soleil au milieu de la journée. Les deux autres points, l'*est* et l'*ouest* s'appellent aussi: l'un, l'*orient*, d'un mot latin qui veut dire sortir, naître, parce que c'est le point où le soleil nous semble se lever; l'autre, l'*occident* (d'un mot latin qui veut dire tomber, mourir), parce que c'est le point où le soleil nous semble tomber, se coucher. Lors-que nous regardons le *nord*, l'*orient*, est à notre droite, l'*occident* à notre gauche, le *sud* derrière nous. Si l'on regarde le midi, c'est le contraire.

Entre les quatre points principaux, il y en a d'inter-médiaires. Ainsi, l'on dit le *nord-est*, point entre le *nord* et l'*est*, le *sud-est*, point entre l'*est* et le *sud*, et ainsi de suite : *sud-ouest*, *nord-ouest*.

C'est le soleil qui nous guide pour nous *orienter*, comme on dit. A six heures du matin, il se trouve à l'*est*, à midi au *sud*, à six heures du soir à l'*ouest*. La nuit on peut consulter l'*étoile polaire* qui est fixe. Si le temps est couvert, on se sert de la *boussole*. On sait que l'aiguille aimantée tourne toujours l'une de ses pointes au nord et l'autre au sud, et, grâce à ses indications, on ne saurait se tromper.

Mesure de la terre. — Longitudes et latitudes.

Pour faciliter la mesure de la terre et l'évaluation des distances, on a imaginé un cercle courant autour de la partie la plus renflée de la terre et à une égale distance des deux pôles. Ce cercle s'appelle l'*équateur*, parce qu'il divise le globe terrestre en deux parties égales.

Puis on a conduit parallèlement à ce cercle d'autres cercles qui, de chaque côté, vont en se rétrécissant, comme la terre, à mesure qu'on approche des pôles. Ces cercles sont appelés *parallèles :* ils servent à marquer la *latitude*, c'est-à-dire la distance d'un lieu à l'équateur. Deux points extrêmes, séparés par des milliers de lieues peuvent avoir la même latitude, c'est-à-dire être dans la même situation relativement à l'équateur. Cela est très-important pour se rendre compte de la différence ou de la ressemblance des climats

Les astronomes et les géographes ont aussi imaginé d'autres cercles dirigés en sens contraire des premiers, passant par les pôles, et par conséquent perpendiculaires à l'équateur. Ces cercles ont été appelés *méridiens*, parce que, sur tous les points où passent ces cercles, il est midi au même moment. Et cela s'explique. La terre tourne de l'ouest à l'est. Tous les points donc qui se trouvent sur la même ligne du nord au sud, marchent de front, tournent ensemble, s'approchent ou s'éloignent ensemble du soleil qui ne peut pas éclairer l'un avant l'autre. Au contraire, tous les points qui sont situés sur une *parallèle*, se présentent successivement devant le soleil et ne peuvent avoir midi à la même heure.

Les méridiens servent à mesurer la *longitude*, c'est-à-dire la distance d'un lieu à un méridien principal qu'on a pris pour point de départ. En France, on a choisi comme point de départ le méridien qui passe par Paris.

Les méridiens qui sont à l'est du méridien de Paris marquent la *longitude orientale ;* ceux qui se trouvent à l'ouest, la *longitude occidentale.* Il y en a 180 d'un côté et 180 de l'autre, car la terre est une sphère, et on sait qu'une sphère se divise, en géométrie, en 360 degrés.

On dira donc : telle ville est au 20e degré de longitude orientale pour exprimer son éloignement du méridien de Paris et au 15e degré de latitude ou nord ou sud pour exprimer son éloignement de l'équateur et à quelle dis-

tance elle se trouve soit au sud, soit au nord du milieu
de la terre.

Tropiques et zones.

Dans le mouvement de la terre autour du soleil, il
arrive des moments où la partie éclairée embrasse la
même surface que la partie non éclairée. Alors la durée du jour se trouve égale à celle de la nuit pour tous
les points du globe terrestre. Les époques auxquelles le
centre de la terre se trouve dans cette position s'appellent *équinoxes* Mais la révolution de la terre autour du
soleil ne se fait pas dans le plan même de l'équateur.
De sorte que les rayons du soleil ne tombent pas toujours à plomb sur l'équateur. Le soleil paraît tantôt
avancer, tantôt reculer au delà. Les cercles parallèles
qui marquent la limite où il s'avance en été, et la limite
où il recule en hiver, s'appellent *tropiques* (d'un mot
grec qui veut dire retour). Le premier est le *tropique du
Cancer ;* le second, le *tropique du Capricorne.*

On a également distingué des cercles qui sont aussi
éloignés des pôles que les tropiques sont éloignés de
l'équateur : ce sont les *cercles polaires.*

On a appelé les espaces compris entre ces cercles polaires et les tropiques des *zones* ou bandes.

Les zones renfermées entre les cercles polaires du
nord et du sud sont les *zones glaciales :* elles sont pri-
vées du soleil une grande partie de l'année. Les deux
zones comprises entre chacun des cercles polaires et
chacun des tropiques sont les *zones tempérées,* parce
qu'elles ne reçoivent jamais les rayons du soleil à plomb.
Enfin la zone comprise entre les tropiques et par le milieu de laquelle passe l'équateur est la zone *torride.*

Cartes. — La Mappemonde.

Pour représenter la terre, le mieux était naturellement de façonner des globes à son image : on a construit des sphères sur lesquelles les différentes parties de la terre sont dessinées avec toute l'exactitude possible. Mais ces sphères, ces globes terrestres ne sont pas, s'ils ont une dimension un peu grande, d'un usage facile; s'ils sont réduits, ils n'offrent pas assez de surface pour contenir les détails. Il faut donc, le plus souvent, renoncer à ces globes et se contenter de simples tableaux qui ne présentent pas l'image réelle de la terre, mais sur lesquels on peut au moins dessiner la forme des différentes parties : ce sont les *cartes géographiques*.

Si la carte représente le monde entier, c'est la mappemonde (le mot carte en anglais se dit *map*.). Ordinairement une mappemonde se divise en deux hémisphères, pour conserver au moins quelque chose de la forme de la terre : c'est comme une boule coupée en deux parties égales.

Quelquefois cependant on ne cherche pas à représenter la rondeur de la terre et on dessine tout uniment les diverses parties de la terre sur une carte carrée.

Ce sont les *degrés de longitude* et *de latitude* qui ont permis de dresser des cartes avec une exactitude mathématique et ce sont les degrés qui servent, comme nous l'avons dit, à indiquer les distances. Les degrés se divisent en *minutes* et en *secondes*. Sur une carte, les degrés de longitude vont de haut en bas, les degrés de latitude de gauche à droite.

Sur les cartes, le *nord* est en haut, l'*est* à droite, le *sud* en bas, l'*ouest* à gauche.

Étendue relative des terres et des eaux.

A la surface de notre globe nous voyons en bien iné-
gale quantité de la *terre* et des *eaux*.

Le globe terrestre offre une superficie de 510 millions
de kilomètres carrés. Les terres n'occupent environ que
le quart.

Autrefois même la mer a couvert à peu près toute la
terre.

« La géologie nous apprend comment on a pu déterminer ses limites successives aux divers âges de notre
planète. Mais il n'est pas nécessaire de remonter à des
époques très-reculées pour être témoin des envahisse-
sements ou du retrait des eaux.

« Le détroit de Gibraltar, que les anciens appelaient
les *Colonnes d'Hercule*, est une conquête de l'océan. Jusqu'à nos jours il s'est élargi. En 1748, par une mer très-
basse, on a découvert, dans la partie océanique du détroit, le fameux temple d'Hercule dont on a retiré
plusieurs débris.

« Une des plus désastreuses irruptions de la mer que
nous connaissions est celle qui, en 1446, submergea
plus de deux cents bourgs de la Frise et de la Zélande.
On a vu longtemps encore après la catastrophe les sommets des tours et les pointes des clochers s'élevant au-
dessus de la surface de l'eau. On pourrait multiplier
beaucoup les exemples des variations dans le fond des
mers. Ici des villes, des contrées entières sont recou-
vertes par les eaux. Dans le nord de la Suède, la mer
paraît se retirer, tandis qu'elle envahit lentement le sud
de cette contrée.

« Des variations continuelles se produisent dans le
bassin des mers. Elles sont généralement très-lentes et

difficiles à suivre, mais petit à petit, elles acquièrent une grande importance. Quelquefois elles sont brusques, accompagnées de phénomènes désastreux qui effrayent l'homme et paraissent troubler l'harmonie de l'univers.

« Tous les jours l'Océan semble jeter un défi à la terre. Il se retire comme le lutteur pour s'élancer avec plus de force contre les barrières qu'il voudrait franchir. Deux fois par jour il s'agite et couvre de ses eaux de grandes étendues de côtes; deux fois il se retire, abandonnant aux hommes un grand nombre d'épaves marines. Mais, contenue par une main puissante et invisible, il ne dépasse jamais une limite que tous les jours il peut atteindre Il s'avance et se retire à des heures si bien réglées que l'homme a pu déterminer pour chaque point des côtes l'heure de la haute mer et l'heure de la basse mer [1]. »

[1] M Sonrel *Le fond de la mer*, 1869.

CHAPITRE II.

Les cinq Océans.

Nous voyons, à la surface du globe terrestre, de la
terre et des eaux, mais à vrai dire le fond des mers est
la suite immédiate du sol sur lequel nous habitons. On
y retrouve les mêmes accidents géographiques, plaines,
vallées, ravins, collines, escarpements, immenses étendues de vase, etc. — Si l'on faisait abstraction de l'eau,
on verrait, au fond de la mer, la continuation des chaînes de montagnes de notre terre et des plissements du
sol analogues à ceux que nous avons sous les yeux. Mais
l'eau a tout recouvert et nous ne pouvons contempler
que d'immenses surfaces mobiles. Ces plaines d'eau,
dont l'étendue a longtemps effrayé l'homme, s'appellent les *Océans*.

À proprement parler, il n'y a qu'une mer, qu'un
Océan. Embarquez-vous au Havre, naviguez au cou-
chant, doublez l'Amérique, remontez vers l'Océanie, vi-
sitez les côtes de la Chine et les rivages de l'Inde, reve-
nez en suivant les côtes d'Afrique et d'Europe, vous

rentrerez au Havre sans avoir été obligé de descendre de votre vaisseau. Ce sont bien les mêmes flots qui vous ont porté.

Mais pour se reconnaître plus facilement sur cette immense étendue d'eau, on distingue cinq parties de l'Océan.

L'Océan, qui s'étend entre l'Europe et l'Afrique d'un côté, et les deux Amériques de l'autre, s'appelle l'*Atlantique*.

Celui qui s'étend entre l'Amérique et la Chine s'appelle le *Pacifique*.

Celui qui baigne les côtes des Indes et la côte orientale de l'Afrique, l'*Océan Indien*.

Enfin l'Océan, lorsqu'il s'approche du pôle nord, prend le nom d'*Océan glacial arctique*, et lorsqu'il s'approche du pôle sud, prend le nom d'*Océan glacial antarctique*.

Détroits et Caps.

Les cinq Océans communiquent entre eux généralement par de vastes espaces, mais aussi par des passages resserrés entre les terres et qu'on nomme *détroits*.

Ainsi l'Océan Atlantique communique librement au nord de l'Europe avec l'océan glacial arctique, mais, au nord-ouest de l'Amérique, il passe par le *détroit de Davis*.

Au midi, il se confond librement avec l'océan glacial austral, puis à l'est, doublant la pointe de l'Afrique au *cap* de *Bonne-Espérance*, il se confond avec l'Océan Indien; à l'ouest, doublant la pointe de l'Amérique du sud ou *cap Horn*, il se confond avec l'océan Pacifique. Les navires mêmes peuvent ne point aller jusqu'au cap

Horn : le *détroit de Magellan*, au sud de l'Amérique, ouvre déjà un passage pour aller de l'Atlantique au Pacifique.

De même, l'océan Pacifique communique librement avec l'océan austral, mais les îles de l'Océanie ont surgi entre lui et l'océan Indien, ne laissant que des détroits dont profite la navigation : détroit de *Bass* entre l'Australie et la Tasmanie ; détroit de *Torrès* au nord de l'Australie et mer de *Lanchidol;* détroit de la *Sonde* entre les îles de Sumatra et de Java; détroit de *Malacca* entre l'île du Sumatra et l'extrémité de l'Indo-Chine.

Au nord, il communique avec l'océan Glacial arctique par le détroit de *Behring,* entre l'Amérique et l'Asie.

Marées et courants.

Si les eaux n'avaient à subir l'action des vents et des astres, notamment de la lune, elles garderaient leur équilibre. Le vent agite leur surface; la lune agit sur leur masse : elle les attire, les élève et comme le mouvement de la terre empêche que cette action soit perpétuelle, les eaux retombent et s'élèvent tour à tour. C'est là ce qui explique la *marée haute* et la *marée basse.*

Outre ce mouvement de va-et-vient, produit par une cause toute extérieure, l'Océan a encore des mouvements qui lui sont propres. A voir cette immense plaine d'eau on dirait qu'elle n'a d'autre mouvement que celui de venir tour à tour couvrir ou découvrir le rivage, ronger ou abandonner les mêmes rochers; il semble qu'il n'y ait point de direction. L'étude attentive de cette plaine qui ne paraît mobile qu'à la surface, les longues navigations, les observations répétées ont démontré qu'il y avait dans les océans des directions générales de l'eau, de grands fleuves, si l'on veut, et comme l'on dit habituellement, des *courants*.

On distingue entre les courants ceux qui sont *constants*, et ceux qui sont *périodiques* et *accidentels*. Ces derniers sont très-nombreux ; ils sont dus aux variations mêmes de l'atmosphère qui produisent de grands mouvements dans les masses d'eau. Les premiers sont les plus intéressants à connaître pour le géographe.

« Échauffées et rendues moins denses à l'équateur, les eaux de l'Atlantique y forment une sorte de bourrelet ; refroidies et alourdies aux pôles, elles s'y abaissent et un double courant *équatorial* et *polaire* tend à se former. C'est le mouvement de l'air qui va en déterminer la direction. On ne peut nier l'effet des vents sur la mer, ils la rident et y découpent des vagues qu'ils chassent devant eux, augmentant ou diminuant les hauteurs des marées suivant qu'ils concordent avec la marche du flot, ou bien qu'ils s'y opposent. Or, les vents combinent leurs efforts pour entraîner, dans la direction de l'Amérique, les eaux les plus chaudes de l'Atlantique ; elles commencent leur mouvement au sud du cap Vert (côte d'Afrique) et le continuent avec une vitesse croissante jusqu'au cap San-Roque.

« En cet endroit, la côte américaine offre une configuration remarquable : avançant graduellement du nord et du sud, elle pousse dans l'est une pointe avancée qui partage naturellement le courant en deux rameaux, l'un dirigé vers le cap Horn, l'autre qu'on nomme le *Gulf-stream* et qui monte vers le nord. Ce courant célèbre que nous décrirons plus loin, tourne ensuite à l'est et vient frapper les côtes d'Europe.

« Les mêmes choses se répètent dans le grand Océan ; c'est encore un courant parti des côtes occidentales du Mexique se brisant contre l'Australie, s'insinuant entre

les grandes îles de l'Inde, et remontant au-dessous de là
presqu'île de Malacca, le long des côtes de la Chine et
du Japon, jusqu'au détroit de Behring, où il apporte les
bois flottés recueillis dans sa course : c'est le *Kurvo-Sivo,*
la *Rivière Noire*; elle redescend le long de la côte de la
Californie [1]. »

Mers secondaires. — Iles et Presqu'îles.

Il n'y a qu'une mer, nous l'avons dit. Toutefois, de
même qu'on a pu la distribuer géographiquement en
cinq océans, de même aussi on a pu trouver d'autres subdivisions en donnant des noms particuliers aux
parties de la mer qui baignent certains rivages et certains
groupes d'îles, ou qui pénètrent dans les renfoncements
formés par de grandes presqu'îles, et même assez avant
dans l'intérieur des continents.

Ainsi la *Méditerranée* (au milieu des terres) est la continuation de l'Océan Atlantique. — Par le détroit de
Gibraltar, elle pénètre entre l'Europe et l'Afrique et
baigne les grandes presqu'îles qui terminent l'Europe
méridionale : Espagne, Italie, Grèce. Cette mer forme
elle-même d'autres mers que nous aurons à décrire,
Archipel, Mer Noire, etc. Au nord de l'Europe, l'Océan
Atlantique forme encore des mers secondaires, la *Manche*, la mer du *Nord*, la *Baltique* qui baignent les îles britanniques, la péninsule danoise et la péninsule scandinave. De même sur les côtes d'Afrique il forme la mer
ou le golfe de Guinée ; sur les côtes orientales d'Amérique, le golfe du *Mexique*, la mer des *Antilles*.

L'Océan Pacifique forme également des mers secon-

---

[1] J. Lemin. *Les vents et la pluie.* (*Revue des Deux-Mondes*, 15 février 1867.)

daires : mer de *Californie* ou *Vermeille*, golfe de *Panama*
puis, sur les côtes d'Asie : mer du *Japon*, qui baigne le
groupe d'îles qui porte ce nom ; mer *Jaune*, mer de
Chine, mer d'*Okostk* et, au sud, golfe de *Siam*.

Les îles sont si nombreuses et si importantes dans le
Grand Océan, qu'on en a fait une des cinq parties du
monde : l'Océanie.

L'Océan Indien forme, sur les côtes d'Asie, le golfe
du *Bengale*, le golfe ou mer d'*Oman*, le golfe *Persique*,
le golfe *Arabique*.

Ces mers secondaires baignent les trois grandes presqu'îles de l'*Arabie*, de l'*Hindoustan*, de l'*Indo-Chine*.

CHAPITRE III.

LES TERRES.

Les Continents. — Les Cinq parties du Monde.

Nous avons dit que la terre ne couvrait que le quart de notre globe. Cette terre se divise en deux grandes masses qui se tiennent et que pour cela on appelle *continents* (d'un mot latin signifiant tenir ensemble).

On distingue l'*ancien continent*, qui seul était connu avant le xvᵉ siècle de l'ère chrétienne, et le *nouveau continent*, découvert par Christophe Colomb.

L'*ancien continent* comprend l'*Europe*, l'*Asie*, l'*Afrique*, qui sont les trois parties du monde les plus peuplées. L'Europe et l'Asie se tiennent très-solidement l'une à l'autre, par une attache très-forte; l'Afrique ne se rattache à l'Asie que par une langue de terre, très-mince, l'*Isthme de Suez*, que l'art de l'homme s'étudie même, en ce moment, et réussit à couper.

Le *nouveau continent* est formé par l'*Amérique* qui se divise en deux parties, *Amérique du Nord*, *Amérique du Sud*, reliées entre elles par une bande de terre étroite, l'*isthme de Panama*, qui un jour sera probablement détruit.

A ces quatre parties du monde, il faut ajouter les groupes d'îles considérables de l'Océan Pacifique et qu'on appelle l'*Océanie*. Cette cinquième partie du monde contient même une île si vaste, l'*Australie*, qu'à elle seule cette île équivaut à un continent.

Étendue relative des terres au nord et au sud de l'Equateur ; forme générale ; ressemblances et différences des Continents

Si la distribution des terres et des mers est très-inégale à la surface du globe, la distribution des terres l'est aussi. Presque toute la masse des terres est dans la première moitié du globe, je veux dire dans l'hémisphère boréal, au nord de l'équateur. L'autre moitié en a relativement peu, et à mesure qu'on s'avance vers le pôle austral, c'est l'Océan qui règne et domine librement.

Presque tout l'ancien continent se trouve au nord de l'équateur, et cette ligne, qui ne traverse ici que l'Afrique, passe même au-dessous du milieu de cette contrée. Plus de la moitié du nouveau continent est également au nord de l'équateur, qui passe dans le nord de l'Amérique méridionale.

La direction des deux continents est très-différente. Ainsi, l'ancien est dirigé de l'ouest à l'est et parallèle, pour ainsi dire, à l'équateur. Le nouveau s'étend, au contraire, en longueur, tandis que l'ancien s'étend en largeur. L'Amérique semble aller dans la direction des pôles.

Chose curieuse pourtant! malgré la différence des deux continents, leurs péninsules ou presqu'îles ont toutes ou même presque toutes, même direction. Elles sont tournées en général vers le midi. Regardez la *Californie*, le *Groënland*, la *Floride*, etc., en Amérique, et vous verrez qu'elles ont la même direction que l'Italie ou la Grèce en Europe, l'Arabie ou l'Hindoustan en Asie, etc.

Dans l'ancien continent, l'*Europe* a une forme très-irrégulière, car elle est profondément découpée par la mer qui la pénètre presque en tous sens. Elle est, toutefois plus large que longue (5,400 kilom. du sud-ouest au nord-est, 3,800 kilom. du nord au sud). C'est la plus petite, quoique la plus importante partie du monde : sa superficie n'est que de 9,778,000 kilom. carrés.

L'*Asie* occupe une superficie de 46,000,000 kilom. carrés ; c'est un immense quadrilatère plus large que long, car il a 10,500 kilom. de l'ouest à l'est, et 6,900 du nord au sud.

L'*Afrique* figure un vaste triangle, mais sans régularité. Sa plus grande largeur de l'est à l'ouest est de 6,800 kilom. Sa plus grande longueur du nord au sud, de 8,000 kilom.; sa superficie de 29,700,000 kilom. carrés.

Les deux *Amériques* figurent également deux vastes triangles irréguliers, liés ensemble ou plutôt superposés; l'Amérique du nord cependant se rapproche davantage de la forme du quadrilatère ; l'Amérique méridionale ressemble plus à l'Afrique. La superficie de la première est de 20,000,000, celle de la seconde de 18,000,000 de kilom. carrés.

Quant à la nature du sol et à l'aspect général, l'*Europe* offre un ensemble admirable de pays bien cultivés, fertiles, jouissant d'un climat modéré, et depuis longtemps théâtre du développement d'une riche civilisation. L'*Afrique* est, au centre, occupée par des steppes, des déserts, des lacs marécageux, et elle est en grande partie brûlée par le soleil. L'*Asie* offre dans son ensemble l'aspect le plus inégal et le contraste de tous les climats, des régions glacées et des contrées brûlantes, des steppes tristes et désertes et de luxuriantes campagnes, de la plus mesquine végétation et de la plus exubérante, car cette partie du monde a une zone glaciale, une zone torride et, au centre, une zone qui serait tempérée si, à cause de son élévation, elle n'était le plus souvent froide.

Les terres du nouveau continent, et qui sont loin d'être défrichées, sont parées d'une végétation robuste et sauvage dans sa beauté, arrosées par des fleuves immenses, éclairées par un soleil splendide, ornées de forêts gigantesques et recèlent dans leur sein les mines les plus précieuses.

Direction des grandes chaînes de montagnes et des principaux fleuves.

La mer découpe les rivages de l'ancien continent et donne à leurs contours mille formes variées, quelquefois élégantes. Elle sert à marquer les limites et les directions, mais à l'intérieur des terres, dès qu'on s'élève au-dessus du chaos, à première vue inextricable, des montagnes et des vallées, on remarque aussi une direction générale et des limites bien déterminées qui guident le géographe. Éloignons-nous de la mer, le sol s'élève; le relief du sol n'en est pas pour cela plus fortement accusé, mais par les mesures géométriques on s'assure qu'on s'élève de plus en plus au-dessus du niveau de la mer. On arrive enfin à une chaîne de hauteurs, quelquefois en apparence moindre que des chaînes voisines, mais plus importante, plus élevée, quant à sa base, au-dessus de la mer, et marquant la limite de l'extrême relief du sol. Au delà de cette chaîne, on ne monte plus, on redescend et on arrive peu à peu à une autre mer. Cette chaîne ou ce plateau, car quelquefois les hauteurs sont peu sensibles, détermine la direction générale des eaux du pays qui suivent soit l'une, soit l'autre pente, ou, comme l'on dit, l'un ou l'autre *versant*. Aussi l'appelle-t-on la *chaîne de partage des eaux*. Dans tout pays il y en a une, comme dans tout corps humain il y a une épine dorsale. Il faut toujours s'y reporter et la géographie alors devient facile, car elle atteint la précision et la netteté de l'anatomie.

Prenons l'ancien continent. Envisageons l'Europe et l'Asie, cet immense amas de terre qui nous semble, au premier abord, confus et inextricable; nous aurons bientôt reconnu la longue et parfois gigantesque épine dorsale d'où partent toutes les autres chaînes de montagnes, tous les os, pour ainsi dire, et nous comprendrons par quel système de charpente rocheuse tout ce grand corps se tient.

De l'extrémité sud-ouest de l'Europe à l'extrémité nord-est de l'Asie, du détroit de Gibraltar au détroit de Behring, nous verrons une immense ligne de montagnes qui coupent l'Europe et l'Asie en deux parties, l'une tournée vers le nord, l'autre vers le sud. Cette chaîne paraît souvent insignifiante, mais elle n'en marque pas moins les points du sol les plus élevés au-dessus de la mer, et de temps à autre elle se redresse en murailles colossales comme les *Alpes*, ou projette des rameaux comme la chaîne de l'*Hymalaya*.

Quant à l'Afrique, ses chaînes de montagnes se rattachent à cette chaîne principale par des branches secondaires, mais, au lieu de prendre la forme d'une arête plus ou moins vive, sa charpente montagneuse s'étend, s'aplatit. Les montagnes enveloppent l'Afrique comme d'une ceinture, ne laissant entre elles et les côtes qu'une bordure cultivable et habitable. Aussi les eaux du centre manquent-elles d'écoulement et ce défaut de configuration fait le plus grand tort à l'Afrique. C'est une masse, ce n'est pas un corps.

Indiquer la direction des montagnes, c'est indiquer celle des fleuves : ils suivent la pente où ils naissent, comme l'eau qui tombe sur nos toits suit leurs différentes inclinaisons.

L'ancien continent est divisé par la chaîne de partage en deux grands versants, celui du nord-ouest et celui du sud-est. Les grands fleuves de l'Europe, le *Tage*, la *Loire*, le *Rhin*, l'*Elbe*, l'*Oder*, la *Vistule*, la *Dwina*, vont tomber dans les mers formées par l'océan Atlantique et par l'océan Glacial. Les grands fleuves du nord de l'Asie ont même direction, l'*Obi*, l'*Iénisséi*, la *Léna* vont se jeter dans l'océan Glacial.

L'autre versant est toutefois plus riche en grands et beaux fleuves : le *Rhône*, le *Pô*, le *Danube*, le *Dniéper*, qui se jettent dans les mers formées au sud de l'Europe par l'océan Atlantique; le *Tigre* et l'*Euphrate*, l'*Indus*, le *Gange*, le *Mei-Kong*, le fleuve *Bleu*, le fleuve *Jaune*, le fleuve *Amour* qui se jettent dans les mers formées par l'océan Indien au sud, et par l'océan Pacifique à l'est de l'Asie.

Quant à l'Afrique, la ceinture de montagnes qui l'enveloppe fait qu'elle a autant de versants qu'elle a de côtés; le fleuve du *Nil* court, ainsi que les fleuves de l'Algérie, du sud au nord ; le *Sénégal* de l'est à l'ouest, le *Niger* de l'ouest à l'est, puis retourne à l'ouest. Ces fleuves se jettent : les premiers dans la Méditerranée, les autres dans l'océan Atlantique. Sur la côte orientale, le *Zambèse* est le plus important des cours d'eau, et il va de l'ouest à l'est.

Le nouveau continent est mieux dessiné à l'intérieur. Il a, comme l'Europe et l'Asie, une charpente nettement tracée, mais dans un autre sens : elle va du nord au sud, du détroit de Behring au détroit de Magellan, ou plutôt au cap Horn, car la mer la recouvre un moment, mais ne la détruit pas. Cette chaîne, en général très-élevée, sous le nom des *Cordilières*, des *montagnes Rocheuses* et des *Andes*, partage les deux Amériques en versants de l'*est* et de l'*ouest*. Comme la limite de partage est très-rapprochée de la côte occidentale, le versant de l'ouest est insignifiant ; les grands cours d'eau et les vastes étendues sont de l'autre côté.

Presque toutes les eaux des Amériques sont conduites à l'océan Atlantique par les grands fleuves le *Saint-Laurent*, le *Mississipi*, l'*Orénoque*, le fleuve des *Amazones*. Ce dernier est le plus large des fleuves.

Ce qui reste à découvrir sur le globe.

L'homme a mis des siècles à connaître le domaine que Dieu lui a donné. On peut dire maintenant qu'il le connaît bien, s'il est loin de l'avoir, en totalité, exploité et peuplé. D'intrépides voyageurs ont exploré les parties les plus éloignées et les plus inaccessibles du monde. Ce serait toute une histoire que celle des découvertes géographiques, et nous ne pouvons l'aborder ici.

L'Europe est tout entière, non seulement connue, mais habitée. L'Asie ne présente plus guère que certaines parties du plateau central qui demandent encore des explorations, non pour être connues, mais pour être bien déterminées géographiquement. Au XIX⁰ siècle, l'Afrique a vu de nombreux voyageurs pénétrer dans ses profondeurs les plus reculées, sans cependant que de ce côté tout ait été vu et décrit. Les difficultés qui empêchent de voyager dans la région équatoriale ont jusqu'ici entravé les efforts, mais non désespéré le courage des explorateurs, qui, espérons-le, parviendront à nous faire connaître avec précision les caractères du centre do l'Afrique.

En Amérique, dans ce continent le plus récemment découvert, tout l'ensemble est connu : il ne reste plus que des explorations de détail, des reconnaissances à opérer dans des vallées reculées et difficiles à aborder.

Quant à l'Océanie, il est douteux que de nouveaux voyages y ajoutent une île de plus, mais on a encore beaucoup à étudier dans la plus grande de ses îles, l'Australie. Là, chaque année, il y a des explorations, et il en reste encore à faire.

Toutefois, l'attention des géographes et des savants est moins portée du côté de ces différentes parties du monde, qui sont en général bien déterminées, que du côté des pôles.

Sans doute, la curiosité scientifique est plus intéressée que le commerce à la découverte de nouvelles terres ou de nouveaux passages dans les mers polaires. Mais ce serait quelque chose de bien important, si l'homme parvenait enfin à se rendre un compte exact de l'étendue de son domaine, même des parties qui sont inhabitables et improductives. Au nord de l'Amérique, il y a des îles et de vastes terres très-froides. Tout autour s'étend une mer de glace. Les navigateurs cherchent surtout à s'assurer qu'il y a un passage entre ces îles, et qu'on pourrait faire le tour complet de l'Amérique par le nord-ouest comme on le fait par le sud. Ce sont les expéditions au pôle Nord, expéditions des plus dangereuses, mais que les périls n'empêchent pas de renouveler sans cesse.

A l'extrémité opposée, de savants navigateurs ont aussi cherché à constater, surtout depuis 1830, l'existence de terres nouvelles. On se demande maintenant s'il n'y a pas un continent austral.

LIVRE II.

L'EUROPE.

CHAPITRE IV.

ASPECT GÉNÉRAL DE L'EUROPE; GÉOGRAPHIE PHYSIQUE.

Limites. — Océans. — Mers et Golfes.

Les limites de l'Europe sont en général des mers.
L'eau l'enveloppe de tous les côtés sauf un seul, celui de
l'est. Au midi, à l'ouest, au nord, ce sont des ramifications des océans ou les océans eux-mêmes qui marquent ses contours : au nord, l'océan Glacial *Arctique*
qui forme la mer *Blanche*; à l'ouest, l'océan *Atlantique*
qui forme la mer du Nord et la mer Blanche; au midi
la *Méditerranée* qui forme elle-même la mer *Ionienne*,
l'*Archipel*, la mer de *Marmara*, la mer *Noire*.

Ces mers méridionales séparent l'Europe de l'Asie et
de l'Afrique. Au delà des autres mers s'étend l'immensité de l'Océan.

Au midi cependant, la séparation de l'Europe et de
l'Asie est marquée encore par une forte muraille, la

chaîne du *Caucase*, mais cette chaîne est courte, si elle est haute et épaisse.

A l'est : un grand lac salé, la *mer Caspienne ;* un fleuve qui s'y jette, l'*Oural ;* une chaîne de montagnes qui porte le même nom, les monts *Ourals*, limitent, sans les séparer effectivement, l'Europe et l'Asie.

Nous avons dit que les mers découpaient profondément les côtes d'Europe. Elles y pénètrent en effet dans tous les sens et y forment des golfes nombreux quand elles-mêmes ne sont pas de véritables et immenses golfes. Ainsi la mer *Blanche*, au nord, est un bras de mer enfoncé dans les terres ; l'océan Atlantique, outre la mer du Nord, forme, tout à fait dans l'intérieur des terres, la mer *Baltique*, à laquelle conduisent seulement d'étroits passages. La mer Baltique elle-même creuse les côtes qu'elle baigne et creuse les golfes de *Riga*, de *Finlande*, de *Bothnie*. Sur les côtes de France, l'Océan Atlantique forme le golfe de *Gascogne*.

Au midi la mer Méditerranée découpe de mille manières les rivages qu'elle baigne et creuse les golfes du *Lion*, sur les côtes de France ; de *Gênes* sur celles d'Italie ; s'insinue profondément entre l'Italie et la Turquie sous le nom de mer *Adriatique* que termine le golfe de *Venise ;* déchire les côtes de la Grèce où le plus grand golfe est celui de *Lépante ;* puis se continue par l'*Archipel*, et enfin par la *mer de Marmara* et la *mer Noire* qui ressemblent plutôt à des lacs, car elles sont entourées de terres et on n'y entre que par d'étroites ouvertures. La mer Noire forme elle-même la mer d'*Azof*, dernier enfoncement des eaux venues de l'Océan.

Détroits.

Ces mers nombreuses communiquent entre elles par des passages plus ou moins larges, plus ou moins faciles.

Ainsi pour aller de la mer du Nord dans la mer Baltique, il faut passer par les détroits qui se trouvent entre le Danemark et la Suède : le *Skager-Rack*, le *Cattégat* et le passage assez difficile du *Sund*. La mer du Nord communique avec la Manche par le détroit du *Pas-de-Calais*. Voilà pour le nord de l'Europe.

Au midi, le détroit de *Gibraltar* est de beaucoup le plus important. C'est par lui que communiquent l'océan Atlantique et la Méditerranée ; c'est grâce à lui que, de tous les points du nord et de l'ouest de l'Europe, on peut par mer aborder tous les rivages du midi. Ce détroit sépare l'Afrique de l'Europe, et les deux pointes qui le forment appartiennent l'une au Maroc, l'autre à l'Espagne.

Nous parlerons des détroits secondaires dans l'étude des diverses contrées de l'Europe ; mais à l'extrémité orientale de la Méditerranée, il y a encore deux détroits très-importants et qui ont joué un grand rôle dans la politique des puissances européennes : les détroits des *Dardanelles* et le *Bosphore*, par lesquels on va de l'Archipel, continuation de la Méditerranée, dans la mer Noire. Ces détroits sont pour les puissances de l'est de l'Europe les clefs du midi et il est toujours bon de bien regarder aux mains de qui on laisse les clefs de ses portes.

Caps.

Les détroits et les golfes sont des conquêtes de la mer sur la terre. Les caps ou les promontoires sont au contraire des pointes hardies que poussent les terres dans la mer. L'Europe, présentant des côtes excessivement découpées, de grandes presqu'îles, de nombreux golfes, a également beaucoup de caps que nous passerons en revue à mesure que nous décrirons chaque contrée.

Disons seulement qu'à considérer l'ensemble, les deux
pointes extrêmes de l'Europe sont au nord le cap *Nord*
qui se détache des côtes de la Suède pour s'avancer
dans l'océan Glacial, et au midi le cap *Matapan* qui se
distingue entre les nombreuses pointes qui terminent la
Grèce. Ces deux pointes extrêmes sont éloignées de
4000 kilom.

A l'ouest, le continent européen projette dans l'océan
Atlantique la pointe *Saint-Mathieu* (France), les caps
Ortégal (Espagne), *Saint-Vincent* (Portugal); au midi de
l'Espagne, le cap *Tarifa* forme avec la pointe de Ceuta
en Afrique le détroit de Gibraltar. Citons encore les caps
qui terminent la péninsule italienne; les caps *dell'Armi*
et *Spartivento*, d'une part et le cap de *Leuca* de l'autre.

Iles.

Les nombreuses découpures faites par la mer dans le
continent européen s'attestent encore par les îles, morceaux considérables du continent, que la mer n'a pu en-
gloutir et qui planent en général vertes et riantes au-
dessus des eaux.

Au nord, on trouve des îles froides comme les contrées
qui les avoisinent : les îles *Lofoden*, et l'*archipel danois*
(Seeland, Fionie, etc.) et les îles de la mer Baltique. Au
delà de l'Europe, dans l'océan Glacial on remarque la
grande terre peu connue de la *Nouvelle-Zemble*.

Au nord-ouest ce sont les îles *Færoer*.

A l'ouest, c'est l'*Islande* qu'on rattache à l'Europe,
mais qui se rattache plus naturellement aux terres glacées de l'Amérique du nord. C'est le groupe des *Iles Britanniques*, avec les groupes secondaires des *Hébrides*, des
Orcades, etc. Puis viennent les îles qui s'échelonnent le
long des côtes de France.

Enfin, au midi, la Méditerranée est peuplée d'îles. On voit qu'elle n'a pu recouvrir toutes les terres de sa nappe uniforme. De nombreux et fertiles débris surnagent, et c'est à peine, dans certaines parties de la Méditerranée, surtout dans l'Archipel, si l'on perd la terre de vue.

Configuration générale de l'Europe.

L'Europe, nous l'avons dit, présente dans son ensemble une sorte de quadrilatère irrégulier. Si on la considère avec les autres parties de l'ancien continent, c'est une vraie presqu'île, puisqu'au nord, à l'ouest, au midi elle est entourée d'eau, et que, d'un seul côté, à l'est, elle a une frontière terrestre. Elle est comprise entre le 36ᵉ degré et le 79ᵉ de latitude nord et, pour la longitude, en prenant pour base le méridien de Paris, entre le 12ᵉ degré de longitude ouest et le 60ᵉ degré de longitude est.

Sa direction générale est du nord-est au sud-ouest. Elle va sans cesse en se rétrécissant de ce côté. — Nous avons dit que du nord au sud elle avait 4,000 kilom. de long. Du sud-ouest, c'est-à-dire du cap Saint-Vincent, à l'extrémité nord-est, embouchure de la petite rivière de Kara, elle compte 5,400 kilom.

Chaîne de partage des eaux. — Montagnes et Volcans.

D'après cette configuration générale on soupçonne tout de suite dans quel sens se développera la grande arête, la charpente montagneuse ou, comme l'on dit, la chaîne de partage des eaux. Cette chaîne ira du sud-ouest au nord-est.

Cette ligne de partage, très-tortueuse, et très-confuse se compose au midi de hautes montagnes qui diminuent, à mesure qu'on avance vers le nord. Elle part du cap *Tarifa*, au détroit de Gibraltar, et va finir au cap *Waigatz*, dans la mer de Kara. A droite et à gauche, elle jette de nombreux rameaux dont quelques-uns, comme il arrive en toutes les parties du monde, sont plus importants que la chaîne principale.

Cette chaîne de partage qui commence par les *sierras* d'Espagne, se continue par les *Pyrénées*, traverse la France sous le nom de *Cévennes* et va, par le *Jura*, se souder au massif des *Alpes* qui est le vrai centre des montagnes d'Europe, leur véritable noyau. Dans les Alpes, la ligne de partage suit les *Alpes centrales*, puis les montagnes de la *Forêt noire*, les *Alpes de Souabe;* puis se rattache au massif montagneux de la Bohême, en suivant le *Fichtel Gebirge* (montagnes des Pins) et le *Bœhmer-Wald;* se continue par les monts *Moraves*, les *Sudètes*, les *Carpathes;* remonte au nord avec les *collines de Pologne* et le plateau de *Valdaï*, pour se rattacher aux monts *Ourals*.

Cette longue suite de hauteurs, très-forte au midi et dans certains parties du centre, divise naturellement l'Europe en deux régions bien distinctes : la *haute* et la *basse* Europe.

La *haute et basse* Europe, c'est là une division non moins importante pour l'histoire de l'homme que pour la géographie physique. « Depuis Paris et Londres jusqu'à Astrakan, une grande plaine s'ouvre aux invasions des peuples asiatiques et aux influences alternatives de l'atmosphère sibérienne et de l'atmosphère océanique; le peu d'élévation de ses terres les rend moins froides et plus habitables que le plateau de la Tartarie, située sous la même latitude.

« De Lisbonne à Constantinople, une suite de terres hautes présente au contraire une grande variété de coupes et de pentes, les unes exposées aux vents froids du nord, les autres aux tièdes haleines du sud[1]. »

Les rameaux qui se détachent de la chaîne de partage couvrent d'abord l'Espagne, puis la France ; la haute chaîne des *Pyrénées* n'est dans sa plus grande partie qu'un rameau. En France, les montagnes les plus élevées sont les monts volcaniques d'*Auvergne* qui autrefois vomissaient du feu et des pierres, mais dont les cratères sont éteints aujourd'hui. Puis, la chaîne projette encore les *Vosges* ; c'est à peu près tout pour le nord et encore les chaînes sont relativement courtes. Il faut cependant mentionner les montagnes qui forment la charpente de la péninsule scandinave qu'on appelle les *Alpes scandinaves*.

Au midi, la chaîne de partage projette des rameaux bien autrement importants. Les principaux se détachent du massif des Alpes. Un grand rameau, se détachant des Alpes centrales, s'en va former la charpente montagneuse de la péninsule italique et se terminer au cap *dell' Armi*. Un second, sous le nom d'Alpes *juliennes,* puis d'Alpes *illyriennes,* descend le long du rivage oriental de la mer Adriatique, et, en Turquie, se divise lui-même en deux rameaux : l'un va couvrir la Grèce et aboutir au cap Matapan ; l'autre, plus épais, s'en va, sous le nom de *Balkans,* aboutir à la mer Noire vers le détroit de Constantinople.

Les *Carpathes* au centre de l'Europe, sont une chaîne remarquable qui ne fait pas tout entière partie de la ligne de partage.

Enfin, un autre rameau se détache du plateau de Valdaï et court au sud ; il est faible d'abord, mais il se soude ensuite à la muraille haute et forte du *Caucase* qui sépare la mer Noire de la mer Caspienne.

[1] Malte-Brun, *Géographie universelle.*

Parmi ces montagnes, nous avons dit que les monts d'Auvergne en France étaient d'anciens volcans. Il y a encore toutefois, en Europe, des volcans en activité et qui de temps à autre font des éruptions désastreuses. Ce sont à l'extrémité du rameau italique le *Vésuve*, près de Naples, et dans l'île de la Sicile, qui est un morceau détaché de l'Italie, l'*Etna*. Dans l'île glacée de l'Islande, à l'extrémité nord-ouest de l'Europe, il y a le volcan de l'*Hécla*.

Versants et Bassins.

La pente des eaux en Europe est naturellement dans la même direction que la ligne de partage, c'est-à-dire qu'elle va du sud-ouest au nord-est. Toutes les eaux du versant nord s'en vont à l'océan Atlantique et aux mers qui en dérivent, puis à l'océan Glacial. Toutes les eaux du versant méridional vont à la Méditerranée et aux mers qui en dérivent.

Il n'y a donc que deux grands versants. Mais il y a autant de bassins qu'il y a de grandes vallées et de fleuves descendant soit à l'océan, soit aux mers secondaires.

Toutefois, en envisageant l'ensemble de l'Europe, comme nous devons le faire pour cette étude générale et préliminaire, on peut distinguer autant de versants qu'il y a de mers secondaires. Ainsi, il y aura le versant de l'*océan Atlantique*, le versant de la *Manche*, le versant de la *mer du Nord*, de la *mer Baltique*, de la *mer Blanche*, voilà pour le nord. Au midi, outre le grand versant de la *Méditerranée*, il y aura le versant de l'*Adriatique*, de l'*Archipel*, de la *mer Noire*, de la *mer Caspienne*. Ce sont les rameaux secondaires que nous avons indiqués comme se détachant de la chaîne générale qui séparent les différents versants et en forment les cloisons.

Dans chaque versant, on doit ensuite distinguer autant de bassins qu'il y a de principaux fleuves. Mais entrer dans l'étude des montagnes qui enveloppent les versants et de celles qui dans les versants dessinent les bassins, ce serait entrer dans l'étude détaillée des diverses contrées à laquelle nous allons arriver tout à l'heure.

On peut cependant signaler quelques grandes vallées de l'Europe, comme la *vallée du Rhin* qui va du centre au nord-ouest et aboutit à la mer du Nord. La *vallée du Rhône* va en sens contraire aboutir à la Méditerranée. La *vallée du Danube* plus large et plus longue encore va de l'ouest à l'est et aboutit à la mer Noire. Ces trois bassins s'appuient tous les trois sur la même base, sur la chaine centrale de l'Europe et s'en vont ensuite en divergeant vers des directions opposées. Le bassin du *Volga* est tout à fait en dehors de ce système. Il s'ouvre sur la mer Caspienne.

Facilités des relations commerciales.

En remontant, à partir de la mer, l'une des trois principales vallées du milieu de l'Europe, on arrive tout près de l'endroit où commencent les deux autres. On conçoit quelles facilités offre au commerce ce voisinage des trois vallées principales, grâce auxquelles on peut descendre dans les vallées secondaires. De l'Orient, la vallée du Danube nous amène au centre de l'Europe, et là on peut, soit par la vallée du Rhin remonter vers le nord, soit par la vallée du Rhône descendre vers le midi. La vallée du Volga, bien qu'excentrique par rapport au reste de l'Europe, est aussi d'une grande utilité, car elle est tournée vers l'Asie, et pour les populations du nord de l'Europe, c'est la route naturelle qui conduit à cette autre partie du monde.

Si, à l'intérieur, grâce à ces grandes et belles vallées qui ont été les étapes des peuples et du commerce, les communications sont en général aisées, et s'il ne faut faire exception que pour certains pays où se ramifient les Alpes, la mer qui de trois côtés enveloppe l'Europe est encore, ne l'oublions pas, un lien entre les diverses contrées. La mer, pénétrant profondément au milieu des terres européennes, les rapproche souvent plutôt qu'elle ne les sépare, et facilite les relations commerciales.

Aussi l'Europe, qui de beaucoup est la plus petite des cinq parties du monde, et qui n'est pas la plus riche sous le rapport du sol, des mines et du climat, est-elle devenue la première par le développement de la civilisation. Elle doit ce développement à cette facilité des relations commerciales qui vient de sa bonne configuration géographique. Les peuples se sont mêlés en Europe plus qu'en aucune autre partie du monde, et ils ont déployé une activité que favorise la nature tempérée du climat.

CHAPITRE V.

Limites, étendue et côtes.

Le groupe des **îles Britanniques**, dans la région nord-ouest de l'Europe, touche presque au continent : il n'en est séparé sur un point, au sud-est, que par la *Manche* et le détroit du *Pas-de-Calais*, lequel détroit peut se franchir en quelques heures.

Les deux îles principales qui le composent sont : la **Grande-Bretagne**, de beaucoup la plus importante, ou autrement dite l'Angleterre ; puis l'**Irlande**. Celle-ci touche presque en deux endroits à la première, à l'ouest de laquelle elle se trouve placée, et n'en est séparée que par deux détroits ou canaux : les canaux du *Nord* et de *Saint-Georges*. Entre ces deux canaux, l'espace est plus grand et on lui donne le nom de *Mer d'Irlande*.

La première île a la forme d'un triangle, dont on aurait fort découpé un des côtés, celui qui regarde l'Irlande. Ce triangle, enveloppé par les flots, se termine par le cap de *Duncansby* au nord, et à la base par les deux pointes de *Foreland*, à l'est, et par celles de *Lizard* et de *Land's End* ou Finistère, à l'ouest.

Les côtes occidentales de la Grande-Bretagne sont, comme nous venons de le dire, fort découpées : aussi comprennent-elles de nombreuses et importantes presqu'îles, auxquelles correspondent des golfes non moins nombreux.

Le golfe ou *canal de Bristol,* en pénétrant dans les terres, sépare la péninsule de *Cornouailles* de la péninsule qu'on appelle le pays de *Galles,* et cette péninsule est elle-même creusée à son centre par la baie de *Cardigan.* Au nord de la presqu'île du pays de Galles, la mer d'Irlande s'avance considérablement dans les terres et resserre singulièrement à cet endroit la Grande-Bretagne; elle recule ensuite vers le canal du Nord, mais le continent britannique ne cesse plus d'être assez étroit jusqu'à son extrémité. Il n'en est pas moins encore, malgré son peu de largeur, découpé depuis la mer d'Irlande par la baie de *Morecambe,* le golfe de *Solway* et le golfe de *Clyde.*

A l'est, les côtes de la Grande-Bretagne sont généralement basses et unies, toutefois, à l'embouchure des fleuves, la mer s'enfonce encore dans les terres et forme l'estuaire (ou embouchure) de la *Tamise,* le golfe de *Wash,* l'estuaire de l'*Humber,* le golfe de *Forth,* le golfe de *Tay* et le golfe de *Murray,* le plus profond.

Du nord au sud, l'Angleterre compte 900 kilomètres ; de l'est à l'ouest elle compte, dans sa plus grande largeur, c'est-à-dire au midi, 490 kilomètres.

L'Irlande, de beaucoup moins considérable que l'Angleterre, semble une barque attachée au flanc d'un vaisseau. Les Irlandais, qui appellent leur pays *Érin* (l'île verte), voudraient bien détacher cette barque et ne plus être écrasés par l'ombre du grand vaisseau qui les domine. Cette île, bien différente sous tous les rapports de sa superbe voisine et maîtresse, s'allonge du nord-nord-est au sud-sud-ouest sur une longueur de 450 kilom. et n'a de large que 270 kilom. Sa forme n'est pas bien déterminée ; ce n'est ni un cercle, ni un ovale. Elle ne lance ni au nord ni au sud de pointe hardie : la plus septentrionale est le cap *Malin*, la plus méridionale, le cap *Clear*. Distinguons cependant le majestueux cap de *Bengore*, au nord-est et qui s'élève à plus de 100 mètres au dessus des flots.

Autour de ces deux grandes îles, il se trouve d'autres îles ou groupes d'îles plus petits : les îles *Shetland* et les *Orcades* au nord de la Grande-Bretagne ; les *Hébrides* au nord-ouest ; les îles de *Man* et d'*Anglesey* dans la mer d'Irlande ; puis dans la Manche l'île de *Wight*, les îles *Sorlingues* et le groupe des îles, *Jersey*, *Guernesey*, *Aurigny*, dites normandes parce qu'elles dépendent géographiquement de la région française plutôt que des îles Britanniques.

Montagnes et Fleuves.

La forme triangulaire de la Grande-Bretagne permet tout de suite de comprendre quelle sera la direction de ses montagnes et par suite de ses eaux. Une longue arête verticale partant du milieu d'une chaîne horizontale qui forme la base du triangle, voilà tout le système montagneux de l'Angleterre.

Les hauteurs de la chaîne horizontale et méridionale n'ont guère d'importance que dans la presqu'île de Cornouailles, où elles renferment de nombreuses richesses minérales. La chaîne verticale, faible à son point de départ, s'élève à mesure qu'elle monte vers le nord, sous le nom de *monts Peaks*, chaîne âpre et nue ; puis de monts *Moorelands*. Cette chaîne projette à l'ouest le groupe des montagnes du *pays de Galles* et plus au nord projette à l'est les monts *Cheviots* qui séparent l'Angleterre de l'Écosse. En Écosse la chaîne qui vient de l'Angleterre et monte au nord s'élève de plus en plus et se termine par deux massifs : les monts *Ross* et les monts *Grampiants,* qui couvrent de leurs ramifications le nord de l'Écosse et font donner à cette extrémité de l'île le nom de *Highlands* (hautes terres).

Ce système montagneux divise naturellement les eaux en trois versants : ceux de l'ouest et de l'est, celui du midi. D'une part, les eaux tombent dans la mer d'Irlande, de l'autre, dans l'océan Atlantique et au midi, dans la Manche.

« Les cours d'eau de la Grande-Bretagne, surtout ceux de la partie méridionale, sont une des causes de sa prospérité et de sa grandeur. Aucune contrée de l'Europe, étant donné le peu de largeur et d'étendue de l'île, n'est mieux disposée pour l'écoulement des eaux. Sa constitution géologique est telle, son sol perméable sans être spongieux est si heureusement accidenté, les hauteurs qui ceignent les bassins composent un relief si avantageusement combiné, que, pour ainsi dire, pas une goutte d'eau utile n'est perdue. Les eaux tombées de ce ciel brumeux se rassemblent aisément et sans former d'inondations, dans des réservoirs naturels qui alimentent sans cesse d'innombrables petites rivières dont le réseau très-compliqué ne laisse pas un coin du territoire qui ne soit arrosé. Celles-ci se creusent facilement des lits profonds, sinueux, bordés de hautes berges, où le niveau des eaux reste constant presque en toute saison et elles s'écoulent dans la mer, sans bas-fonds, sans atterrissements, par des embouchures larges et profondes. Nulle part, en Europe, les rivières, avec un cours si peu développé, n'apportent une si grande masse d'eau, n'ont plus d'affluents, ne causent moins de ravages ; nulle part, l'agriculture et le commerce n'en tirent un plus grand profit. Cet admirable réseau est complété par un système de canalisation qui comprend plus de 100 canaux [1]. »

Dans l'océan Atlantique ou plutôt la mer du Nord, tombe la *Tamise*, dont la vaste embouchure donne accès aux vaisseaux qui peuvent remonter jusqu'à Londres ; puis l'*Ouse* et le *Nenn* qui tombent dans le golfe de Wash ; l'*Humber* formé du *Trent* et de la *Petite Ouse*, ce fleuve est court, mais très large ; puis la *Tweed* à la limite de l'Angleterre et de l'Écosse ; enfin le *Forth* et le *Tay* qui se jettent chacun dans le golfe qui porte leur nom.

Sur le versant opposé, tombent dans l'océan Atlantique et la mer d'Irlande, la *Clyde;* en Écosse et en Angleterre, la *Mersey*, la *Severn*, un des fleuves les plus longs et les plus remarquables de ce pays : par une large embouchure, ce fleuve se jette dans le canal de Bristol.

Au midi, la chaîne horizontale des montagnes n'étant pas éloignée, les cours d'eau ont peu d'espace pour se dérouler et le principal est l'*Avon* qui se jette dans la Manche à l'ouest de l'île de Wight.

L'Écosse a beaucoup de lacs dont quelques-uns sont très-considérables et très-beaux, entre autres les lacs *Lomond*, *Tay* et *Ness*.

Mais c'est l'**Irlande** surtout qui a beaucoup de lacs et malheureusement aussi de marécages. Le système montagneux n'y est pas nettement dessiné : il enveloppe à peu près toute l'île d'une manière confuse. Toutefois, on distingue deux versants, celui de l'Atlantique à l'ouest et celui de la mer d'Irlande à l'est. Le fleuve principal du premier versant et le plus important de

[1] Malte-Brun et Lavallée, *Géographie universelle.*

l'île est le *Shannon* qui, après avoir, dans son cours sinueux, formé beaucoup de lacs, va se jeter dans l'Atlantique par une large embouchure.

Il serait long et fastidieux d'énumérer les lacs de l'Irlande dont les eaux trouvent en général une issue vers
l'Atlantique ; citons les lacs *Neagh, Foyle, Erne.* Au sud-
ouest, les lacs de *Killarney* présentent un ensemble très-
curieux et très-pittoresque.

Divisions principales.

La nature a nettement marqué les différentes divisions
des îles Britanniques : la verte Irlande avec ses lacs, ses
marais, ses fondrières, son sol humide et verdoyant mais
peu fertile ; la Grande-Bretagne, bloc de fer et de houille,
recouverte de grasses prairies et d'abondants pâturages ;
l'Écosse, avec ses montagnes âpres, ses lacs magnifiques,
son aspect pittoresque ; et dans l'Angleterre proprement
dite, le pays de Galles, qui ressemble jusqu'à un certain
point à une petite Écosse.

L'histoire avait respecté ces différences géographiques ;
il y avait eu autrefois des peuples indépendants, en Angleterre ; dans le pays de Galles ; en Écosse ; en Irlande.
Mais partout nous tendons à l'unité et les durs Gallois,
les fiers Écossais, les malheureux et courageux Irlandais
ont tous été fondus en une seule nation ; les Irlandais
seuls protestent encore. La politique a passé son niveau
inflexible sur toutes ces races et sur toutes les différences géographiques. Il n'y a plus maintenant que le
Royaume-Uni de Grande-Bretagne et d'Irlande. L'Angleterre proprement dite est divisée en 40 comtés, le
pays de Galles en 12, l'Écosse en 33, l'Irlande en 32.

Les Anglais sont plus brefs et plus précis que nous dans
leur langage. Il nous faut trois mots au moins pour dé-

signer un département. Les Anglais réunissent le plus souvent le mot qui signifie comté (shire) à la ville capitale et on a ainsi le nom du comté. Ainsi *Yorkshire* veut dire le comté d'York.

Grandes villes. — Londres.

Les villes importantes et riches sont nombreuses en Angleterre. La capitale est LONDRES, sur la Tamise qui divise cette ville immense en deux parties. Londres est à la fois la capitale politique et commerciale de l'Angleterre. Elle réunit les avantages d'une ville continentale et d'un grand port maritime, puisque les vaisseaux remontent jusqu'au milieu de ses maisons. Elle contient une population de trois millions d'habitants et couvre une surface bien plus grande que celle de Paris.

Il y a dans Londres non point des quartiers, mais des villes différentes. Le centre est la *Cité* où se traitent toutes les affaires commerciales et industrielles. C'est une ville tumultueuse, la plus agitée qui soit au monde pendant le jour et qui le soir devient déserte ; ses commerçants retournent dans les quartiers du luxe, de la richesse, du confortable, comme on dit en Angleterre. Il y a aussi la ville du grand commerce, des grandes expéditions maritimes, des vastes magasins ou docks. Puis il y a la ville des fabriques et des manufactures, où il se consomme une telle quantité de houille que la fumée s'en étend sur toute la ville de Londres et s'aperçoit, dit-on, à douze lieues de distance.

« Ce qui frappe tout d'abord en arrivant à Londres, c'est cette foule énorme et cette immense cité, dont le Parisien qui n'a pas franchi la Manche ne saurait se faire une idée. A la première vue, on est dans l'admiration pour la toute-puissance de l'homme ; puis on reste comme accablé sous le poids de cette grandeur; ces innombrables vaisseaux qui couvrent la surface du fleuve, réduit à l'étroite largeur d'un canal; ces bateaux à vapeur qui volent dans tous les sens; le grandiose de ces arches, de ces ponts; les docks, ces immenses entrepôts qui occupent plus de mille hectares de superficie; les dômes, les clochers, les édifices auxquels la vapeur donne des formes bizarres; ces cheminées monumentales, qui lancent au ciel leur noire fumée et annoncent l'existence des grandes usines; toute cette confusion de tableaux vous trouble et vous anéantit. La beauté des trottoirs, larges comme des rues, le nombre et l'élégance des squares, les grilles d'un style sévère qui isolent la foule du foyer domestique; l'étendue immense des parcs, les courbes heureuses qui les dessinent, la beauté des arbres, la multitude des équipages attelés de chevaux magnifiques, toutes ces splendides réalisations semblent appartenir au monde de la féerie, excitent l'esprit et l'enivrent [1]. »

Les principaux monuments de Londres sont : la cathédrale de *Saint-Paul*, bâtie sur le modèle de Saint-Pierre de Rome; *l'abbaye de Westminster*, magnifique édifice gothique; le palais du *Parlement* ou le nouveau *Westminster*, l'un des plus beaux édifices de l'Europe. Londres possède, dans le *British-Museum*, l'un des plus riches musées qui soient au monde et l'une des plus belles bibliothèques.

Ajoutons toutefois que cette ville splendide cache plus de misères et de dépravation qu'aucune autre ville de l'Europe. Il y a des quartiers qu'on ne décrit pas et surtout qu'on ne visite pas.

[1] E. Texier, *Lettres sur l'Angleterre.*

Grandes villes. — Les Ports et les Centres industriels.

En dehors de Londres, il y a en Angleterre une foule de ports actifs et remarquables, de centres industriels, tels qu'on n'en voit qu'en ce pays. Les villes de cent mille âmes sont nombreuses et il y en a plusieurs qui dépassent trois et quatre fois ce chiffre.

Liverpool, à l'embouchure de la Mersey, est la seconde ville de l'Angleterre, compte 600,000 habitants et fait à elle seule presque le quart de tout le commerce du Royaume-Uni.

Cette ville doit sa prospérité à celle des nombreux et actifs centres industriels du comté de Lancastre, le plus manufacturier de l'Angleterre (région du nord-ouest). Dans ce comté, en effet, on trouve accumulées des villes telles que **Manchester** (460,000 habitants), centre d'une immense fabrication d'étoffes; **Salford** (100,000 habitants), **Bolton** (70,000), **Preston** (85,000), **Oldham** (75,000), **Blackburn** (63,000).

Le comté de Warwick (au centre) est encore l'un des plus remarquables par sa grande industrie. C'est là que se trouve la ville importante de **Birmingham** (340,000 habitants) avec sa célèbre manufacture d'armes et la ville plus petite, mais très-industrieuse de *Coventry*. Plus au nord, on cite *Notthingham* (75,000 habitants), dans le comté de ce nom.

A l'ouest, dans le pays de Galles, la ville de **Merthyr-Tydvil** (comté de Clamorgan) (110,000 habitants) : c'est la plus importante de tout le pays de Galles et elle doit sa fortune à ses mines de fer et de houille.

Ce sont également les mines de fer et de houille qui font la richesse du comté le plus septentrional de l'Angleterre proprement dite, le Northumberland dont la capitale est **New-Castle**, ville très-commerçante, sur la Tyne (110,000 habitants).

Le comté d'York, le plus vaste de tous les comtés anglais, est également, surtout dans sa région occidentale, un des centres les plus remarquables de l'industrie. C'est dans cette région qu'on trouve les villes de **Sheffield** (185,000 habitants), aciers et coutellerie très-renommés ; **Leeds** (200,000 habitants), manufactures d'étoffes de laine ; **Bradford,** (100,000 habitants).

Citons encore les villes de **Norwich** (comté de Norfolk) et de **Wolwich** (Kent) où se trouvent un arsenal de la marine royale et une magnifique fonderie de canons.

Outre Liverpool et Londres, qui sont des ports exceptionnels, il y a le long de toutes les côtes d'Angleterre des villes maritimes et commerçantes, qui pour la plupart sont très-importantes. Sur la mer du Nord, il y a de nombreuses villes qui servent à l'exportation de la houille et du fer. Dans le comté de Kent, sur le golfe de la Tamise, se trouvent les ports très-anciens et célèbres de *Rochester*, de *Chatam*, de *Douvres*, de *Folkestone*. Ces deux derniers, placés en face des côtes de France, entretiennent des relations quotidiennes avec notre pays.

Au midi, sur la Manche, les ports sont nombreux et remarquables, parce que les côtes sont admirablement creusées. Citons la belle ville maritime de **Brighton** (Sussex), qui compte 80,000 âmes, le port de *New-Haven*, le célèbre port militaire de **Portsmouth** (95,000 hab.) (comté de Southampton) ; à côté de l'île de Wight et de la rade spacieuse de Spit-head, le port de *Southampton* (45,000 hab.); celui de **Plymouth** (Devonshire) (100,000 hab.).

A l'ouest, sur le canal de Bristol, à l'embouchure de la *Severn*, **Bristol** (comté de Somerset) est encore une des grandes villes commerçantes de l'Angleterre.

L'industrie et le commerce, malgré leur importance, ne doivent pas nous faire oublier les villes savantes et historiques d'**York** (comté du même nom), célèbre par son antique archevêché et sa cathédrale; de **Cantorbery** (comté de Kent), siége du primat d'Angleterre; **Greenwich** (Kent), célèbre par son observatoire, et les villes de **Cambridge, d'Oxford,** dans les comtés qui portent leur noms, villes où se trouvent des universités fameuses de nombreux étudiants et de magnifiques établissements d'instruction.

Villes d'Écosse.

La capitale de l'ancien royaume d'Écosse, Édimbourg, est une ville de 170,000 habitants, mais surtout une ville antique et savante où abondent les sociétés et les établissements littéraires. Une ville, elle-même remarquable, sert de port à Édimbourg, c'est la ville de *Leith*, sur le golf du Forth.

Édimbourg est la capitale politique et intellectuelle de l'Écosse. **Glascow** en est la capitale industrielle et commerciale, quoiqu'elle ait aussi une université. Glascow peut rivaliser avec les plus populeuses et les plus riches villes de l'Angleterre; elle compte 450,000 habitants. Située dans l'intérieur des terres, mais sur la *Clyde* que remontent des bateaux de mille tonneaux; reliée par des canaux aux deux mers, et à toutes les parties de l'Angleterre par des chemins de fer, elle est à la fois un centre d'activité manufacturière et commerciale. La ville de *Paisley* (50,000 habitants) est aussi une ville importante par ses fabriques.

Les principaux ports de l'Écosse, outre celui de *Leith*, sont ceux des **Dundee** (90,000 habitants) à l'embouchure du Tay ; d'**Aberdeen** (75,000 habitants), plus au nord et également sur la mer du Nord.

Villes d'Irlande.

La capitale de l'Irlande, Dublin, située au fond d'une baie magnifique, est à la fois une cité industrielle, maritime et savante. Elle compte 318,000 habitants. Elle possède une université renommée.

Les principales villes commerçantes de ce pays, qui est en général pauvre et, chaque année, abandonné par un grand nombre de ses habitants, sont situées au sud. La ville de **Cork** (dans le comté du même nom) est peuplée de 80,000 âmes. La ville de **Waterford** (comté du même nom) est un port florissant. **Limerick** (dans le comté du même nom) est situé sur la grande artère fluviale de l'Irlande, le Shannon, que les navires remontent, et doit à cette situation un commerce assez actif. Elle compte 45,000 habitants.

Population. — Religion. — Gouvernement.

La population des îles Britanniques s'élève à près de 30 millions d'habitants. La différence des races s'y accuse très-nettement : il y a la race *anglaise* ou *saxonne*, la race *galloise*, la race *écossaise*, la race *irlandaise*.

La séparation de la population n'est pas égale. L'Angleterre, proprement dite, a plus de 20 millions d'habitants, l'Écosse n'en a que 3 millions et demi. L'Irlande voit sa population décroître par l'effet de la misère et de l'émigration. Cette île, qui contenait autrefois plus de 8 millions d'habitants, n'en a plus que 5 et demi.

La différence que nous avons remarquée dans la nature de l'*Angleterre*, de l'*Écosse* et de l'*Irlande*, et qui se perpétue dans les races, se perpétue aussi dans la religion et dans les mœurs. La religion de l'Angleterre et de l'Écosse est le protestantisme; celle de l'Irlande, le catholicisme. Le protestantisme de l'Angleterre et celui de l'Écosse diffèrent. Le premier, qui est la religion officielle, est ce qu'on appelle la religion anglicane; c'est un protestantisme qui a conservé la hiérarchie et l'organisation de l'Église catholique. Le protestantisme de l'Écosse est le *presbytérianisme*, qui n'admet point de hiérarchie et se rapproche du calvinisme.

Le fond de la langue anglaise est l'ancienne langue saxonne mêlée à un grand nombre de mots francais importés par les Normands. Dans le pays de Galles, en Écosse, on retrouve encore des restes de l'ancienne langue celtique. En Irlande, c'est également l'ancien celtique qui forme le fond de la langue irlandaise.

Le gouvernement de l'Angleterre est un gouvernement constitutionnel et parlementaire : il réside tout entier dans le parlement qui se compose de deux chambres, la *Chambre des lords* et la *Chambre des communes*. Le souverain règne et ne gouverne pas. L'aristocratie domine dans le parlement et forme un corps puissant qui dirige les affaires de la Grande-Bretagne.

C'est un pays libre politiquement que l'Angleterre, mais où, à chaque pas, on est trop porté à l'oublier, on se heurte à des entraves féodales. Les formes et les institutions du moyen âge subsistent partout.

Puissance et richesse de l'Angleterre.

En résumé, « les îles Britanniques, très-découpées, fortement accidentées, bien arrosées, mais nébuleuses, froides, humides, abondantes seulement en métaux et en pâturages, sont le pays où l'activité humaine se déploie sur la plus vaste échelle, où les plus grandes richesses artificielles ont été accumulées. L'homme y a tout créé : il a bouleversé le sol par des cultures perfectionnées, des canaux, des routes, des ports; essentiellement industriel et commerçant par la nature du sol et la position géographique de sa patrie, profitant de son existence insulaire qui, en le resserrant chez lui, le forçait à répandre à l'extérieur son activité, il s'est créé une puissance tout artificielle, celle de ses vaisseaux, avec laquelle il remue le monde. Entrepôt de toutes les productions du globe, ce pays les distribue à tous les autres, après que l'industrie a centuplé leur valeur; puissance la plus colonisante qui fut jamais, il a porté sa langue et son pavillon sur tous les points de la terre; maître de l'océan Atlantique par sa position sur le flanc occidental de l'Europe, il menace les trois régions les plus redoutables par leur force continentale : la Russie, l'Allemagne, la France, et tranquille derrière son grand fossé maritime et sa ceinture mouvante de navires, il n'a rien à craindre de leurs armées; il tient la Méditerranée par les trois rochers de Gibraltar, de Malte et de Corfou, l'Afrique par le cap de Bonne-Espérance, l'Amérique par les Antilles, le Canada et ses immenses possessions de la Nouvelle-Bretagne; dans l'océan Indien il domine sans rival et s'est fait un empire merveilleux de 100 millions d'Asiatiques; enfin, il tient aux abords de tous les continents des postes avancés qui, selon sa fortune, sont tour à tour des points d'appui pour la conquête, des centres de refuge pour la retraite et toujours des foyers d'entreprise pour son commerce qui brave tous les périls et ne connaît aucun repos [1]. »

[1] Th. Lavallée, *Geographie Militaire.*

CHAPITRE VI.

RÉGION DU NORD-OUEST. — LA BELGIQUE ET LA
HOLLANDE.

I

LA BELGIQUE.

Limites et géographie physique.

La BELGIQUE n'est qu'une expression politique. Géographiquement ce pays est la continuation de la région française. Il est formé par le prolongement de deux de nos grandes vallées du nord, la vallée de la *Meuse* et celle de l'*Escaut*.

C'est un pays qui n'a de limites naturelles que d'un côté, à l'ouest, la *mer du Nord*.

De tous les autres côtés, les limites sont conventionnelles et la Belgique est bornée au nord par la *Hollande;* à l'est, par la *Prusse rhénane,* le *Limbourg* et le *Luxembourg* hollandais ; au midi, par les départements français de la *Moselle,* de la *Meuse,* des *Ardennes* et du *Nord.*

Le système montagneux de la Belgique se réduit à

3

quelques chaînes de collines : les collines de *Belgique*, prolongement des *Ardennes occidentales*, qui séparent le bassin de la Meuse du bassin de l'Escaut, et les *Ardennes orientales* qui dans le sud-est de la Belgique continuent la séparation du bassin de la Meuse de celui de la Moselle.

La *Meuse* et l'*Escaut* traversent la Belgique, mais n'y ont ni leur source ni leur embouchure. Ces deux fleuves coulent presque dans une direction parallèle, du sud au nord.

Les principaux affluents de la Meuse sont : à droite, l'*Ourthe*, et à gauche, la *Sambre*. Ceux de l'Escaut sont : à gauche, la *Lys*, et à droite, la *Dender*, puis le *Rupel*, qui lui-même se forme de trois cours d'eau : les *Deux Nèthes*, la *Dyle*, la *Senne*.

« Ce pays, qui présente peu d'aspects pittoresques, et où les prairies succèdent aux champs de blé, est très-fertile, bien cultivé, riche, peuplé, sillonné en tous sens de routes et de chemins de fer [1]. Il présente donc les plus grandes facilités pour faire vivre et marcher une armée. C'est le théâtre obligé des invasions françaises, c'est le champ clos que la nature semble avoir préparé à la France et à ses ennemis pour y vider leurs querelles ; c'est enfin une région dont la disposition est telle qu'elle semble appeler la guerre et avoir été créée exprès pour les batailles. Il n'y a pas là un coin de terre qui n'ait été arrosé du sang français : la moitié de notre histoire militaire s'est passée là ; c'est là que sont tous ces noms glorieux qui nous font tressaillir, victoires ou défaites qui composent notre couronne guerrière : Fontenoy, Jemmapes, Steinkerque, Senef, Fleurus, Neerwinde,

---

[1] C'est le pays qui, relativement à son étendue, a le plus grand nombre de kilomètres de chemins de fer : 3,000.

Raucoux, Lawfeld, Malplaquet, Oudenarde, Ramillies,
Waterloo[1]. »

Divisions et Villes principales.

La Belgique est divisée en neuf provinces qui correspondent à d'anciens États ou plutôt à d'anciennes seigneuries, tantôt réunies, tantôt séparées : les deux *Flandres* (Flandre orientale et occidentale) ; la *province d'Anvers* et le *Limbourg belge*, au nord ; le *Brabant méridional*, au centre ; le *Hainaut* et la *province de Namur*, au sud ; enfin, à l'est, la *province de Liége* et le *Luxembourg belge*.

La capitale de la Belgique est BRUXELLES, située sur la rivière la Senne. Cette ville est en même temps la capitale de la province du Brabant. Elle est grande et belle, généralement bien bâtie : elle compte 178,000 habitants. On remarque surtout parmi les édifices l'*Hôtel de Ville*, admirable monument du moyen âge et dont la flèche s'élance avec hardiesse jusqu'à 106 mètres de hauteur. Bruxelles est une ville de richesse et de commerce. C'est aussi une ville d'industrie, et ses dentelles sont renommées.

Les diverses provinces de la Belgique ont joui longtemps d'une autonomie et vécu d'une vie propre qui ont favorisé l'essor de plusieurs grandes cités, autrefois capitales. Dès le moyen âge, d'ailleurs, l'industrie y était très-développée, et même les grandes villes d'aujourd'hui, **Gand, Bruges, Namur, Liége**, ne peuvent guère donner une idée de ce qu'elles étaient autrefois avec leur population active, leurs corporations puissantes, jalouses de leurs priviléges, obstinées à les défendre

[1] Th. Lavallée. *Géographie militaire.*

contre les princes, et capables de mettre sur pied de grandes armées.

Bruges (Flandre occidentale) fait pourtant encore un commerce considérable, grâce aux canaux qui le relient à la mer. **Gand** (Flandre orientale) (120,000 habitants), sur l'*Escaut*, est toujours célèbre par son industrie des draps. **Namur** (province du même nom) est une ville très-forte, située au confluent de la Sambre et de la Meuse; c'est un des centres de l'industrie métallurgique. **Liége** (province du même nom), sur la Meuse, est encore une grande ville de 100,000 habitants et le centre de l'industrie des fers et des aciers.

Le plus beau port de la Belgique et un des plus remarquables de l'Europe est celui d'**Anvers** (province du même nom), sur l'Escaut. Anvers est une ville de 130,000 habitants.

Il faut citer encore parmi les villes importantes, et il y en a beaucoup dans ce pays très-peuplé, *Malines*, célèbre par ses dentelles (province d'Anvers), *Mons*, *Charleroi* (Hainaut), centres d'une immense exploitation de houille; *Louvain* (Brabant), célèbre par son université.

Population. — Religion. — Gouvernement.

Relativement à son étendue, la Belgique est le pays le plus peuplé de l'Europe; elle a près de 5,000,000 d'habitants, ce qui fait 158 habitants par hectare. On peut distinguer dans cette population deux races différentes : au nord, la race flamande (germanique); au sud, la race wallonne (française). Mais la langue est la même pour les deux populations, c'est la langue française qui est du reste adoptée officiellement. On ne parle le patois flamand que dans les campagnes.

La religion est la religion catholique. La Belgique

compte, toutefois, un certain nombre de protestants.

Le gouvernement de la Belgique, qui date de 1830, est fondé sur les principes de toute monarchie constitutionnelle : un roi et deux chambres, la chambre des députés et le sénat, toutes deux électives. La Belgique, qui, sous la République et l'Empire, a été réunie à la France, a gardé nos lois et la plupart de nos institutions.

II

LA HOLLANDE.

Aspect physique.

La HOLLANDE, à vrai dire, n'est qu'un rivage. C'est un pays plat, et c'est à peine si quelques collines des pays voisins viennent y expirer. Le sol même est souvent au-dessous du niveau de la mer, et la mer recouvrirait en partie cette région, une des plus intéressantes de l'Europe, sans la ténacité et l'industrie des habitants.

La Hollande n'a de limites naturelles que de deux côtés, à l'ouest et au nord : c'est la *mer du Nord*; limites peu sûres, puisqu'il faut toujours lutter contre les flots et les arrêter par les digues. La mer du Nord forme le vaste golfe du *Zuyderzée*. A l'est, la Hollande était bornée naguère par la Prusse rhénane et le royaume de Hanovre; mais aujourd'hui elle l'est par la *Prusse* seule, et là encore, il y a un danger. Au midi, la Hollande confine à la *Belgique*.

La Hollande reçoit, au moment où ils ont atteint leur plus grand volume d'eau, trois fleuves : l'*Escaut*, la *Meuse*, le *Rhin*, qui, nés très-loin les uns des autres, viennent presque ensemble se jeter dans la mer du Nord. Ils forment tous trois une longue série de bouches qui découpent en îles nombreuses la côte occidentale du pays.

L'*Escaut* se partage en deux branches, qui elles-mêmes se subdivisent et dont l'une va rejoindre les bouches de la *Meuse.* Celle-ci se divise également en deux grandes masses d'eau qui embrassent de grandes îles.

Le *Rhin* se partage en deux branches qui s'écartent bien davantage. La branche la plus méridionale est le *Wahal*, qui va se confondre à son embouchure avec la Meuse. Puis, l'autre branche, gardant, le nom de Rhin, projette l'*Yssel*, qui s'en va au nord se jeter dans le golfe du Zuyderzée. Le Rhin affaibli garde sa direction vers l'ouest, puis envoie à la mer la plus grande masse de l'eau qui lui reste, par une autre branche, le *Lech*, et s'en va enfin, affaibli, languissant, bourbeux, finir aussi sur la côte orientale sans plus d'apparence qu'une médiocre rivière.

La Hollande est donc en tous sens sillonnée par des rivières qui se relient entre elles, et que relient encore des canaux. Sur ces canaux, c'est un mouvement perpétuel de barques. Dans tout le pays, grâce à cette abondance, même exagérée, de l'eau, ce ne sont que gras pâturages bordés d'arbres bien verts.

En Hollande on voit se manifester, à côté de la puissance et de la fécondité de la nature, le génie et la force de l'humanité. Les digues construites avec un soin extrême et réparées avec une persévérance infatigables, sont un travail admirable. La mer, chaque jour, renouvelle contre elles sa lutte acharnée, et de temps à autre les renverse. Malgré le danger incessant d'une inondation, les Hollandais semblent aussi à l'aise dans leurs villes que les peuples les plus éloignés de la mer. En dépit d'une énorme masse d'eau suspendue quelquefois à dix pieds au-dessus de leur pays et pouvant, d'un jour à l'autre, faire irruption, ils se livrent à l'industrie, au commerce surtout, avec un calme étonnant.

Divisions et Villes principales.

La Hollande se divise en douze provinces, et, sauf une grande partie du *Brabant*, sauf le *Luxembourg*, qui est, pour ainsi dire, une possession étrangère, ces provinces sont toutes maritimes. L'une d'elles, la *Zélande*, ne comprend même que des îles formées par les bouches de l'Escaut, de la Meuse et du Rhin. Aussi les villes les plus importantes sont-elles des villes maritimes.

La Haye (Hollande méridionale), située non loin de la mer du Nord, mais ville continentale, n'est que la capitale politique et nominale du royaume des Pays-Bas. C'est une belle ville de 80,000 âmes où résident le roi et les chambres, mais le centre de la vie est à Amsterdam.

Amsterdam (Hollande septentrionale) (268,000 habitants), sur la côte méridionale du Zuiderzée et à l'embouchure de la rivière l'Amstel, est une des grandes places de commerce de l'Europe. Ses rues sont formées par des canaux, et c'est la Venise du Nord. Rotterdam (Hollande méridionale) est le second port du royaume (120,000 habitants); elle est située sur la branche septentrionale de la Meuse.

Les autres villes sont moins peuplées, mais Middelbourg, Flessingue (dans la Zélande) sont remarquables. Flessingue a un beau port et de vastes chantiers de construction : c'est la patrie du célèbre amiral Ruyter. Leyde (dans la Hollande méridionale), située sur le vieux Rhin, est fameuse par son industrie, ainsi que la ville d'Utrecht, capitale de la province de ce nom. Groningue, placée à l'extrémité nord de la Hollande et chef-lieu de la province de ce nom, est un des plus grands chantiers de construction.

Les provinces d'Over-Yssel, de Drenthe, de Frise, sont les plus pauvres et ne contiennent guère de villes importantes, sauf **Leeuwarden**, capitale de la Frise et place militaire.

Dans le Brabant, au sud de la Hollande, le chef-lieu, **Bois-le-Duc**, est une place très-forte. Dans le Limbourg hollandais, **Maëstricht**, sur la Meuse, est encore une place de guerre. Du reste, les noms historiques abondent dans tous les Pays-Bas, théâtres de grandes guerres et d'importants événements.

La province de Luxembourg ne fait pas, à vrai dire, partie de la Hollande. C'est un duché appartenant au roi. Pays de montagnes ou de forêts, il a pour capitale la place forte de **Luxembourg**, qui vient d'être neutralisée ces dernières années et en partie démantelée. Le Luxembourg peut être considéré comme un pays français, et il demande à l'être.

Population. — Religion. — Gouvernement.

La population de la Hollande est de 3,618,000 habitants. C'est une population flegmatique, persévérante, laborieuse; qualités qu'elle doit en partie au caractère du pays, puisque, nous l'avons dit, il a fallu conquérir le sol et les moyens d'existence. Les Hollandais ont été, par la nécessité des choses, amenés à faire leur occupation presque exclusive de la marine et du commerce. La Hollande est, comme l'Angleterre, un immense entrepôt de marchandises, et sa force est dans son empire colonial.

Comme dans les pays du nord, la vie de famille est en honneur en Hollande, et la lecture de la Bible est le délassement des travaux. C'est dire que la religion du pays est le protestantisme, religion tout à fait nationale, car son établissement fut intimement lié à la conquête de l'indépendance politique.

Le gouvernement de la Hollande est une monarchie constitutionnelle. Les États-Généraux se composent de deux chambres, l'une nommée par le roi, l'autre élective. Chaque province a en outre sa législation particulière et ses États provinciaux.

CHAPITRE VII.

I

LE DANEMARK.

Aspect. — Divisions politiques et villes principales.

De la Hollande remontons vers la côte du nord; nous rencontrerons un pays analogue, une longue bande de terre, qui est comme un appendice des plaines de l'Allemagne. Cette péninsule est le DANEMARK; avec un groupe d'îles voisines, elle forme la monarchie danoise.

La péninsule danoise n'est séparée de la péninsule scandinave au nord et à l'est que par des détroits : le *Skager-Rack*, le *Cattégat*. Toute la presqu'île n'appartient plus maintenant au royaume de Danemark, qui, depuis les traités de 1864 et 1866, a perdu les duchés de Sleswig et de Holstein. Ces duchés appartiennent aujourd'hui à la Prusse qui forme maintenant la limite du midi.

La partie péninsulaire du Danemark est donc réduite

au *Jutland*, pays bas où la mer pénétre en baies profondes |appelées *fiords*. Les iles sont celle de *Seeland*, la plus grande et la plus importante ; elle n'est séparée de la Suède que par le détroit, peu large et d'une navigation difficile, le *Sund*. Entre la péninsule danoise et l'île de *Seeland*, se trouve l'île de *Fionie* (en danois, joli pays); elle est séparée de ces deux pays par les détroits du *grand Belt* et du *petit Belt*. Au sud de Seeland, se trouvent les îles de *Langeland*, de *Laland*, de *Mœn*, de *Falster*; à l'ouest, et bien plus loin dans la Baltique, l'île de *Bornholm*.

C'est un pays peu étendu que le Danemark, brumeux, pluvieux et froid, assez fertile cependant. Il n'a plus qu'une population de 1,600,000 habitants. Mais ce royaume, bien qu'il ait été diminué en 1864, conserve encore une grande importance au point de vue politique et commercial. Placé à l'entrée de la Baltique, il en commande les passages, et sa marine est développée.

Le pays est divisé politiquement en cinq provinces. Les villes importantes sont dans l'île de *Seeland*. C'est là qu'est située Copenhague, la capitale de la monarchie danoise, sur le Sund; c'est un port magnifique et qui, de la mer, offre le plus bel aspect. Cette ville, réellement remarquable, compte 155,000 habitants. Dans la même île, Elseneur commande l'endroit le plus resserré du Sund et est bien placée pour le commerce.

Citons encore Odensee, capitale de l'île de Fionie, et, dans le Jutland, les villes de Viborg et de Fredericia, place forte.

Le Danemark est une monarchie constitutionnelle, dont le système a été encore amélioré dans les dernières années. Le pouvoir législatif est exercé par deux chambres : le *landsthing*, chambre des grands propriétaires fonciers ; le *folkething*, chambre populaire et élective. Les deux chambres réunies forment ce qu'on appelle le *rigsdad*. La religion du royaume est le protestantisme luthérien, mais la liberté religieuse est reconnue.

II

LE ROYAUME DE SUÈDE ET NORWÉGE.

Géographie physique.

L'océan Atlantique, en faisant irruption dans les terres et en formant la mer Baltique, a découpé une autre péninsule qui a une direction opposée au Danemark : c'est la péninsule scandinave. Celle-ci, en effet, comme la généralité des presqu'îles, va du nord au sud, tandis que la péninsule danoise va du sud au nord. Chose remarquable, la pointe de cette dernière correspond juste à une profonde échancrure de la première, et il semble qu'en les rapprochant on les souderait facilement l'une à l'autre.

La péninsule scandinave est enveloppée au nord par l'océan glacial ; à l'ouest par l'océan *Atlantique* ; au sud par les détroits du *Skager-Rack*, du *Cattégat*, du *Sund* ; à l'est par la mer *Baltique*. Au nord-est seulement elle confine à la *Russie*.

La péninsule scandinave comprenait autrefois deux royaumes, mais la Norwége a été réunie à la Suède. D'ailleurs, ces deux royaumes n'étaient évidemment que les deux versants d'un même pays que coupe, dans le sens de sa longueur, une chaîne de montagnes importantes appelée les *Alpes scandinaves* ou monts *Dofrines*.

Cette chaîne, arrivée au milieu du pays, se bifurque et envoie deux branches inégales finir, l'une au cap *Lindesness*, sur la mer du Nord, l'autre au cap *Falsterbo*, sur la mer Baltique. Cette chaîne présente aussi l'image d'une fourche renversée, et, on peut le dire, ébréchée ; car la branche qui court à la Baltique est beaucoup plus longue. En revanche, l'autre est beaucoup plus forte.

Grâce à ce système montagneux, la Scandinavie est divisée en trois versants : le versant de l'*océan Atlantique*, peu étendu, car la chaîne de partage serre de près la côte ; le versant opposé, ou de la *mer Baltique*, qui est le plus vaste et le plus considérable ; enfin, le versant compris entre les deux branches des Alpes scandinaves, et qui s'ouvre sur la *mer du Nord* et les détroits qu'elle a formés.

Dans l'océan Atlantique ne tombent que des torrents et d'insignifiants cours d'eau ; cette partie de la Suède a été déchirée dans toute sa longueur par la mer, qui la creuse et la découpe en baies et en îles innombrables. On a désigné ces îles par groupes : l'archipel de *Bergen*, au sud ; puis, en remontant, celui de *Drontheim* ; puis les îles *Loffoden* et *Tromsen*, qui se trouvent dans l'océan Glacial.

Dans la mer Baltique et le golfe de Bothnie, son prolongement, tombent, et avec des directions parallèles entre elles, la *Tornéa*, la *Luléa*, la *Pitéa*, le *Dal*. Chacune de ces rivières écoule dans la mer les eaux des lacs formés aux pieds des montagnes. Les lacs sont nombreux et importants, en effet, dans la Scandinavie ; sur le versant de la Baltique, le lac *Mœlar*, et le grand lac *Wetter* qui s'écoule par la rivière de *Motala*.

Dans la mer du Nord et ses détroits, tombe également une assez grande quantité d'eau. Au sud, l'immense lac *Wener* s'écoule par la *Gotha*. Le plus grand cours d'eau est le *Glommen*, qui naît de la bifurcation des Alpes scandinaves et s'en va finir au golfe de Christiania, formé par le Skager-Rack.

Les Suédois ont utilisé leurs beaux lacs du midi pour

la navigation. Par le canal de *Gotha*, les navires venant de la mer du Nord entrent dans le lac Wener, puis, de ce lac, grâce au canal, passent dans le lac Wetter qui est assez voisin, et enfin, par le canal, sortent dans la mer Baltique sans avoir à contourner l'extrémité méridionale de la presqu'île et à passer par les détroits.

Climat. — La Laponie.

En ce pays, l'hiver règne neuf mois de l'année, les chaleurs de l'été succèdent tout à coup à un froid excessif, et il y gèle dès le mois d'octobre, sans aucune de ces gradations insensibles qui amènent ailleurs les saisons et en rendent le changement plus doux. La nature, en récompense, a donné à ce climat rude un ciel serein, un air pur. L'été, presque toujours échauffé par le soleil, y produit les fleurs et les fruits en peu de temps. Les longues nuits d'hiver y sont adoucies par des aurores et des crépuscules, qui durent à proportion que le soleil s'éloigne moins de la Suède; et la lumière de la lune, qui n'y est obscurcie par aucun nuage, augmente encore par le reflet de la neige qui couvre la terre, et, très-souvent, par des feux semblables à la lumière zodiacale, fait qu'on voyage en Suède la nuit comme le jour.

Les bestiaux y sont plus petits que dans les pays méridionaux de l'Europe, faute de pâturages. Les hommes y sont grands; la sérénité du ciel les rend sains, la rigueur du climat les fortifie; ils vivent longtemps quand ils ne s'affaiblissent pas par l'usage immodéré des liqueurs fortes et des vins, que les nations septentrionales semblent aimer d'autant plus que la nature les leur a refusés [1]. »

La région du nord de la péninsule scandinave est

---

[1] Voltaire. *Histoire de Charles XII.*

occupée par une contrée froide, âpre et désolée, la *Lapo-nie*, qui s'étend aussi dans le nord de la Russie. La Laponie a une population tout à fait particulière et originale.

« Nous avons dans les Lapons un exemple qui prouve qu'un peuple peut vivre sans agriculture, sans semer ni planter, sans filer ni faire de la toile, sans cuire de pain et sans brasser de bière, sans avoir ni maisons, ni métairie. Ils sont encore bornés à la plus ancienne et la plus innocente ressource des hommes, qui est le bétail. Mais comme ils habitent un pays où règne, pour ainsi dire, un hiver continuel, et où il leur serait impossible d'amasser assez de foin et d'autre fourrage pour entretenir autant de bestiaux qu'il leur en faudrait pour subsister toute l'année, la Providence leur a donné des animaux qui n'exigent aucun soin. Ce sont les *rennes*, qui, de tous les animaux domestiques, sont les moins à charge et en même temps les plus utiles. Ils se nourrissent et se soignent eux-mêmes, car en été ils broutent de la mousse, des feuilles et de l'herbe, qu'ils trouvent dans les montagnes; et en hiver, une espèce de mousse que l'on trouve par toute la Laponie, et qu'ils déterrent sous la neige sans jamais se tromper sur l'endroit où il faut fouiller pour la trouver. Le renne a beaucoup de ressemblance avec le cerf, à la différence qu'il baisse la tête et porte ses cornes en avant. Sur son front, près de la naissance de la tige principale, il sort encore de petites cornes qui lui donnent l'air d'en avoir quatre. Il y en a de sauvages et de privés; ceux-ci sont d'un grand avantage : ils tiennent lieu au Lapon de champs, de prés, de chevaux et de vaches; il les emploie en hiver pour voyager, ainsi que nous le dirons plus bas : leur chair, qu'il mange ou fraîche ou séchée, fait sa principale nourriture; leur peau lui sert de vêtement en hiver de la tête aux pieds, et en été il l'échange pour d'autres habits et pour des tentes qui lui tiennent lieu de maison. Ces animaux lui fournissent, tant en hiver qn'en été, du lait gras et du fromage de bon goût; leur poil lui sert de fil, et de leurs os et de leurs cornes il fait des offrandes à ses idoles. »

« La vie errante qu'ils mènent, oblige les Lapons à se contenter de maisons qu'ils puissent transporter avec eux, c'est-à-dire de tentes. Ils élèvent plusieurs perches sur un espace circulaire et les joignent par en haut, de manière qu'elles forment une pyramide tronquée. Ces perches se recouvrent d'une grosse toile appelée en suédois *walmar*, ou avec des branches de pins. Dans chaque tente il 'y a place pour environ vingt personnes. L'âtre du feu, qui est placé au centre de la tente, est entouré d'un tas de pierres, afin que le feu ne puisse point trop s'étendre. La fumée passe par une ouverture pratiquée à l'endroit où les perches se joignent, laquelle sert en même temps de fenêtre. On y accroche aussi plusieurs chaînes de fer ou crémaillères, auxquelles on suspend les marmites pour cuire la viande ou pour fondre la glace qui donne l'eau à boire. Dans l'intérieur de la tente, les Lapons étendent leurs habits pour empêcher le vent de pénétrer. Autour de l'âtre, ils étendent des branchages de bouleau et de sapin, qu'ils couvrent de peaux de rennes pour s'asseoir; ils n'ont d'ailleurs ni chaises ni bancs, et aiment mieux s'asseoir par terre.

« Pour voyager et transporter leurs effets, les Lapons se servent d'une espèce de traineaux arrondis et presque semblables à des nacelles dont la quille serait fort large, et dont la structure est si solide que l'eau ne saurait y pénétrer. On y a toujours le dos appuyé étant assis; d'ailleurs, on s'y attache ferme avec des cordons, et l'on y est soigneusement garanti contre le froid Ces traî-

neaux sont conduits avec tant de vitesse par des rennes,
surtout par des rennes sauvages, que l'on vole, pour
ainsi dire, à travers les forêts, les montagnes et les
vallées [1]. »

Divisions et Villes de la Suède et de la Norwége.

La péninsule scandinave, nous l'avons dit, comprend
deux royaumes réunis, la *Suède* et la *Norwége.*

La SUÈDE se divise en trois parties, le *Nordland* ou
pays du nord; le *Swealand* ou la *Suède moyenne*, le
Gœtland ou la *Gothie* au midi.

Le Nordland comprend 4 préfectures, la Suède
moyenne 8, la Gothie 12. La division en préfectures va
en augmentant, à mesure qu'on descend vers le sud,
parce que c'est dans la Suède moyenne, et surtout dans
la Gothie que se trouve la plus grande partie de la
population. Le Nordland est immense, mais sauvage et
peu peuplé.

C'est dans la Suède moyenne que se trouve la capitale
STOCKHOLM, ville peu considérable, mais très-remarquable. « La nature, dit Maltebrun, a réuni avec tant
de prodigalité aux environs de Stockholm les sites les
plus variés, que cette ville semble placée au milieu d'un
grand jardin. La capitale de la Suède occupe deux presqu'îles et sept îles baignées par le lac Mœlar, au fond du
golfe où il se décharge dans la mer Baltique; ausssi,
l'a-t-on, sous ce rapport, comparée à Venise. Mais les
canaux qui, dans la cité italienne, sont l'ouvrage des
hommes, sont formés ici par des bras de mer. Incessamment sillonnés par des bateaux à vapeur, ils intro-
duisent les navires jusqu'au cœur de la ville. La beauté

[1] Busching, *Géographie universelle* (traduit de l'allemand).

de sa situation, et même quelques-uns de ses monuments la placent au rang des plus agréables villes de l'Europe. » Stockholm est une ville de 134,000 habitants.

La ville d'**Upsal**, sur le lac Mœlar, est la capitale intellectuelle et religieuse de la Suède. Elle est le siége d'un antique archevêché et d'une célèbre université.

Au centre, on remarque **Fahlun**, principal foyer de l'industrie métallurgique.

Gothembourg, sur les bords du détroit le Cattégat, **Malmoë**, sur le *Sund*, sont des ports actifs.

Calscrona, **Calmar**, **Northœping** sont les principaux ports du côté de la Baltique.

La Norwége est un pays plus âpre que la Suède et, dans sa plus grande partie, généralement plus froid. Comme en Suède, c'est au midi que se trouvent les villes.

La capitale est Christiania, au fond du golfe du même nom; ville de 40,000 habitants, belle et majestueuse, qui se déroule en cercle autour de son port et s'appuie à un amphithéâtre de rochers. **Christian sand** est encore un port qui s'ouvre à la navigation de la mer du Nord.

Bergen et **Drontheim**, sur les bords de l'Atlantique, doivent leur importance commerciale à la pêche qui est très-abondante sur les côtes de la partie de la Suède. Les baies et détroits innombrables, formés par la mer sur les côtes, sont très-favorables à la pêche, et chaque année, une armée de matelots se répand le long de ces côtes. Le poisson se vend aux marchands de Drontheim et de Bergen. A l'extrémité nord, la pêche fait encore l'importance du port de **Hammerfest**, la ville la plus septentrionale de l'Europe.

Population. — Religion. — Gouvernement.

La Péninsule scandinave compte une population de 5,630,000 habitants, dont 1,600,000 seulement pour la Norwége.

La religion dominante et officielle est la religion luthérienne, qui pourtant a conservé en partie les formes et la hiérarchie catholiques.

Les Suédois parlent, comme les Danois, une langue qui a la même origine que l'allemand et qui s'en rapproche.

Le mouvement constitutionnel qui s'est, dans notre siècle, peu à peu étendu à toute l'Europe, a aussi transformé le gouvernement de la Suède, où la constitution a encore été améliorée en 1866. La diète suédoise était divisée entre les quatre ordres, clergé, noblesse, bourgeoisie, paysans. Depuis 1866, il n'y a plus que deux chambres : la chambre haute et la chambre basse. La Norwége, bien que soumise au roi de Suède, a pourtant son organisation distincte et sa constitution particulière. Elle a également ses deux chambres.

CHAPITRE VIII.

RÉGION CENTRALE. — LA SUISSE.

Les Alpes.

La région centrale de l'Europe comprend la France, la Suisse et l'Allemagne, qui, elle-même, se divise en plusieurs États. Nous connaissons la France. Concentrons notre étude sur les autres pays.

C'est par la Suisse qu'il convient de commencer cette étude de la région centrale. Là, en effet, est le nœud du système montagneux de l'Europe; là s'étend le massif majestueux des Alpes qui détermine la direction des différentes vallées et des fleuves de l'Europe. Nous n'aurons qu'à descendre de ce massif dans tous les sens pour entrer dans les autres régions.

Les Alpes couvrent la Suisse, mais ne couvrent pas que ce pays. Elles décrivent un immense arc de cercle entre l'Italie et la mer Adriatique d'une part, et de l'autre : la France, la Suisse, l'Allemagne, l'Autriche. Elles ne se rattachent à la ligne de partage des eaux que dans leur région centrale, mais dans cette région, elles sont réellement le vrai point de partage des eaux européennes.

Pour bien nous rendre compte de ce massif des Alpes, noyau des montagnes des pays voisins, suivons le cercle qu'il décrit : entre la France et l'Italie, ce sont les *Alpes maritimes*, les *Alpes cottiennes*, les *Alpes grées*. Lorsque la direction change, entre la Suisse et l'Italie, ce sont les *Alpes pennines*, les *Alpes centrales*; puis dans la région germanique et autrichienne, les *Alpes rhétiques*, les *Alpes carniques*, qui descendent vers le midi; enfin les *Alpes Juliennes* et les *monts de Dalmatie* qui les continuent et longent la mer Adriatique.

C'est en Suisse que se trouve, sinon le plus haut sommet des Alpes, le *mont Blanc*, du moins les parties les plus épaisses, les chaînes les plus âpres, et aussi les plus riantes de ce chaos de montagnes. C'est en Suisse que naissent les vallées qui sont les clefs de tous les pays de l'Europe centrale.

La Suisse. — Ses limites; ses montagnes; ses glaciers; ses fleuves.

La Suisse est la partie des Alpes comprise entre la France, à l'ouest; l'Allemagne, au nord; l'Autriche, à l'est; au sud, l'Italie. Du côté de la France, elle est limitée par la chaîne du *Jura* et le *Doubs*; au sud, elle s'appuie à la muraille même des *Alpes*; à l'ouest et au nord elle a pour limite le *Rhin*.

La base des montagnes de la Suisse est la partie convexe du demi-cercle que forment les Alpes, sous le nom d'*Alpes pennines* et *Alpes centrales*.

Le *Saint-Gothard* est le nœud principal de cette partie de la chaîne, bien que ce ne soit pas la plus haute montagne (3,100 mèt.). A ce nœud se rattache une des branches les plus remarquables des Alpes, les *Alpes bernoises* qui remontent vers le nord-ouest et, par le Jura, vont se rattacher au système général du partage des eaux.

Du Saint-Gothard, si nous nous dirigeons à l'ouest, vers la France, nous remarquons parmi les massifs ou monts principaux, dans les *Alpes Pennines*, le mont *Furca*; le mont *Rosa* (4,636 mèt.); le mont *Cervin* (4,600); le grand *Saint-Bernard* (3,600), célèbre par le passage des troupes françaises en 1800 et par son hospice où des religieux reçoivent les voyageurs.

A l'est du Saint-Gothard, dans les Alpes centrales, il faut citer le mont *Splügen*, le *Septimer*, le mont *Maloia*. Là commencent les *Alpes rhétiques* qui vont continuer le cercle des Alpes à travers l'Autriche. De là se détache le rameau des *Alpes algaviennes*, qui remontent vers le nord et séparent le bassin du Rhin du bassin du Danube.

En Suisse, les Alpes sont remplies de glaciers. Ces glaciers se forment surtout lorsque plusieurs hautes montagnes se trouvent très-rapprochées. Alors les plateaux et les vallées intermédiaires se recouvrent de glaces. De vastes plateaux qui ont dix, vingt et même trente lieues carrées, ne présentent ainsi qu'une surface continue de glaces. Ce sont ces vastes étendues de glaciers auxquelles on donne le nom de *mers de glace*. Ces mers de glace en détachent d'autres qui descendent par les gorges des montagnes : ce sont les glaciers proprement dits. De là, comme de réservoirs intarissables, découlent les plus grands et les principaux fleuves de l'Europe.

Du Saint-Gothard tombe le *Rhin*, qui s'en va à la mer du Nord ; le *Tésin*, qui va rejoindre le Pô et se jeter dans la mer Adriatique; dans son voisinage, au mont Furca, naît le *Rhône*, qui s'en va à la Méditerranée; près du mont Maloïa naît l'*Inn*, un des grands affluents du Danube qui va porter ses eaux à la mer Noire.

On voit tout de suite les quatre versants de la Suisse
et qui sont en même temps les principaux versants de
l'Europe, puisque la Suisse n'occupe que des têtes de
vallées.

La vallée supérieure du *Rhin*, avec ses ,nombreu-
ses vallées secondaires, forme la plus grande partie
de la Suisse (19 cantons sur 22). Ensuite vient la vallée du *Rhône*, très-étroite, encaissée entre les Alpes
pennines et les Alpes bernoises. Puis vient la vallée du
Tésin et ensuite la moins étendue, la vallée de l'*Inn*.

Étudier la Suisse, c'est donc surtout étudier le pays
compris dans le bassin supérieur du Rhin.

Bassin supérieur du Rhin.

Le bassin supérieur du Rhin est très-évasé. Il s'appuie
aux Alpes centrales et aux Alpes bernoises qui, par les
collines du pays de Vaud, se rattachent au Jura. Le Jura
l'encadre à l'ouest; les Alpes algaviennes à l'est.

Le *Rhin* est formé de trois cours d'eau qui tombent
du massif des Alpes centrales. Il coule d'abord du sud
au nord, puis s'infléchit à l'ouest jusqu'à Bâle, où il
remonte au nord, au moment où il quitte la Suisse. Il
limite la Suisse plutôt qu'il ne l'arrose. Au nord il forme
le grand lac de *Constance*, à la sortie duquel, rencon-
trant des montagnes à *Schaffouse*, il les franchit par une
cascade de 22 mètres. A *Lauffenbourg*, il fait encore une
chute remarquable.

En dehors des torrents, les eaux de la Suisse sont por-
tées au Rhin par deux affluents principaux : la *Thur*, et
surtout l'*Aar*. Ces affluents se trouvent sur la rive
gauche. Sur la rive droite, le Rhin reçoit les eaux de
l'Allemagne.

L'*Aar* tombe des glaciers de Finster-Aarhorn, dans

les Alpes bernoises, et dessine, à travers la Suisse, un arc de cercle de 400 kilomètres de développement ; il est plus important que le Rhin lui-même, forme les deux lacs de *Brienz* et de *Thun*, fait plusieurs chutes et reçoit un grand nombre d'affluents.

Parmi ces affluents, les plus remarquables sont : la *Reuss*, qui remplit un des plus grands lacs de la Suisse, le lac de *Lucerne*, ou, autrement dit, des *Quatre-Cantons*; la Limmat, par laquelle s'écoulent les eaux du lac de *Zurich*. Ces eaux lui viennent sur la rive droite. A gauche la *Thièle* ou *Zihl* lui apporte les eaux des lacs de *Bienne*, de *Neufchâtel* et de *Morat*.

La Suisse est en effet le pays des grands et beaux lacs, non point des lacs brumeux comme ceux d'Écosse et d'Irlande, mais des lacs à la fois pittoresques, utiles et navigables. Le Rhône, au sortir de l'étroite vallée dans laquelle il commence sa course rapide et torrentueuse, s'arrête, s'étend, se repose, pour ainsi dire, dans le magnifique lac *Léman* ou lac *de Genève*, l'un des plus beaux de l'Europe.

Aspect de la Suisse.

Pays extrêmement varié et accidenté, la Suisse se divise en plusieurs zones, suivant les altitudes des lieux : la zone des cultures au bord des lacs et sur les rives des nombreux cours d'eau; puis, celle des forêts, puis, au-dessus, celle des magnifiques pâturages, dont l'herbe courte et forte est si favorable au bétail ; enfin, celle des neiges, des rochers et des glaciers. Les vallées sont fertiles, les lacs poissonneux; partout les bestiaux sont admirables et forment une des principales richesses du pays. Mais, à vrai dire, la Suisse ne se décrit pas, elle se visite, tant les diverses localités ont leurs caractères propres ; tant ce pays offre de variétés dans les sites, les uns sauvages, les autres riants, tous pittoresques, dans les climats, dans les cultures, dans les souvenirs historiques, dans les mœurs, les usages, et jusque dans le costume des habitants.

Divisions et villes principales.

Un pays aussi divisé par la nature que la Suisse ne pouvait former une monarchie. Aussi, n'est-elle qu'une réunion de vingt-deux cantons, ayant chacun leur constitution propre et reliés entre eux par une Confédération.

La Suisse ne compte pas de grandes agglomérations d'habitants, mais a beaucoup de petites villes et de riches villages. Les plus grandes villes se trouvent naturellement au bord des lacs ou sur les principaux cours d'eau.

Ainsi, la vallée du Rhône comprend trois cantons : le *Valais*, âpre et pauvre, le joli canton de *Vaud* et le petit canton de *Genève*. La ville principale de cette vallée, la plus remarquable même de la Suisse, est **Genève**, à l'extrémité occidentale du beau lac de ce nom, et située à l'endroit où le Rhône s'en échappe pour se diriger vers la France. Genève (45,000 habitants) est une ville où affluent les étrangers qui viennent, soit s'y réfugier, soit s'y préparer à visiter la Suisse. C'est, dans la belle saison, le rendez-vous des voyageurs de toutes les parties du monde. C'est pourtant aussi une ville d'industrie et célèbre par son horlogerie. Foyer d'activité intellectuelle, Genève a joué un rôle dans l'histoire des lettres, et surtout dans l'histoire religieuse. Elle a été la capitale du calvinisme

Lausanne, dans le canton de Vaud et près du lac de

4

Genève, est une ville d'étude, et dont les établissements littéraires sont renommés.

Dans le bassin du Rhin et de ses affluents, la ville principale est BERNE, chef-lieu du vaste et important canton de ce nom, et capitale politique de la Confédération helvétique. Berne, située sur l'Aar, est une ville de 30,000 habitants, belle, animée, possédant de remarquables édifices.

Le canton et la ville de Zurich viennent après, dans l'ordre de l'importance et de la richesse. **Zurich** est une ville de plus de 20,000 habitants, située à l'endroit où la Limmat sort du lac dit de Zurich. Elle a de nombreuses fabriques de soieries; c'est aussi une ville d'étude et de science.

Le canton de Bâle, à l'extrémité nord-ouest de la Suisse, confine à la France et à l'Allemagne. Il doit son importance à cette situation. Il est distribué en deux républiques : Bâle-Ville et Bâle-Campagne. Le chef-lieu de la première, **Bâle,** est situé sur le Rhin et fait un commerce actif; il contient 38,000 habitants

Dans les cantons qui bordent le Rhin depuis Bâle jusqu'à sa source (Argovie, Zurich, Schaffouse, Thurgovie, Saint-Galles, Appenzel, canton des Grisons), il y a peu de villes dignes d'être mentionnées. Ce sont les montagnes, les vallées, les lacs qui méritent d'être visités dans ces pays.

Au centre abondent les sites pittoresques dans les cantons de Schwitz (qui a donné son nom à la Suisse), d'Uri et d'Unterwalden; ces trois cantons ont été le premier noyau de la République helvétique et les fondateurs de la liberté suisse. Puis, les cantons de Zug et de Lucerne se font remarquer par les beaux lacs qui portent le même nom.

Pour achever la liste des cantons helvétiques, il faut

ajouter, à l'ouest, les cantons de Soleure, de Fribourg et de Neufchâtel, pays moins âpres et très-riants.

Population. — Religion. — Gouvernement.

La population totale de la Suisse est de 2,600,000 habitants, qui n'appartiennent pas tous à la même race et ne parlent même pas la même langue. La Suisse française, à l'ouest, parle notre langue; l'allemand règne dans le centre et au nord; l'italien au midi.

La religion aussi est différente: le nord et l'ouest sont protestants; le centre et le midi sont catholiques; plusieurs cantons sont partagés entre les deux religions.

Chaque canton, nous l'avons dit, possède sa constitution propre. Les intérêts généraux sont réglés d'un commun accord par une diète. Cette diète est partagée en deux sections ou conseils : un *conseil national* et un *conseil des États*. Le conseil national se compose des députés du peuple suisse; le conseil des États se compose de deux députés par canton. Les deux conseils nomment le *conseil fédéral*, chargé du pouvoir exécutif.

CHAPITRE IX.

Le nom d'Allemagne. — Question des limites.

Le massif des Alpes qui couvre la Suisse sert de base
à la grande vallée du Rhin qui s'élève vers le nord et à
la vallée du Danube qui se dirige et s'ouvre sur l'orient.
La muraille méridionale de cette dernière vallée est
formée par la continuation et les rameaux des Alpes
elles-mêmes. La muraille septentrionale sert de base à
d'autres vallées moins importantes que celle du Rhin,
mais parallèle à cette dernière, de plus parallèles entre
elles et allant expirer en vastes plaines sur les rives de
la mer du nord et de la mer Baltique.

Ces différentes vallées qui, au lieu d'être concen-
triques comme les vallées de la France, sont au contraire excentriques et s'en vont rayonner en sens in-
verse, ne sauraient constituer géographiquement un
même pays : on les comprend pourtant, sauf l'extrémité de la vallée du Danube, sous le même nom
d'Allemagne.

Le nom d'Allemagne est très-vague. Il s'étend ou se

restreint à volonté. Les Allemands ne demandent qu'à l'étendre le plus possible. A en entendre plusieurs, l'Allemagne c'est toutes les vallées dont nous venons de parler et dont les plus importantes cependant se tournent le dos et ont été bien séparées par la nature. L'Allemagne commencerait au Rhin, que dis-je? aux Vosges et aux Ardennes orientales en France, et se prolongerait jusqu'au Niémen à la frontière de la Russie. Au midi elle embrasserait la plus grande partie de la vallée du Danube et s'étendrait jusqu'à l'Adriatique.

En général, lorsqu'on parle de l'Allemagne, on ne comprend sous ce nom qu'une partie de la vallée du Rhin, la partie supérieure du bassin du Danube et les plaines arrosées par les fleuves parallèles au Rhin.

C'est donc un pays dont il est difficile d'indiquer les limites. Si l'on veut entendre par Allemagne la région centrale de l'Europe, il y a des limites naturelles, ce sera la région comprise entre la mer du Nord et la mer Baltique au nord ; les Ardennes, les Vosges, le Jura, à l'ouest ; les Alpes et leurs ramifications, au sud ; à l'est, la Vistule.

Mais toute cette région n'entend point être l'Allemagne, de sorte que ce nom n'est guère qu'une expression politique désignant un pays sans limites naturelles, sans unité et divisé entre plusieurs États.

Le plus simple est donc de décrire d'abord toute la région centrale et de montrer ensuite comment les divisions politiques s'accordent ou ne s'accordent pas avec les divisions naturelles.

Les deux Allemagnes.

On veut qu'il n'y ait qu'une Allemagne et, en réalité, toute cette région se divise en deux parties bien distinctes. Considérez une carte. Le système des montagnes vous paraîtra confus, mais vous verrez que presque toutes les montagnes sont dans le midi et que les plus grandes plaines sont dans le nord. Vous verrez deux directions générales des eaux, les unes s'en allant à la mer du Nord, les autres à la mer Noire. Vous remarquerez que les vallées du nord, parallèles entre elles et à peine séparées entre elles, sont perpendiculaires à la grande vallée du Danube et en sont séparées par une chaîne assez importante. Au nord, les vents froids; de l'autre côté des montagnes, des pays abrités des vents du nord et de ceux du midi, ouverts du côté de l'est.

Il y a donc géographiquement deux Allemagnes, l'Allemagne du nord ou des collines et des plaines sablonneuses; l'Allemagne du midi ou des montagnes et des fécondes vallées; différence qui a influé considérablement sur le caractère des populations.

La ligne de partage.

Regardons au centre de cette région. Un rectangle de montagnes nous frappe : ce sont les montagnes qui enveloppent la Bohême et forment comme un bastion construit par la nature. Ce bastion se rattache, d'un côté, aux Alpes par une chaîne aux courbes variées et, de l'autre, à la chaîne des Carpathes.

C'est là le grand système montagneux qui coupe cette région en deux parties et dessine les deux Allemagnes. Cette chaîne sert de base aux bassins qui s'ouvrent sur le nord, et forme en même temps la muraille longitudinale de la vallée du Danube, dont l'autre muraille, au midi, est formée par les Alpes et leurs rameaux.

Allemagne du Nord. — Géographie physique.

La ligne de partage des eaux, qui coupe l'Allemagne

en deux, commence à l'est, au-dessus du lac de Constance, s'élève, vers le nord, sous le nom de *montagnes de la Forêt-Noire* ou *Schwarzwald, d'Alpes de Souabe,* de *montagnes de Franconie;* puis, tournant brusquement au sud et se relevant après, elle forme deux des côtés méridionaux du carré de Bohême, sous le nom de *Bœhmer-Wald* (forêt de Bohême), et, prenant enfin une direction vers l'est, se rattache aux *Carpathes.*

Les ramifications de cette chaîne sont peu nombreuses. À l'ouest, les *monts de Thuringe* et le *Hartz* sont la branche principale : elles servent à marquer, de ce côté, sans la prononcer toutefois par une vive arête, la limite du bassin du Rhin. L'autre ramification, au lieu de se diriger vers la mer, se rabat sur elle-même; ce sont les *monts des Géants* et l'*Erz-Gebirge,* qui forment les deux côtés nord du quadrilatère de Bohême.

Ce quadrilatère appartient, par la direction générale des eaux, à la région du nord, dans laquelle il s'avance comme un coin par son aspect et son caractère, à la région du midi. Aussi, politiquement a-t-il, jusqu'à aujourd'hui, appartenu à la puissance qui régnait dans le midi.

Les fleuves qui traversent l'Allemagne du Nord et qui tous ont, nous l'avons dit, une direction parallèle, sont : le *Rhin,* le *Weser,* l'*Elbe,* l'*Oder,* la *Vistule.*

Le *Rhin,* au sortir de la Suisse, remonte vers le nord, en séparant la France de l'Allemagne; il est encadré, sur sa rive gauche (France), par les *Vosges,* qui se prolongent hors de France et forment la chaîne de l'*Hundsrück;* sur sa rive droite (Allemagne), il est encaissé par les montagnes de la *Forêt-Noire.*

Ces deux chaînes limitent sa vallée, proprement dite, mais non son bassin. Sur la rive gauche, derrière les Vosges, il y a les *Ardennes orientales,* qui enferment le bassin de la Moselle. Sur cette même rive, le Rhin reçoit les eaux de l'*Ill*, de la *Lauter*, de la *Nahe* et de la *Moselle*, l'affluent le plus important.

Sur la rive droite, du côté de l'Allemagne, les monts de la Forêt-Noire ne limitent que dans un court espace la vallée du Rhin. Le bassin du fleuve a pour base la ligne générale de partage des eaux, depuis les Alpes de Constance jusqu'au quadrilatère de la Bohême. Cette fraction de la ligne de partage a pour nom les *Alpes de Souabe*. Il s'en détache, remontant vers le nord, les *monts de Franconie*, que continuent le *Rhône-Gebirge*, le *Vogel-Gebirge*, le *Rhotaar-Gebirge*. A mesure qu'on s'avance vers la mer, les collines disparaissent et le Rhin va finir dans un pays très-bas, la Hollande, ainsi que nous l'avons dit.

Sur cette rive, c'est-à-dire en Allemagne, de nombreuses et importantes vallées s'ouvrent, arrosées par les affluents du Rhin, vallée du *Necker*, vallée du *Mein*, rivière au cours très-sinueux; vallées de la *Lahn*, de la *Sieg*, de la *Ruhr*, de la *Lippe*.

Les autres fleuves de l'Allemagne septentrionale et qui ont tous même direction, sont : l'*Ems*, le *Weser* dont les eaux viennent, soit directement, soit par affluents, du pâté montagneux de la Thuringe et des montagnes du *Harz;* puis l'*Elbe*, puis l'*Oder*. La *Vistule*, dont la direction est la même, n'appartient pas tout entière à l'Allemagne.

De ces fleuves, l'*Elbe* et l'*Oder* sont les principaux; l'un se jette dans la mer du Nord, l'autre dans la Baltique.

Le bassin de l'*Elbe* est enveloppé, dans sa partie supérieure, par les *monts de Bohême*, les *monts Moraves*, les *Riesen-Gebirge*, ou monts des Géants, l'*Erz-Gebirge*. Ces montagnes sont celles qui composent le quadrilatère de

Bohême et semblent vouloir enfermer l'Elbe; mais ce fleuve, après avoir reçu la Moldau, qui lui apporte la plus grande partie des eaux de ce vaste plateau, se fraye un passage à travers l'Erz-Gebirge, descend en plaine et s'en va, du sud-est au nord-ouest, finir en des pays si bas qu'on a dû contenir ses eaux par des digues.

Les affluents de l'Elbe sont, à gauche : la *Moldau*, l'*Eger*, la *Mulda*, la *Saal*, le principal affluent par l'étendue de son cours, le volume de ses eaux, le nombre de ses affluents. Son cours est parallèle à celui de l'Elbe.

A droite, l'Elbe ne reçoit guère dans son bassin supérieur que des rivières torrentueuses; dans son bassin inférieur, le principal affluent est le *Havel*, déversoir de plusieurs amas d'eaux dormantes situées dans les plaines du nord. Le Havel a lui-même pour affluent la *Sprée*.

L'*Oder*, l'autre grand fleuve allemand ou plutôt prussien, prend sa source dans les monts Sudètes, qui se détachent du bastion montagneux de la Bohême et vont se rattacher aux Carpathes, pour former la ligne générale de partage des eaux de l'Allemagne et de l'Europe. Il coule d'abord dans une vallée peu profonde, mais belle et riche; incline ensuite au nord-ouest et ne coule plus qu'entre des rives plates et sablonneuses, qu'il inonde, mine et change presque partout. Sa pente est presque nulle; de là, une multitude de canaux, d'îles. Il se partage ensuite en deux branches et va finir dans une sorte de lac immense, séparé de la mer par deux grandes îles, les îles d'*Usedom* et de *Wollin*.

Les affluents de gauche de l'Oder sont : la *Neiss* et la *Bober*. A droite, l'Oder a pour principal affluent la *Wartha*, qui lui apporte une plus grande masse d'eau que la sienne. La Wartha vient de la Pologne.

C'est aussi de la Pologne que vient la *Vistule*, l'un des principaux fleuves de la région centrale de l'Europe.

4.

Autrefois la Vistule était, dans tout son cours, un fleuve polonais ; c'est maintenant, à sa source, un fleuve autrichien ; au milieu, russe ; à son embouchure, prussien. Elle finit en plusieurs branches qui aboutissent au golfe de *Dantzick* et à un autre golfe plus intérieur, le *Frische-Haff*.

Ajoutons enfin, sur la limite de la Prusse et de la Russie, le fleuve du *Niémen*.

Géographie politique.

Sauf du côté de la vallée du Rhin et de ses affluents, l'Allemagne du Nord, à mesure qu'on s'éloigne des montagnes du centre, s'abaisse de plus en plus vers la mer. « Dans les intervalles qui séparent les fleuves et surtout le long de la mer, elle est constamment sablonneuse ; les eaux, sans écoulement, y forment une quantité innombrable de lacs et de marécages. Pour unique accident de terrain, des dunes de sable, pour unique végétation, des sapins, des bouleaux et quelques chênes. Elle est grave et triste comme la mer dont elle rappelle souvent l'image, comme la végétation élancée et sombre dont elle se couvre, comme le ciel du nord. Elle est fertile sur le bord des fleuves, mais dans l'intérieur une culture maigre se développe çà et là au milieu des éclaircies des forêts de sapins ; et, si quelquefois elle présente le spectacle de l'abondance, c'est lorsque de nombreux bestiaux ont engraissé le sol. Mais telle est la puissance de l'économie, de la persévérance, du courage, que dans ces sables s'est formé un état de premier ordre, sinon riche du moins aisé, la Prusse, œuvre hardie et patiente d'un grand homme, Frédéric II, et d'une suite de princes, qui, avant ou après Frédéric II, sans avoir son génie, ont été animés du même esprit [1]. »

[1] Thiers, *Histoire du Consulat et de l'Empire*.

Le royaume de Prusse, en effet, n'a fait que grandir et il embrasse maintenant la plus grande partie de l'Allemagne du Nord. Les États secondaires qui subsistent encore et qui survivent à l'ancienne confédération germanique se trouvent même étroitement subordonnés à la Prusse.

La géographie politique de l'Allemagne du Nord se réduit donc maintenant à celle du royaume de Prusse et d'un groupe de petits États réunis sous le titre de Confédération du Nord et placés sous la dépendance de la Prusse qui est la tête de la Confédération.

I

ROYAUME DE PRUSSE.

Divisions et villes principales.

Le royaume de PRUSSE est limité au nord par la mer du Nord, le Danemark, la mer Baltique; à l'est, par l'empire de Russie, au sud par l'Autriche, le petit royaume de Saxe, le royaume de Bavière et le grand-duché de Hesse-Darmstadt; à l'ouest par la France, la Belgique et les Pays-Bas.

C'est donc une immense bande de terrain, qui va du Rhin au Niémen et qui est beaucoup plus longue que large. Tous les fleuves que nous venons de décrire sont prussiens dans la plus grande partie ou dans la totalité de leur cours : *Rhin*, *Ems*, *Weser*, *Elbe*, *Oder*, *Vistule*.

Les provinces peuvent se diviser en trois groupes distincts, non-seulement par leur situation géographique, mais par leur caractère : 1° les provinces de l'est, d'où est venu le nom de Prusse et à ces provinces une grande iniquité a ajouté une province polonaise; 2° les provinces du centre, berceau de la monarchie et noyau autour duquel ont été réunis des États allemands devenus des provinces prussiennes; 3° le groupe de l'ouest ou les provinces de la vallée du Rhin. Naguère encore les provinces les plus belles et les plus riches étaient séparées du centre par le royaume du Hanovre. Depuis 1866, le Hanovre est englobé dans la monarchie prussienne.

Il est difficile de trouver le centre de cette longue bande de terrain. BERLIN, la capitale du royaume et de la province de Brandebourg, n'est pas une capitale géographique, mais un centre politique. Bien que placée dans un terrain marécageux, sur les bords de la Sprée, cette ville a grandi d'une manière étonnante. Il y a deux siècles, c'était une petite ville de 6,000 habitants. Aujourd'hui c'est une cité de 550,000 habitants, bien bâtie, ornée d'édifices somptueux et remarquables; en un mot, une des grandes villes d'Europe. Elle renferme de nombreux établissements scientifiques et, si c'est un foyer d'activité militaire, c'est aussi un foyer d'activité intellectuelle.

A côté de Berlin se trouve l'agréable ville de **Postdam** célèbre par son château et ses jardins : c'est le Versailles de la Prusse.

Les plus grandes et les plus belles villes sont dans l'admirable et historique vallée du Rhin : **Coblentz,** au confluent de la Moselle et du Rhin, chef-lieu de la province *du Rhin* ; **Cologne** (113,000 hab.), sur le Rhin, ville ancienne et remarquable par sa cathédrale, on y fabrique une eau spiritueuse très-renommée; **Aix-la-Chapelle** (59,000 hab.), ville qui fut la capitale de l'empire de Charlemagne; puis les villes de **Düsseldorf** (38,000 habitants); **Crevelt** (50,000 hab.); **Elberfeld** (56,000 hab.), remarquable par ses fabriques de dentelles et de soieries; **Bonn**, remarquable par son université; **Trèves**, ville très-antique, une capitale de l'ancienne Gaule et une cité très-importante au moyen âge.

Dans la province de Westphalie, on ne cite guère que **Münster**, le chef-lieu (23,000 hab.).

Il y a aussi de grandes et importantes villes dans la province de Saxe, une des plus riches du royaume prussien : ce sont **Magdebourg**, sur l'Elbe (79,000 habitants), une des plus fortes places de l'Allemagne; **Halberstadt** (20,000 hab.), cité industrielle et commerciale; **Wittemberg** et **Halle**, célèbres par leurs universités; **Erfurth**, place très-forte (33,000 hab.), et beaucoup d'autres villes historiques, entre autres **Lutzen**, célèbre par les batailles de Gustave-Adolphe, en 1632, et de Napoléon, en 1815.

La Silésie, au sud-est du Brandebourg, et qui comprend le bassin supérieur de l'Oder, doit à sa situation, dans le voisinage des montagnes, une grande richesse. C'est encore une des plus belles provinces de la Prusse. Son chef-lieu, **Breslau**, sur l'Oder, ville de 130,000 habitants, a mérité le titre de troisième capitale de la Prusse.

Les provinces du Nord, moins fertiles, sont moins peuplées. Les villes y sont moins grandes, à l'exception de Berlin, la capitale qui, nous l'avons dit, est dans le Brandebourg. Il faut cependant citer encore dans cette province **Francfort-sur-l'Oder** (34,000 hab.); dans la Poméranie, **Stettin**, le principal port de commerce de la Prusse, sur l'Oder, et **Stralsund**, autre port, en face de de l'île Rügen.

Les provinces de l'est, Prusse orientale et Prusse occidentale, ont pour principales villes **Kœnigsberg**, ville très-étendue et qui compte 87,000 habitants. C'est là que se fait le couronnement des rois de Prusse. **Dantzick**, près du golfe du même nom et sur un des bras de la Vistule, est la plus forte place maritime du royaume. La ville de **Thorn** a un pont immense sur la Vistule.

La province polonaise du *duché de Posen* ou *Poznanie* a pour chef-lieu **Posen** ou **Posnan**, sur la Wartha.

A ces anciennes provinces, le roi de Prusse a ajouté, depuis 1866, par le droit du plus fort, l'ancien *royaume de Hanovre*, qui compte près de deux millions d'habitants, qui occupait la rive gauche de l'Elbe, les deux rives du Wéser et la plus grande partie de la côte renfermée entre l'embouchure de l'Elbe et celle de l'Ems. La capitale de cet état qui a de la peine à devenir prussien est **Hanovre** (70,000 hab.), ville d'activité et d'étude. *Stade* est un port important sur l'Elbe. Le royaume de Hanovre possédait une des plus célèbres universités de l'Allemagne, celle de **Goëttingue**.

Au nord-est du Hanovre, la Prusse a encore pris des duchés qui dépendaient naguère encore du Danemark; les duchés de Lauenbourg, Holstein et Sleswig. Elle y a gagné les villes de **Kiel**, place maritime importante, sur un golfe de la Baltique, à l'extrémité du canal dit de *Sleswig-Holstein*, et **Altona**, ville très-commerçante de 40,000 habitants, sur l'Elbe. Cela a été encore l'accroissement d'un million d'habitants, et surtout l'acquisition de très-bonnes positions maritimes.

L'annexion du Hanovre donnait à la Prusse la vallée du Wéser; celle de l'ancien *Electorat de Hesse* lui donnait le bassin supérieur de ce fleuve. L'Électorat de Hesse touche même au *Mein* par son extrémité méridionale. La capitale est **Cassel** (40,000 habitants).

Ajoutons enfin l'ancien duché de *Nassau* (bassin du Rhin), l'ancienne ville libre de **Francfort-sur-le-Mein**, naguère encore capitale de la Confédération germanique.

Population. — Religion. — Gouvernement.

Ces acquisitions récentes qui ont renouvelé, en plein dix-neuvième siècle, les spoliations violentes du moyen âge, ont fait de la Prusse un des plus grands états de l'Europe, car elle s'étend du Rhin au Niémen. Elles ont porté la population de ce royaume à 25 millions d'habitants.

La langue de tout le royaume est l'allemand, mais le caractère et la race des diverses populations sont loin d'être semblables. Dans le duché de Posen, la population est polonaise, et on y remarque beaucoup de juifs qui tiennent le commerce.

La religion est le *protestantisme* selon Luther, ou luthéranisme ; il y a, toutefois, de nombreux catholiques dans les provinces du Rhin et dans la province polonaise.

Le gouvernement de la Prusse est maintenant, comme celui des autres États, constitutionnel. Il y a deux Chambres, l'une héréditaire, qui représente l'aristocratie féodale, l'autre élective. Mais le roi de Prusse est encore très-imbu des idées du droit divin.

II

CONFÉDÉRATION DU NORD.

Gouvernement.

Les États de la région du Nord qui faisaient autrefois partie de la Confédération germanique, forment maintenant une Confédération dite du Nord, et entièrement soumise à la direction de la Prusse. Ces États, dont l'ensemble contient environ 6 millions d'habitants, ont gardé leur gouvernement, leurs chambres, leurs lois, mais il y a un Parlement fédéral qui attire à lui toutes les affaires d'intérêt commun, et ce sont les plus importantes. Il y a aussi un *Conseil fédéral* composé des délégués des gouvernements, et qui prépare les lois fédérales. La Prusse domine au Conseil comme au Parlement fédéral, et, d'ailleurs, c'est le roi de Prusse qui a le commandement de toutes les forces militaires. Il y a, de plus, un Parlement douanier, uniquement occupé des affaires de commerce, mais dans lequel siégent des représentants des États du Sud, ce qui constitue un lien avec ces États.

Les États de la Confédération du Nord, sont :

Royaume de Saxe.

Ce royaume est situé au pied des montagnes de la Bohême, dans la partie la plus fertile et la plus riche de la vallée de l'Elbe, dont la Prusse occupe le bassin inférieur. La capitale est Dresde, une des belles et curieuses villes de l'Europe (128,000 habit.). Dresde est situé sur l'Elbe et on y remarque un pont magnifique. Parmi les villes principales, il faut citer surtout Meinen, fameuse par sa porcelaine; Leipzig (78,000 habit.), ville très-commerçante et très-savante, où il se tient des foires célèbres et qui possède une université renommée. Leipzig est le centre d'un important commerce de librairie. C'est aussi une ville célèbre dans l'histoire militaire, par la bataille gigantesque soutenue par l'armée de Napoléon en 1813 contre la coalition. Chemnitz est une ville industrieuse et compte 45,000 habit.

Les grands-duchés de Mecklembourg.

Ces duchés, qui sont le grand duché de Mecklembourg-Schwerin et de Mecklembourg-Strélitz, sont situés sur la mer Baltique : ils sont plats, sablonneux, couverts de pâturages et de forêts. Les villes principales sont **Rostock** et **Wismar**, villes maritimes.

Le grand-duché d'Oldenbourg.

Ce grand duché était enclavé dans le royaume de Hanovre et se trouve maintenant enfermé dans la Prusse. Il a pour capitale la petite ville d'OLDENBOURG.

Les villes Hanséatiques.

Dans cette partie du nord de l'Allemagne se trouvent trois villes maritimes importantes : BRÈME sur le Weser, HAMBOURG sur l'Elbe, LUBECK sur la Trave, non loin de la Baltique. Ces trois villes sont appelées *hanséatiques*, parce qu'elles étaient à la tête de nombreuses villes, unies pour le commerce et formant une association ou *hanse*. Elles sont restées isolées et libres. Hambourg est la plus grande et la plus commerçante : elle renferme 175,000 habit. Brême et Lubeck viennent après. Hambourg est en réalité la première place de commerce de l'Allemagne.

Grand-duché de Hesse-Darmstadt.

Le grand-duché de Hesse-Darmstadt, dans le bassin du Rhin, est coupé par le Mein qui y fait sa jonction avec le Rhin. Le Mein est la limite de la Confédération du Nord, de sorte que, par une de ces anomalies qui ne déplaisent pas aux Allemands, il n'y a que la partie septentrionale qui se rattache à la Confédération. La capitale est DARMSTADT. Les principales villes sont : **Worms** et **Mayence**, au confluent du *Mein* et du *Rhin*, l'une des plus importantes places militaires de l'Europe.

Duchés de Saxe.

Au sud de la Saxe prussienne et à l'ouest du royaume de Saxe se trouvent des États qui font partie de la même région géographique et qui sont divisés en plusieurs duchés.

Le grand-duché de SAXE-WEIMAR a pour capitale WEIMAR. Dans ce pays se trouve le célèbre village d'Iéna, fameux par la victoire de Napoléon Ier en 1806.

Puis viennent les duchés de SAXE-COBOURG-GOTHA; SAXE-MEININGEN, SAXE-ALTENBOURG.

Weimar et **Gotha** sont les villes les plus importantes et jouissent d'une grande renommée scientifique et littéraire.

Duchés enclavés dans la Prusse

Plusieurs duchés, faisant partie de la Confédération, sont tout à fait enclavés dans la Prusse. Ce sont ceux :

D'ANHALT, dans la Saxe prussienne;

De BRUNSWICK, entre le Hanovre et la Saxe prussienne.

Principautés.

Enfin viennent cinq principautés sans grande importance : deux principautés de LIPPE, deux de REUSS, deux de SCHWARZBOURG.

La géographie de l'Allemagne a déjà été simplifiée, car, au siècle dernier, les petits états se comptaient par centaines; la Prusse ne demande qu'à la simplifier davantage, mais nos intérêts ne réclament pas cette simplification.

CHAPITRE X.

Géographie physique. — Vallée du Danube.

L'Allemagne du Sud ne comprend guère qu'une immense vallée, la vallée du Danube.

Cette vallée adossée à la Suisse est tournée vers l'Orient.

Elle est encaissée au nord, par la ligne générale de partage des eaux : *Alpes de Souabe, Bœhmer Wald,* monts *de la Moravie,* monts *Sudètes,* monts *Carpathes* ; à l'est, par les *Alpes algaviennes* qui la séparent de la vallée supérieure du Rhin ; au sud, par les Alpes *Rhétiques, Juliennes, Carniques, Illyriennes.*

Elle va finir bien au delà de ce qu'on appelle la région germanique. Au nord, les monts Carpathes, s'éloignant de la ligne de partage, tracent un demi-cercle et séparent la vallée du Danube des vallées de la Russie méridionale qui vont également s'ouvrir sur la mer Noire. Au sud, se détache des Alpes Illyriennes la chaîne des *Balkans* qui parcourt la Turquie.

Au fond de ce grand et fertile bassin, coule le Danube qui prend naissance dans la Forêt Noire :

« Le Danube est un fleuve européen. Il naît à deux pas de la France, et finit en face de l'Asie, entre Odessa et Constantinople. Il traverse deux duchés, Bade et Hohenzollern ; deux royaumes, Wurtemberg et Bavière ; deux empires, Autriche et Turquie ; trois principautés, Serbie, Valachie et Moldavie. L'esprit moderne est sur ses eaux, et, le long de ses rives, s'agitent des peuples nombreux qui veulent boire à la coupe de vie.

« Mais les grands fleuves ont, ainsi que les grands hommes, d'obscurs commencements ; à Ulm, où le Danube sort à peine de son berceau de montagnes, il est bien humble.

« Le Danube n'a rien de comparable à la cataracte du Rhin, à Laufen, parce qu'il ne vient pas de si haut, mais beaucoup de rapides. En Bavière, sa pente est quatre fois celle de la Seine, au-dessus de Paris. On estime sa rapidité moyenne à deux mètres par seconde. Sa profondeur varie avec les crues, mais n'est jamais bien considérable, même dans le bas de son cours. Sa largeur, qui n'est à Ulm que de quarante mètres, et vers Presbourg de trois à quatre cents, va jusqu'à treize cents à Belgrade, et à deux mille entre les principautés roumaines et la Bulgarie.

« Le Danube fait d'innombrables détours, jusqu'à paraître parfois revenir sur ses pas. On lui a compté 120 affluents principaux, dont quelques-uns, l'Inn, la Save, la Theiss, sont rangés parmi les grands cours d'eau de notre continent. C'est autant de bras que le puissant fleuve étend à droite et à gauche de lui, sur une surface égale une fois et demie à celle de la France, pour y prendre ou pour y porter la vie. Mais il y prend aussi ce qui a été la mort pour bien des navires. Les eaux qui lui viennent tout droit des Alpes : le Lech, l'Isar, l'Inn, la Traun, l'Ens, lui apportent, dans les crues, une telle masse de sables et de graviers, que son lit en est embarrassé, que le chenal change, et qu'un atterrissement se forme là où la veille le bateau passait à toute vapeur[1]. »

Les affluents du Danube sont nombreux, mais plus nombreux et plus importants sur la rive droite que sur la rive gauche, car, de ce côté, le fleuve est moins éloigné des montagnes.

Sur la rive gauche, ces affluents sont l'*Athmül*, la *Regen*, la *March* ou *Morava*. Mais le principal est la *Theiss*, qui naît en dehors de la région germanique, et qui coule à l'aise dans la partie où le Danube s'écarte le plus des montagnes : elle coule même quelque temps parallèlement à ce fleuve, lorsqu'il prend pour un moment la direction du nord au sud. La Theiss reçoit elle-même beaucoup d'affluents. Les rivières qui se jettent ensuite dans le Danube sont le *Sereth* et le *Pruth*. Mais elles appartiennent aux Principautés danubiennes.

Sur la rive droite, des cours d'eau nombreux tombent des Alpes et vont grossir le Danube : le *Lech*, l'*Isar*, l'*Inn* surtout qui reçoit lui-même de nombreuses rivières et apporte au Danube un volume d'eau égal à celui du fleuve lui-même. Puis, c'est la *Traun*, la *Leitha* et les deux longues rivières de la *Drave* et de la *Save* qui coulent, comme le Danube, de l'ouest à l'est. Puis viennent d'autres affluents appartenant à l'empire ottoman.

Géographie politique.

Politiquement, l'Allemagne du Sud est moins fractionnée que l'Allemagne du Nord, mais a moins de cohé-

---

[1] V. Duruy, *Causeries de voyage : de Paris à Bucharest.*

sion, parce que l'Autriche ne fait plus partie des Etats allemands, et ne joue pas le rôle que joue la Prusse au Nord.

Le groupe des États du Sud, outre la partie méridionale de la Hesse-Darmstadt, ne se compose que d'Etats relativement vastes et riches : grand-duché de Bade, royaume de Wurtemberg et Bavière. Ces États sont indépendants et ne sont plus liés à aucune confédération : ils n'ont plus entre eux et avec les États du Nord qu'un lien commercial par le *Zollverein* ou union douanière. Le reste de la vallée du Danube est occupé par l'empire d'Autriche qui comprend le royaume de Hongrie. Les bouches du Danube sont occupées par des Principautés vassales de la Turquie et que nous étudierons plus loin.

I

ETATS DU SUD DE L'ALLEMAGNE.

Bade.

Ce qui fait le caractère indécis, au point de vue politique des États du Sud de l'Allemagne, c'est précisément le caractère mixte de leur situation géographique. Ils appartiennent, en effet, à la fois, aux deux bassins du Rhin et du Danube et l'on conçoit qu'ils soient attirés par le Nord et par le Sud. Toutefois, l'aspect général de ces pays, leurs productions, leur population montrent bien que ce sont plutôt des États du Midi.

Ils occupent d'abord des pays assez montagneux, car ils comprennent la partie supérieure des bassins du Rhin et du Danube, et de leurs premiers affluents. Ils ne ressemblent point aux régions plates de l'Allemagne du Nord.

Le grand duché de BADE, bien qu'en deçà de la ligne du Mein, est le pays dont le caractère est le plus indécis : il est presque tout entier dans le bassin du Rhin et sur les rives mêmes de ce fleuve qu'il borde sur la droite dans tout l'espace que la France le borde à gauche, et non plus loin. Cependant ce même pays contient les sources du Danube, et possède la clef de tous les défilés qui conduisent dans l'Allemagne du Sud. A vrai dire, c'est un État de l'Ouest qui n'appartient ni au Nord, ni au Sud, et c'est plutôt une suite de la région française.

Le grand-duché de Bade est resserré entre la France à l'ouest, le Wurtemberg à l'est, la Suisse au sud ; au nord, il confine à la Bavière et à la Hesse. Il est arrosé par plusieurs affluents du Rhin, mais le plus important est le *Necker*.

Sa capitale est la jolie ville de CALSRUHE (30,000 hab.), qui est remarquable par sa régularité, car toutes les rues-sont les branches d'un éventail qui viennent aboutir au château ducal. La ville commerçante est à **Manheim**, au confluent du Necker et du Rhin ; la ville savante à **Heidelberg**, sur le Necker ; cette ville possède une université renommée. Le duché a, en outre, une ville de plaisirs, **Bade**, rendez-vous de la société européenne, à la saison des eaux.

La population totale du grand-duché de Bade est de 1,400,000 habitants.

Wurtemberg.

Le royaume de WURTEMBERG à l'est du duché de Bade et à l'ouest du royaume de Bavière, compte 1,820,000 hab. Il comprend une partie du bassin supérieur du Danube et de la vallée du Necker, affluent du Rhin. Il est traversé par les Alpes de Souabe qui for-

ment la ligne générale de partage, et se trouve ainsi
également tiré entre le nord et le sud.

La capitale est STUTTGART, près du Necker, ville assez
remarquable de 56,000 âmes. **Tubingen** est une ville savante, renommée pour son université. Mais la ville militaire est dans le bassin du Danube : c'est **Ulm**, célèbre
par ses fortifications, et qui est la clef de la vallée supérieure du grand fleuve autrichien.

Bavière.

Le royaume de Bavière est de beaucoup l'État le plus
considérable des États secondaires de l'Allemagne : il
contient 4,800,000 hab.

Il est traversé par les Alpes de Souabe et a deux versants : celui du Rhin et celui du Danube. Il contient
presque toute la vallée du *Mein*, un des principaux affluents du Rhin. Il occupe une grande partie de la vallée
du Danube, et est arrosé par plusieurs affluents de ce
fleuve : l'*Athmül* et la *Naab* sur la rive gauche ; le *Lech*,
l'*Iser*, et l'*Inn* sur la rive droite.

La capitale est à MUNICH, sur l'Iser. C'est une ville qui
ne doit, en réalité, son importance et sa grandeur, tout
artificielle, qu'à la volonté persévérante du roi Louis Ier
de Bavière. Ce prince y a multiplié les édifices imités
des monuments de l'antiquité grecque, et a voulu faire
une copie d'Athènes. Munich n'en est pas moins devenu
un centre artistique et scientifique. C'est une ville de
148,000 hab.

Il y a beaucoup de villes remarquables et de noms
historiques dans la vallée du Danube. Nous ne citerons,
parmi les villes, que les antiques cités d'**Augsbourg** et
de **Ratisbonne** ; dans cette dernière ville a longtemps
siégé la diète de l'ancien empire germanique.

Dans le bassin du Rhin, il faut surtout nommer **Nuremberg,** ville de 63,000 hab., célèbre par son industrie des instruments de précision et de jouets d'enfants, puis les villes d'**Anspach,** de **Bamberg,,** de **Wurzbourg.**

Au royaume de Bavière se rattache, mais seulement par un lien politique, la *Bavière rhénane* ou cercle du Palatinat, pays situé sur la rive gauche du Rhin, et continuation naturelle de notre Alsace. C'est un pays fertile, riche et pittoresque. Le chef-lieu est **Spire,** près du Rhin : la ville militaire, fortifiée contre nous, est **Landau.**

Religion et gouvernement.

La religion du midi de l'Allemagne est la religion catholique et c'est là un des grands obstacles à la réunion avec le nord protestant. Dans le grand-duché de Bade, la religion catholique et le protestantisme se partagent la population ; dans le Wurtemberg, le protestantisme domine ; en Bavière, c'est la religion catholique qui règne ; néanmoins on y compte aussi, dans le nord, un certain nombre de protestants.

Chacun de ces États forme une monarchie constitutionnelle avec le luxe gouvernemental et administratif des grandes monarchies.

II

EMPIRE D'AUTRICHE ET ROYAUME DE HONGRIE.

Autriche.

Au sortir de la Bavière, à Nassau, le Danube entre en Autriche. Il n'en sort plus que pour entrer en Turquie. L'Autriche est l'un des États les plus considérables de

5

l'Europe, un des plus fertiles et des mieux cultivés.
L'empire d'Autriche comprend le royaume de Hongrie
qui a son administration distincte mais qui lui est étroitement uni. Il est borné au nord par la *Prusse*; à l'ouest
par la *Bavière*, la Suisse et l'Italie; au sud par l'Italie,
la mer Adriatique et la Turquie.

Il ne comprend en général que le bassin du Danube
et est enveloppé par les montagnes qui le forment, mais
il fait une pointe au nord par la Bohême et possède
ainsi le bassin supérieur de l'Elbe; par la Gallicie, ancienne province polonaise, il contient une partie des
bassins de la *Vistule*, qui va à la Baltique, et du *Dniester*,
fleuve russe qui va à la mer Noire. Au sud, par le Tyrol, il a la vallée supérieure de l'*Adige*, fleuve italien
qui va à l'Adriatique. Naguère il allait bien plus loin de
ce côté, mais, depuis 1859 et 1866, il a perdu les provinces de Lombardie et Vénétie, c'est-à-dire le bassin
du grand fleuve italien, le *Pô*.

Le Danube traverse l'Autriche et la Hongrie : il entre
à **Passau** et sort à **Orsowa**; mais à **Belgrade**, il n'est plus
qu'une limite entre la Hongrie et la Turquie. Les affluents autrichiens du Danube sont principalement sur
la rive droite : l'*Inn*, l'*Ens*, la *Raab*, la *Save* et la *Drave*
qui, dans la plus grande partie de son cours, sert de
frontière entre l'Autriche et la Turquie. Sur la rive gauche, le Danube reçoit, comme affluent autrichien, la
March ou *Morawa*. La grande rivière, la *Theiss*, est une
rivière hongroise. Le lac *Balaton*, un des plus considérables de l'Europe et qui s'écoule dans le Danube, est
un lac hongrois.

L'empire d'Autriche proprement dit (sans le royaume
de Hongrie) contient les provinces qui appartiennent à
la région germanique et qui sont convoitées par l'Allemagne : au nord, la Bohême, la Moravie, la Silésie au-

trichienne ; à l'ouest, l'Autriche ; au sud le Tyrol, la
Styrie, l'Illyrie qui comprend la Carinthie, la Carniole,
l'Istrie. Ce sont les pays les plus accidentés, les plus fertiles et les plus peuplés.

La capitale de ce groupe allemand et de toute la monarchie autrichienne est VIENNE, sur la rive droite du
Danube, qui, à cet endroit, est très-large et forme plusieurs îles. Vienne est une grande et belle ville de
560,000 habitants. C'est une des villes remarquables de
l'Europe et un centre d'activité industrielle et commerciale. Elle possède de beaux édifices, entre autres la
cathédrale de Saint-Étienne et le palais impérial. A ses
portes, s'étend une promenade magnifique, le *Prater*.

Après Vienne, les principales villes sont : **Prague**, capitale de la Bohême, ville très-forte et en même temps
manufacturière, 150,000 habitants. Elle possède une célèbre université et c'est une ville qui a joué un grand
rôle historique. La capitale de la Moravie, **Brünn**, est
aussi une ville importante, 60,000 habitants; c'est près
de là que se trouve la petite ville à jamais fameuse
d'**Austerlitz**. Du reste, les villes et les villages historiques abondent et la liste en serait longue.

Les centres industriels sont assez nombreux, mais il y
a peu de grandes agglomérations. Quant aux villes commerciales, l'Autriche, ne touchant à la mer que par un
point, n'a qu'un port : **Trieste**, en Istrie. Trieste, au fond
de la mer Adriatique, est une ville remarquable et un
port très-actif, dont l'importance grandit chaque jour :
c'est une ville de 100,000 âmes.

Royaume de Hongrie.

Le royaume de Hongrie, bien que lié à l'empire
d'Autriche, a su maintenir son autonomie. C'est un pays
d'ailleurs bien distinct quant à la population et à la lan-

gue. Le royaume de Hongrie est situé à l'est de l'archi-duché d'Autriche et comprend une partie de la vallée du Danube et la grande vallée de la Theiss. Au nord ce pays est enveloppé par la chaîne des Carpathes qui décrit un demi-cercle ; au sud il est traversé, comme le sud de l'Autriche, par les ramifications des Alpes *Juliennes*. Au centre, c'est un pays de plaines et souvent de marécages ; néanmoins il est très-fertile, surtout en céréales. Les montagnes contiennent des mines abondantes.

La population de ce pays est très-mêlée, mais la race conquérante, celle qui lui a donné son caractère, est le peuple hongrois ou *madgyar*. « Les Hongrois sont en général d'une taille moyenne, mais d'une constitution vigoureuse. Tous semblent avoir reçu en partage cet air de fierté qui annonce le sentiment de la force, cette valeur martiale qui se plaît aux fatigues de la guerre, cette vivacité un peu rude qui tient à des mœurs militaires, et cet enjouement qui caractérise les enfants de la nature. Spirituelle, bien élevée, quoique peu instruite, maîtresse d'immenses revenus, attachée par des mariages et des dignités à la cour de Vienne, la haute noblesse de Hongrie a pris dans les mœurs allemandes et même françaises, ce qu'elles offrent de plus saillant ; elle cherche à briller tour à tour par des fêtes magnifiques et par des établissements patriotiques. En général, les nobles Hongrois se distinguent par des manières franches et hospitalières, par une affabilité cordiale, par une conversation aimable et enjouée. Le grand seigneur, maître d'un revenu de plusieurs millions et le gentilhomme cultivateur, sous son toit de chaume, accueillent avec la même bonté l'étranger qui se présente. Il y a peu de bourgeoisie dans la Hongrie et, excepté dans les villes, elle se confond avec la petite noblesse. C'est le paysan qui forme la masse du peuple hongrois. Son costume est celui d'un climat froid et d'une vie de pasteur. Un large pantalon couvre le bas du corps, tandis que le haut est défendu, outre la veste, par une *gouba* ou tissu imitant parfaitement une peau de mouton. Il porte sur sa tête le bonnet de feutre ou le *kalpak*, de forme tartare ou finnoise. Les paysans hongrois, fidèles à leurs coutumes tartares, n'entrent presque jamais dans les auberges; ils passent les nuits au milieu de leurs troupeaux ou dans leurs charrettes, exposés aux injures de l'air. Le carac-tère enjoué de la nation se manifeste dans des réunions fréquentes et bruyantes. Les danses du peuple sont de plusieurs sortes : quelques-unes très-fatigantes, d'autres mêlées d'une espèce d'action dramatique. La langue hongroise est très-positivement alliée à l'idiome lapon et finnois. Harmonieuse, riche, flexible, elle se prête à l'éloquence naturelle de la nation et a servi à des histo-riens, à des poètes [1]. »

La capitale de la Hongrie est PESTH, sur la rive gauche du Danube (130,000 habitants). C'est la nouvelle ville, la ville du présent et de l'avenir. Elle se trouve en face de l'ancienne capitale, BUDE, où réside la noblesse. Bude est sur la rive droite du fleuve, et les deux cités, réunies par un pont suspendu, ne font en réalité qu'une ville. Pesth contient de beaux quartiers et de beaux édifices.

Les autres villes principales sont : **Presbourg** (44,000 hab.), ville historique et ancienne capitale du royaume de Hongrie. Elle est située sur le Danube et sur la limite de la Hongrie et de l'archiduché d'Autriche. **Gratz** est la patrie du roi saint Étienne et la métropole religieuse de la Hongrie. **Comorn**, sur le Danube, en est la citadelle. Il faut citer encore **Szegedin**, sur le Theiss, et **Temesvar**.

---

[1] Malte-Brun et Lavallée, *Géographie universelle*.

Provinces slaves et Gallicie.

Après le royaume de Hongrie, l'empire d'Autriche contient des provinces également jalouses de leur autonomie, que le royaume de Hongrie voudrait se rattacher, mais qui, différant par la population, ne veulent pas s'y laisser rattacher. Elles forment le groupe des provinces slaves, mais, en réalité, si la race slave est le fonds de la population, on y remarque aussi des races bien différentes et, en général, ennemies les unes des autres.

La Transylvanie, par exemple, est très-mélangée; elle contient des Roumains, des Hongrois, des Saxons et des Szeklers. La capitale est **Klausenbourg**, mais la ville principale est **Cronstadt**, peuplée de 40,000 âmes, près de la frontière de la Turquie.

Puis, ce sont les provinces de l'Esclavonie et de la Croatie, limitrophes de la Turquie. La capitale de la première est **Esseck**; celle de la seconde **Agram**. Ces deux provinces, étant frontières et ayant été longtemps le théâtre des guerres avec les Turcs, furent, dans leur partie méridionale, organisées d'une manière particulière et formèrent, avec la Serbie militaire, ce qu'on appelle les *Confins*, longue bande de territoire dont les populations sont organisées en armées.

Le long de l'Adriatique, sur la rive orientale, s'étend une longue et étroite province, différente encore des autres; c'est la Dalmatie, province montagneuse et, en même temps, maritime, car les prolongements des Alpes qui couvrent le pays ont fait que la côte offre un grand nombre de petits golfes. Les deux villes les plus importantes sont la capitale **Zara** et la ville de **Raguse**, toutes deux places maritimes.

Enfin, au nord de la Hongrie et en dehors des provinces slaves, s'étend, sur le versant septentrional de la chaîne des Carpathes, la province de Gallicie, riche lambeau arraché à la Pologne.

La Gallicie occupe le bassin supérieur de la Vistule et de plusieurs de ses affluents, ainsi que le bassin supérieur du Dniester. La capitale est **Lemberg** (70,000 hab.), mais, ce qu'il y a de plus important et de plus curieux, ce sont les mines de sel gemme de **Bochnia** et de **Wolickza**. On visite leurs souterrains comme une des plus grandes curiosités de l'Europe.

Population, religion, gouvernement.

On voit, par ce simple aperçu géographique, combien l'empire d'Autriche est composé d'éléments divers. C'est un empire qui s'est formé de pays très-différents et qui n'a jamais su faire un tout, une nation, de races et de populations disparates.

L'empire d'Autriche comprend dans son ensemble trente-cinq millions d'habitants, mais on y distingue le groupe des Allemands, le groupe des Italiens, moins considérable depuis 1859 et 1866, le groupe des Hongrois, le groupe des Polonais, le groupe des Slaves, et une infinité de petites populations trop peu puissantes pour former une nation, trop attachées à leur caractère primitif pour se fondre dans les populations voisines. On compte aussi beaucoup de juifs, surtout dans la province polonaise.

La religion dominante est la religion catholique, qui est celle d'au moins 25 millions d'habitants. En Transylvanie, dans l'Esclavonie, la Croatie, règne la religion grecque. En Hongrie, il y a des calvinistes et des luthériens dans les provinces allemandes.

Le gouvernement de l'Autriche, jusqu'à ces derniers temps, a été une monarchie absolue ; mais il est entré, comme les autres, dans la voie constitutionnelle, beaucoup moins facile à suivre pour lui que pour les autres pays. Les différentes nationalités de l'empire veulent garder leur autonomie. La Hongrie a obtenu une constitution spéciale.

Il y a deux parlements, l'un à Vienne, l'autre à Pesth ; il y a deux ministères, le ministère hongrois et le ministère autrichien ; deux budgets, deux armées ; il y a deux souverains dans l'empereur d'Autriche : l'empereur et le roi de Hongrie, sans parler de ses autres titres. Les concessions faites à la Hongrie ont enhardi les autres provinces qui ont conservé leurs diètes nationales. Ce sera le gouvernement le plus embrouillé qu'on aura jamais vu.

CHAPITRE IX.

Région méridionale de l'Europe.

La région méridionale de l'Europe ne comprend, nous l'avons dit, que des presqu'îles. Elle est très-profondément découpée par la mer Méditerranée et les mers qui en dérivent. Toutes ces presqu'îles sont dirigées dans le même sens, et parallèles entre elles. Ce sont : la *Péninsule hispanique* qui comprend les royaumes d'Espagne et de Portugal ; la *Péninsule italique;* la *Péninsule hellénique*, au-dessus de laquelle se trouve le royaume de Turquie, qui forme lui-même une péninsule, mais beaucoup moins accentuée et beaucoup plus large.

Péninsule hispanique. — Géographie physique.

La *Péninsule hispanique* est bornée à l'ouest et au sud par l'Océan atlantique; au sud et à l'est par la Méditerranée ; elle est séparée de l'Afrique par le détroit de Gibraltar ; au nord, la chaîne des Pyrénées la sépare de la France. C'est l'Espagne qui en occupe la plus grande partie ; le Portugal, à l'ouest, s'étend sur la rive

5.

de l'Atlantique, mais en laissant à l'Espagne, au nord et au sud, de grands jours sur cet Océan.

Cette péninsule a la forme générale d'un rectangle : c'est comme un bloc montagneux qui s'élève de la mer et ne laisse pas celle-ci la pénétrer, la déchirer, comme certaines autres presqu'îles.

Les pointes de ce rectangle ou les caps principaux sont, au nord : le cap *Finistère*, sur l'Océan atlantique ; le cap *Creus*, sur la Méditerranée ; au sud, le cap *Saint-Vincent* (Portugal), et les caps de *Gata* et de *Palos* (Espagne), le premier sur l'Atlantique, les autres sur la Méditerranée.

Dans l'intervalle compris entre ces caps, il en faut citer d'autres, non moins remarquables et formés par les prolongements des nombreuses chaînes de montagnes qui sillonnent l'Espagne : au nord, le cap *Penas* ; au nord nord-ouest, le cap *Ortégal* ; à l'ouest, le cap de *Roca* (Portugal); le cap *Saint-Martin*, à l'est.

La Péninsule hispanique est coupée par de nombreuses et fortes chaînes de montagnes qui la divisent en régions bien isolées les unes des autres, et qui ont rendu difficile la formation de l'unité de ce pays où les provinces ont gardé chacune leur caractère et leur physionomie.

Rien de plus confus, à première vue, que les montagnes d'Espagne. Cependant, il n'est pas difficile de remarquer qu'il n'y a que deux versants, le versant de l'Océan atlantique et le versant de la Méditerranée ; le premier de beaucoup plus étendu que le second. En effet, presque toutes les eaux de l'Espagne s'en vont à l'Océan, et c'est de ce côté que se dirigent les chaînes de montagnes. Ces chaînes, parallèles entre elles, et allant à l'ouest, partent d'une chaîne longitudinale qui, détachée des Pyrénées, court du nord au sud, mais bien plus près de la Méditerranée que de l'Océan, de sorte que les grandes vallées parallèles s'ouvrent toutes de ce côté, c'est-à-dire vers l'ouest.

La haute et massive chaîne des Pyrénées qui sépare l'Espagne de la France et forme de ce côté une redoutable barrière, est continuée, dans le même sens, c'est-à-dire vers l'ouest, par les monts *Cantabres*. C'est de ces monts que se détache la chaîne longitudinale qui traverse l'Espagne dans le sens de sa longueur, et détermine le partage des eaux. Cette chaîne est connue, en général, sous le nom de *Monts Ibériques*; mais elle porte aussi les noms particuliers de *Sierra d'Occa*, de *Sierra de Cuença*; de *Sierra Nevada*, au sud; c'est là qu'elle est le plus élevée. Cette chaîne va finir ou plutôt s'engouffrer dans la mer, au détroit de Gibraltar.

L'espace compris entre cette chaîne et la Méditerranée est relativement restreint; il va toutefois en s'élargissant vers le nord, où se trouve le grand bassin de l'*Ebre*, l'un des principaux fleuves de l'Espagne, bassin encaissé au nord par les Pyrénées mêmes, qui alimentent ses rivières. Sur le versant de la Méditerranée, il n'y a d'autres fleuves dignes d'être cités que le *Xucar* et la *Segura*.

C'est du côté de l'Atlantique que s'étend la plus grande partie de l'Espagne et quatre chaînes principales, plus remarquables que la chaîne longitudinale, traversent le pays dans le sens de sa largeur.

Au nord, la chaîne des monts *des Asturies* et de la *Galicie* qui vont se terminer au cap Finisterre.

Puis vient une autre chaîne parallèle qui porte successivement les noms de *Sierra de Guadarrama*, de *Sierra de Gredos*, de *Sierra da Estrella* et va aboutir, en Portugal, au cap de Roca.

La troisième porte les noms des monts *de Tolède*, de

Sierra de Guadalupe, de *Sierra d'Estramadure* et se termine au cap St-Vincent (Portugal).

La quatrième enfin, parallèle aux autres, est la *Sierra Morena*.

Ces chaînes encaissent les bassins du *Minho*, du *Douro*, du *Tage*, de la *Guadiana*, du *Guadalquivir*. Le *Minho* tire son nom du vermillon (minium), qui se recueille en effet sur ses bords. Le *Douro*, dont le cours est très-étendu (710 kilomètres), roulait jadis assez de paillettes d'or pour enrichir de nombreux ouvriers. Le *Tage* est le plus grand de ces fleuves : il arrose une très-large vallée, puis, au moment de finir en Portugal, il s'élargit considérablement et forme à son embouchure une baie profonde, une petite mer qu'on nomme *mer de la Paille*. La *Guadiana* disparaît durant vingt-deux kilomètres, reparaît ensuite, coupe une chaîne de montagnes, sépare à deux reprises le Portugal de l'Espagne et va brusquement finir dans l'Atlantique. Le *Guadalquivir* arrose une magnifique vallée entre la Sierra Morena et la Sierra Nevada.

Aspect de la région hispanique.

Le versant le moins étendu, celui de la Méditerranée, est le plus chaud et le plus fertile de l'Espagne, surtout dans la partie méridionale où viennent toutes les productions des climats les plus favorisés. Le versant de l'Atlantique est riche également, mais tout le milieu, c'est-à-dire le centre de l'Espagne, est un pays âpre, nu, à cause de son élévation, plus froid qu'on ne s'y attendrait en considérant la latitude.

« L'Espagne, dans son ensemble, offre un aspect confus. C'est un chaos de montagnes où l'on rencontre à chaque pas des éboulements, des crevasses, des défilés profonds où trois cents hommes suffiraient pour arrêter une armée ; des plaines nues dont rien de vivant que le genêt et la bruyère en coupe l'uniformité ; des pentes déboisées qui n'amassent plus les nuages, où les pluies glissent sur les rochers, et n'engendrent que des torrents ; des ravins impraticables par leurs eaux en hiver, par leurs escarpements en été ; des ruisseaux encaissés dans une lisière de verdure, où l'on suit à la trace les plantations et les hameaux ; des rivières aux eaux rares, aux flancs décharnés, coupés de barres et de sauts multipliés, où la navigation est presque impossible, les gués dangereux, les ponts peu communs ; des routes très-rares qui sont ou des défilés ou des fondrières ; des villes isolées, bâties sur des hauteurs ou concentrées dans des murs ; des villages très-distants et à demi-sauvages ; des habitants fiers, sobres, courageux et farouches ; pays éminemment propre à la guerre défensive et d'une conquête presque impossible [1]. »

Quant au Portugal, son climat est très-variable selon les lieux. « S'il n'est pas rare de voir de la neige entre Minho et Douro, et partout où les montagnes atteignent une assez grande élévation, dans les plaines, au contraire, et sur la côte où la brise de mer vient tempérer l'ardeur du soleil, dans les Algarves surtout, règne un éternel printemps. La moyenne de la température est même un peu moins élevée à Lisbonne qu'à Toulon, et les médecins anglais y envoient leurs malades.

« A cette diversité d'aspects et de climats correspond une merveilleuse variété de productions. Sur le flanc des montagnes, le pin, le chêne, le châtaignier, des herbages magnifiques et toute la flore des lieux élevés ; partout ailleurs les céréales et les fruits de toute espèce,

[1] Th. Lavallée, *Géographie militaire*

les raisins, les olives, les oranges, les grenades, les figues, les dattes. Il suffirait de quelques efforts pour y naturaliser toutes les plantes équinoxiales. Le Portugal nourrissait autrefois une partie des Espagnols ; César l'appelle la Sicile de l'Espagne [1]. »

I

ESPAGNE.

Divisions et villes principales.

L'Espagne a été tellement divisée par la nature elle-même, qu'il y a eu autant de royaumes que de grandes vallées, et dans ces royaumes beaucoup d'États indépendants. Aussi les provinces d'Espagne ont-elles, malgré leur réunion, gardé une grande originalité et une grande diversité de lois, de mœurs, de langue même. Il serait trop long d'énumérer les quarante-sept provinces divisées en treize capitaineries générales. Nous ne nommerons que les principales, les plus célèbres.

La capitale de l'Espagne est MADRID, dans la vallée centrale du Tage, dans la province de la *Nouvelle-Castille*. Madrid est une grande et belle cité de 280,000 habitants ; elle est située sur un plateau très-élevé au-dessus du niveau de la mer. Aussi l'air y est-il pur et très-sec. Madrid renferme des édifices somptueux et de magnifiques promenades.

La plupart des autres grandes villes ont été des capitales, mais beaucoup sont déchues de leur ancienne splendeur.

Ainsi Tolède, sur le Tage, fut une des cités les plus célèbres, une capitale de royaume, et n'est plus mainte-

[1] A. Bouchot, *Histoire du Portugal.*

nant qu'une médiocre ville de 16,000 habitants. **Badajoz,** capitale de l'Estramadure (22,000 habitants), possède, sur la Guadiana, un des plus beaux ponts de l'Europe.

Dans l'ouest, la ville de **Léon,** ancienne capitale du royaume de ce nom, est une ville très-vieille, mais petite ; elle a une cathédrale qu'on regarde comme la plus belle de l'Espagne. **Salamanque** est célèbre par son université. Dans la Vieille-Castille, qui fut comme le noyau autour duquel vinrent se grouper les provinces de la monarchie espagnole, l'ancienne capitale était **Burgos,** patrie du Cid, ville qui n'a plus maintenant de remarquable que ses souvenirs et sa magnifique cathédrale. **Valladolid,** ville également célèbre, a encore 40,000 habitants, et **Valencia** possède une belle cathédrale.

Au nord, peu de grandes villes dans la province montagneuse de la Galice. Il faut citer cependant deux ports : **la Corogne** et le **Ferrol,** puis **Saint-Jacques de Compostelle,** célèbre par sa vaste cathédrale et les pèlerinages nombreux qu'on y fait.

Dans les provinces basques, où viennent finir les Pyrénées, on remarque **Bilbao** et **Saint-Sébastien,** port fortifié. La Navarre, partie du pays compris entre les les Pyrénées et l'Èbre, a pour chef-lieu **Pampelune,** son ancienne capitale : ville qui a eu à soutenir de nombreux siéges. Puis vient, dans cette même région, la capitainerie générale de l'Aragon, ancien et vaste royaume compris dans le bassin de l'Èbre. Sa capitale est sur ce fleuve, à **Saragosse,** ville également antique et célèbre, souvent assiégée, et célèbre surtout par le siége qu'elle a soutenu contre les Français en 1809 ; c'est une ville de 60,000 âmes.

L'extrémité inférieure du bassin de l'Èbre, la partie maritime, est occupée par la Catalogne et s'étend sur la côte de la Méditerranée ; c'est une des plus belles et des plus fières provinces de la fière Espagne. Sa capitale est **Barcelone,** ville maritime, place forte, peuplée de 180,000 habitants, ville à la fois historique et moderne. Il faut citer encore **Tarragone,** dans l'antiquité une des plus grandes villes de l'Espagne, et aujourd'hui réduite à 18,000 habitants; **Reus,** ville moderne qui contraste avec **Tortose,** une des plus anciennes; **Lérida** et **Urgel.**

L'évêque d'Urgel a sous sa protection une petite vallée des Pyrénées, qui est également sous la protection de la France et qui forme une république indépendante, la république d'*Andorre.*

Au sud de la Catalogne, sur la côte de la Méditerranée, s'étendent les belles et riches provinces de Valence et de Murcie. La ville de **Valence,** capitale de l'ancien royaume de ce nom, est une des plus remarquables et des plus somptueuses de l'Espagne, ce qui ne l'empêche pas d'être une des plus industrieuses; elle a 107,000 habitants.

Au midi de la péninsule, les deux provinces de l'Andalousie et de Grenade, bien que n'ayant plus leur antique éclat et leur vieille prospérité, offrent encore un riant aspect. L'Andalousie a pour capitale **Séville,** sur le Guadalquivir, grande et belle cité qui, toutefois, ne répond pas à sa réputation, sans doute à cause des exagérations que se permet la renommée, et dans lesquelles il faut faire rentrer ce dicton populaire : *Qui n'a point vu Séville, n'a point vu de merveille.* Séville a 112,000 habitants. **Cordoue,** qui autrefois l'éclipsait et qui fut une ville très-peuplée, très-industrieuse, n'a plus que 36,000 habitants. Mais les grandes et magnifiques cités abondent sous ce beau ciel. Ici, c'est **Grenade,** ville fameuse, dernière capitale des rois maures, jadis la cité reine de l'Andalousie, admirablement située et présentant l'image du fruit dont elle porte le nom, la ville des jardins et des palais de marbre, la ville de l'*Alhambra,* le palais le plus original et l'une des plus belles ruines qui soient au monde. Grenade n'a plus que 63,000 habitants. Puis c'est **Malaga**, la ville aux vins fameux (93,000 habitants); **Cadix,** place forte, cité maritime et commerçante, placée sur la côte de l'Atlantique, tandis que Malaga est sur la côte de la Méditerranée; **Xeres,** qui rivalise avec Malaga pour la qualité des vins, etc.

N'oublions pas sur cette côte une ville perchée sur une roche, **Gibraltar.** Cette ville, qui commande le détroit de ce nom et que l'on dit imprenable, à cause de sa situation, appartient à l'Angleterre.

Sur les côtes de l'Espagne, dans la Méditerranée, se trouvent des îles importantes, les îles *Baléares*, qui forment une province du royaume. Ces îles sont au nombre de cinq : trois grandes, *Majorque, Minorque, Ivice ;* deux petites, *Formentera* et *Cabrera.* La capitale de la province est dans la plus grande, l'île Majorque, c'est la ville de **Palma** (43,000 habitants).

Dans l'océan Atlantique se trouve aussi le groupe des îles *Canaries*, que l'on ne classe point parmi les colonies, mais parmi les provinces. Le chef-lieu est **Santa-Cruz,** ou Sainte-Croix, dans l'île de Ténériffe.

Population, religion et gouvernement.

L'Espagne fut autrefois très-peuplée, mais elle a payé le fanatisme politique de ses rois, depuis Philippe II, par la décadence progressive de sa population, de son industrie et de son gouvernement. La décadence s'est arrêtée dans notre siècle et la population est remontée à seize millions d'habitants. C'est loin encore de ce que l'Espagne pourrait nourrir si elle était bien cultivée. Ces seize millions d'habitants appartiennent à la religion catholique, car les autres religions ont jusqu'ici été sévèrement proscrites.

On ne saurait rien dire du gouvernement, car l'Espagne est depuis trente ans en proie à une série de révolutions. La forme du gouvernement est une monarchie constitutionnelle, mais la constitution est sans cesse modifiée. Les chambres y portent le nom de *Cortès*.

II

LE PORTUGAL.

Divisions, villes, gouvernement.

Le Portugal, bien qu'uni par la nature à l'Espagne, n'en forme pas moins un royaume distinct, et un royaume qui a eu une longue vie historique, qui a ses souvenirs, son illustration. La population portugaise n'est point la même que la population espagnole. Nul ne peut dire si l'union ne se fera pas; mais elle ne semble pas vivement désirée.

La capitale du Portugal est Lisbonne, admirablement située sur la rive droite du Tage et près de son embouchure. C'est une ville beaucoup plus longue que large, qui se déroule sur les rives dé son fleuve magnifique. Les vaisseaux y affluent. L'affreux tremblement de terre qui, en 1755, l'a bouleversée et désolée, a nécessité sa reconstruction : la nouvelle ville est régulière et majestueuse. Lisbonne, une des cités remarquables de l'Europe et fort commerçante, a 275,000 habitants.

Le Portugal est divisé administrativement en dix-sept districts, mais on ne suit généralement que l'ancienne division historique en provinces (Algarve, Alentijo, Estrémadure, Beira, Tras-os-Montes).

Lisbonne est dans la province d'Estrémadure, où l'on doit citer encore **Santarem**, sur le Tage, et **Sétuval**, un des bons ports du royaume.

Dans les autres provinces, on cite **Bragance**, **Coïmbre**, célèbre par son université, **Evora**, et le port de **Lagos**.

On rattache aussi au Portugal les îles *Açores* et l'île *Madère*, sur la côte d'Afrique; mais ces îles doivent plutôt être placées parmi les colonies. La population du Portugal seul est de 3,800,000 habitants, presque tous catholiques.

C'est une monarchie constitutionnelle avec deux chambres : l'une élective, l'autre héréditaire ou à vie, et appelées, comme en Espagne, les *Cortès*.

CHAPITRE X.

RÉGION MÉRIDIONALE. — ITALIE.

Géographie physique.

« Entourée par la mer et par les plus hautes montagnes du continent européen, l'Italie forme, entre l'Adriatique et la mer Méditerranée, une longue presqu'île qui se divise au sud, en deux pointes, tandis qu'au nord elle s'élargit en un demi-cercle dont la chaine supérieure des Alpes trace la circonférence.

« Les Alpes ont conservé les noms que les Romains leur donnèrent ; on les divise encore en Alpes *maritimes, cottiennes, grées, pennines, helvétiques* ou *lépontiennes, noriques, carniques* et *juliennes.* Au nord et au nord-ouest de cette grande chaîne, du côté de la Suisse et de la France, le sol s'élève lentement, par une suite de montagnes et de vallées transversales, jusqu'aux plus hautes cimes. Mais, sur le versant italien, la pente est rapide, escarpée, abrupte, et toutes les vallées tombent perpendiculairement dans le Pô ou l'Adriatique sans qu'il y ait ni montagnes, ni vallées parallèles.

« A leur extrémité sud-ouest, les Alpes se recourbent

dans la direction de l'est, et diminuent progressivement
de hauteur jusqu'au delà des sources de la Bormida, où
elles se relèvent, près de Savone, pour commencer une
chaîne nouvelle, les Apennins. Ces montagnes longent
d'abord la côte occidentale, ferment presque entièrement par le sud la vallée du Pô, et vont mourir, partagées en deux rameaux, à l'extrémité des Calabres et dans
la terre d'Otrante. La hauteur moyenne de cette chaîne
n'est pas de 1,000 mètres; mais, à l'est de Rome, plusieurs monts atteignent 2,562 mètres et 2,978. Plus rap-
prochés de l'Adriatique que de la mer de Toscane, les
Apennins couvrent la partie orientale de collines boisées
et de pâturages que sillonnent de nombreux torrents.
A l'ouest, s'étendent, entre la mer et le pied des monts,
quelques grandes et fertiles campagnes arrosées par des
fleuves plus tranquilles, mais brûlées par le vent du
midi et rendues insalubres par des marais pestilentiels.
Si l'on excepte ces plaines, peu nombreuses et peu étendues, l'Italie péninsulaire est, à vrai dire, partout héris-
sée de montagnes et coupée d'étroites vallées, au point
que les Abruzzes et les Calabres, dans le royaume de
Naples, sont à peu près inaccessibles pour une armée.

« Des bords du Pô jusqu'aux extrémités de l'Italie,
on a reconnu comme une immense traînée de matières
volcaniques; mais l'activité des feux souterrains semble
s'être maintenant concentrée, au sud de cette ligne,
dans le *Vésuve*, dans l'*Etna* et dans les îles *Lipari*. Au
nord, on ne trouve que des cratères éteints dont plusieurs renferment des lacs, les collines volcaniques de
Rome, les sources inflammables de la Toscane et les *Sal-
ses*, ou volcans d'air et de boue, des environs de Parme,
de Reggio, de Modène et de Bologne.

« L'Apennin projetant vers l'ouest tous ses contreforts et venant lui-même mourir au sud, c'est à l'ouest

et au sud que se trouvent les promontoires et les îles. Les côtes de la mer de Toscane et de la mer Ionienne sont en effet découpées par de vastes golfes et des ports naturels qui appellent le commerce et la navigation, comme les vastes plaines qui s'étendent par derrière invitent à l'agriculture. Enfin, au large, s'étendent des îles qui sont comme placées en face de chaque grand promontoire [1]. »

Des fleuves italiens le plus grand est celui qui arrose la belle et large vallée située au pied des Alpes et s'ouvrant du côté de la mer Adriatique, c'est le *Pô*. Il naît au mont Viso, l'un des sommets remarquables des Alpes cottiennes. Son cours, presque toujours dirigé vers l'est est très-long et n'a pas moins de 600 kilomètres. A mesure qu'il approche de la mer, il roule tant de limon que son lit s'est exhaussé et que ses rives dominent la plaine, les villes mêmes qu'il a fallu protéger par des digues. Il se jette dans la mer Adriatique, comme tous les grands fleuves, par plusieurs embouchures et en formant des atterrissements.

Ses affluents sont très-nombreux.

Sur la rive gauche : la *Doria Riparia*, la *Doria Baltea*, la *Sesia*, le *Tesin* qui forme le lac *Majeur*, l'*Adda* qui forme l'admirable lac de *Côme*, l'*Oglio*, le *Mincio* qui sort du lac de *Garde*.

Sur la rive droite : le *Tanaro*, la *Trebbia*, le *Tanaro*, le *Panaro*, et beaucoup d'autres rivières. Ces affluents, ainsi que ceux de la rive gauche, offrent ce caractère particulier qu'ils sont en général parallèles les uns aux autres et forment des lignes successives de défense qui ont beaucoup servi dans les guerres fréquentes dont ce pays a été le théâtre.

[1] V. Duruy, *Histoire romaine*, ch. I.

D'autres fleuves se jettent dans l'Adriatique au nord du Pô, ce sont : l'*Adige*, la *Brenta*, la *Piave*, le *Tagliamento*. Le plus important est l'*Adige*, dont les embouchures viennent se mêler à celles du Pô. Le versant de la mer Adriatique va sans cesse en se resserrant à mesure qu'on descend dans la Péninsule, car les Apennins, nous l'avons dit, se rapprochent beaucoup de la côte orientale. Les fleuves n'ont plus alors de cours bien long ni d'affluents ; ce sont des torrents qui se hâtent d'aller à la mer : le *Métaure*, la *Pescara*, l'*Ofento*, etc.

Sur le versant occidental, c'est-à-dire du côté de la Méditerranée, il y a deux grandes vallées, celle de l'*Arno* et celle du *Tibre*. Ces deux rivières sont loin d'égaler celles du nord de l'Italie, mais le Tibre est un fleuve assez long et nul n'est plus célèbre car sa vallée fut le centre d'un empire qui embrassa tout le monde ancien. Au sud il faut citer le *Garigliano* et le *Vulturne*.

Le centre de l'Italie a des lacs comme le nord, moins grands toutefois : les lacs de *Pérouse* (ancien lac Trasimène), de *Balsamo*, de *Bracciano* ; le lac *Fucin*, le lac *d'Albano*. Au sud on cite : les lacs *Fusaro* (ancien Achéron), *Averne*, etc.

Nous n'insisterons pas sur l'aspect de l'Italie, très-varié suivant qu'on parcourt les grasses vallées du nord, ou les âpres montagnes du centre, ou la riante vallée de l'Arno, ou la majestueuse et sévère campagne romaine, ou les bords enchanteurs du golfe de Naples, ou les tristes marais Pontins. Qui n'a entendu vanter le climat de l'Italie et surtout son beau ciel, d'un bleu si pur, si transparent ! L'Italie a peut-être été trop exaltée par les poètes, mais elle est si poétique !

Divisions et villes principales.

L'Italie, comme l'Allemagne, a été longtemps très-divisée. C'était à qui se taillerait sur cette riche terre des royaumes et des principautés. Avant 1859, elle se divisait encore en trois grands États : le royaume de Piémont, les États de l'Église, le royaume de Naples ou des Deux-Siciles. L'Autriche s'avançait au nord jusqu'au Tésin et, sur la rive droite du Pô, se trouvaient trois États indépendants mais en réalité inféodés à l'Autriche, le grand duché de Toscane, les duchés de Parme et de Modène. La guerre de 1859 a été le point de départ d'une révolution attendue depuis longtemps. La guerre d'Allemagne de 1866 a rendu plus stable le nouvel ordre de choses en éloignant tout à fait l'Autriche de l'Italie.

L'Italie forme maintenant un seul royaume, dans lequel se trouvent enclavées quelques provinces laissées au pape et qui forment l'Etat Pontifical.

Le nouveau royaume est divisé en 64 préfectures, mais les noms des anciennes provinces, royaumes, duchés ou républiques subsistent et sont les plus usités.

La capitale du royaume d'Italie est Florence, sur l'Arno, une des villes remarquables parmi les villes d'Italie, dont beaucoup sont remarquables, car presque toutes ont été des centres d'activité politique et intellectuelle, presque toutes ont eu de la gloire et des artistes pour témoigner cette gloire et cette prospérité par d'admirables monuments. A Florence, il faut citer la cathédrale, le palais Pitti, le palais Vieux et le musée de Médicis, l'un des plus riches qui soient au monde en antiquités, sculptures, tableaux. Florence a donné naissance à une foule de grands hommes en tout genre. C'est la patrie du grand poète de l'Italie, Dante, et de l'un de

ses plus grands architectes et peintres, Michel-Ange.
Florence était la capitale du grand-duché de Toscane et
compte 120,000 habitants.

Au nord, dans le Piémont, la ville principale est Turin, naguère capitale du royaume de Sardaigne et même
un moment du royaume d'Italie. Ville de 180,000 habitants, centre de commerce et d'industrie, centre aussi
d'activité intellectuelle, Turin possède une université
renommée. Au reste, l'attention est attirée de tous côtés
dans ce pays par une foule de villes intéressantes et dignes d'être visitées, même celles qui sont secondaires,
car chacune a son caractère, son originalité, sa beauté
propre et ses souvenirs. Sur la Méditerranée, c'est
Gênes, au fond du golfe du même nom (130,000 habitants). Gênes, longtemps capitale d'une célèbre république maritime, et aujourd'hui encore le premier port
de commerce italien est appelé, depuis la formation de
l'unité, à une nouvelle prospérité. Près du Tésin,
c'est l'importante ville de **Milan,** l'antique capitale des
rois lombards, le chef-lieu de la Lombardie, ville de
200,000 habitants, où l'on va surtout admirer la cathédrale. Et entre Gênes et Milan que de localités pleines
de souvenirs, que de noms historiques!

Puis, dans la Vénétie, c'est **Venise,** la cité reine de
l'Adriatique, Venise qui mire ses palais dans les eaux de
ses nombreux canaux et de ses lagunes, Venise au beau
ciel, aux splendides églises, aux places majestueuses.
C'était au moyen âge le centre d'une grande puissance,
mais c'est encore aujourd'hui, surtout depuis qu'elle est
délivrée de la domination autrichienne, une cité opulente, artistique, recherchée et aimée de tous les étrangers. Son industrie avait décliné, elle se relève aujour-
d'hui. Venise compte 120,000 habitants.

Peut-on ne pas mentionner, dans la Lombardie, les

villes de **Brescia, Pavie, Crémone** et les villages de *Mari-gnan*, de *Lodi*, de *Solférino*, etc., et dans la Vénétie, les places fortes de **Vérone**, de **Mantoue**, les industrieuses et belles villes de **Padoue**, de **Monza**, de **Trévise**, les villages d'*Arcole* et de *Rivoli*, etc. !

Si l'on se rapproche du centre de l'Italie, l'attention est encore très-divisée par les villes de **Bologne**, de **Fer-rare**, également anciennes capitales, et situées dans la province appelée l'Émilie; par les villes de **Plaisance**, de **Parme**, de **Modène**. A l'est, c'est **Ancône** (dans les Marches), port militaire et commerçant sur l'Adriatique; puis **Pérouse** (dans l'Ombrie), et, dans la Toscane, **Li-vourne**, sur la Méditerranée, second port de commerce de l'Italie; les anciennes villes de **Pise**, de **Lucques**, et tant d'autres dont la liste serait trop longue.

Dans l'ancien royaume de Naples, beaucoup de villes anciennes, mais moins qu'au centre et au nord; car au nord surtout florissaient les républiques et les princi-pautés. **Naples**, qui était la capitale, est une des villes les plus renommées d'Europe, la plus grande et la plus peuplée de l'Italie (420,000 habitants). Admirablement située au fond d'un golfe délicieux qui porte son nom, sous un ciel pur et lumineux, elle est bâtie sur le pen-chant de collines d'où l'on jouit d'une vue magnifique et d'un immense horizon, puisqu'on a devant soi la Méditerranée. Il faut citer encore, parmi les villes de l'Italie méridionale, **Gaëte** (province dite *Terre de Labour*), port et place de guerre sur la Méditerranée; **Reggio** (Ca-labre), à la pointe extrême, au bout du pied de l'Italie, comme on pourrait dire, puisque cette péninsule a la forme d'une jambe; **Tarente et Otrante** au talon.

Du royaume d'Italie dépendent deux îles très-impor-tantes : l'île de *Sardaigne* et surtout l'île de *Sicile*. La Sardaigne, située au sud de la Corse, qui est devenue française, est, comme elle, une île très-montagneuse, fertile cependant. Elle est partagée en deux provinces e a pour capitale **Cagliari,** ville de 30,000 habitants.

La Sicile est une véritable continuation de l'Italie, dont elle a été détachée par la mer qui a formé le détroit de Messine. Présentant l'image d'un triangle, elle a trois pointes ou caps remarquables, les caps *Faro, Passaro, Boeo ;* la charpente montagneuse de l'île est certaiment une continuation des Apennins. La Sicile jouit d'un climat chaud et son sol est très-fertile. Autrefois on l'appelait le grenier de Rome, mais elle est bien déchue de son antique prospérité. Elle n'en contient pas moins encore une population de 2 millions d'habitants.

Cette île, divisée en sept provinces, a renfermé beaucoup de villes célèbres, dont quelques-unes ont conservé de l'importance. La capitale est **Palerme** (187,000 habitants), dans une belle situation. La plus grande ville après Palerme est **Messine** (100,000 habitants), sur le détroit qui porte son nom. Il faut citer encore : **Catane,** sur la côte orientale et auprès du volcan de l'Etna, dont elle a eu beaucoup à souffrir ; **Marsala, Trapani,** etc.

Appartiennent encore à l'Italie : l'île d'*Elbe,* les îles volcaniques de *Lipari.* L'île de *Malte,* qui est dans la région italique, appartient à l'Angleterre.

La population du royaume d'Italie est de 24,223,000 habitants. Le gouvernement est une monarchie constitutionnelle, comme la plupart des grands États de l'Europe. Les deux chambres sont le sénat et la chambre des députés. Le sénat est nommé à vie ; la chambre des députés est élective.

La religion dominante est la religion catholique, et les protestants sont en petit nombre.

État pontifical.

Les États du Saint-Siége occupaient naguère encore une grande partie du centre de l'Italie, et allaient d'une mer à l'autre. Depuis 1860, les Marches, l'Ombrie, l'Émilie ont été réunies au royaume d'Italie, qui maintnant enveloppe de tous les côtés l'État pontifical, sauf du côté de l'ouest, c'est-à-dire de la Méditerranée.

Le territoire qui reste au pape, a une superficie de 11,770 kilomètres carrés et une population de 692,112 habitants, dont 217,778 dans la seule ville de Rome.

Rome, sur le Tibre, est une des villes les plus célèbres du monde. Son histoire, ses monuments, son importance religieuse, tout en fait une ville de premier ordre, bien qu'elle soit inférieure en population à beaucoup d'autres cités (170,000 habit.). Rome est une ville de religion et d'art. Son aspect est grave et même triste, car elle renferme beaucoup de ruines des monuments anciens. Parmi les monuments modernes, les principaux sont des églises, et le plus admirable, celui qui domine la ville entière, c'est l'église de Saint-Pierre, le plus vaste et le plus beau temple qui soit au monde. Puis viennent les églises de Sainte-Marie-Majeure, de Saint-Jean-de-Latran, le palais du Vatican où réside le pape. Les musées offrent une foule de chefs-d'œuvre à contempler, et chaque église, pour ainsi dire, est un musée.

Autour de Rome s'étend une campagne presque déserte, triste, mais majestueuse et grande.

Les autres villes sont **Viterbe, Tivoli, Frascati,** et surtout les deux ports d'**Ostie** et de **Civita-Vecchia.**

Le pape est à la fois le chef de la religion catholique et le souverain temporel; il est pontife et roi. Il n'y a point de chambres électives.

CHAPITRE XIII.

RÉGION MÉRIDIONALE. — LA GRÈCE ET LA TURQUIE.

I

GRÈCE.

Géographie physique.

La Grèce et la Turquie forment la troisième des péninsules qui terminent l'Europe occidentale. Cette péninsule a cela de remarquable qu'elle se subdivise elle-même en d'autres péninsules. Très-large à sa partie supérieure, elle va en se rétrécissant et en laissant la mer pénétrer dans l'intérieur et découper au midi non-seulement des péninsules, mais de nombreux promontoires.

Le royaume de Grèce occupe précisément l'extrémité de la péninsule, c'est-à-dire celle qui est la plus déchirée. C'est le pays le plus petit de l'Europe, car sa superficie, les îles comprises, est loin d'égaler celle du Portugal; mais ses rivages sont si bien découpés que leur étendue surpasse celle de tout le littoral espagnol.

Ce petit royaume, borné au nord par la Turquie, n'a sur tous les autres côtés d'autre limite que la mer : à l'ouest la mer Ionienne qui forme le golfe de *Corinthe* ou de *Lépante*, au sud la Méditerranée qui forme les golfes de *Coron* et de *Marathonisi*; à l'est par l'archipel qui forme les golfes de *Nauplie* et d'*Égine*. Ces golfes, en pénétrant assez profondément dans les terres, forment de véritables presqu'îles.

Comme la péninsule italique, la grande péninsule partagée entre la Turquie et la Grèce est traversée par un long et épais rameau des Alpes. Ce rameau, qui parcourt le sud de l'Autriche sous des noms divers, empruntant le nom des pays qu'il traverse, prend, en entrant en Grèce, celui d'*Alpes helléniques* : il se dirige droit au sud, puis, arrivé dans la Grèce méridionale, s'épanouit en un vaste plateau et projette de tous côtés des rameaux qui vont se heurter à la mer et former les nombreuses pointes qui hérissent les côtes de la Grèce. La plus mérionale de ces pointes est le cap *Matapan* qui est en même temps le cap le plus méridional de l'Europe.

Physiquement, la Grèce est divisée en deux parties bien distinctes, non point par la chaîne de montagnes qui la traverse, mais par la mer qui la pénètre. Le golfe de Lépante sépare la Grèce septentrionale de la Grèce méridionale, l'*Hellade* de la *Morée*, et ces deux contrées ne sont reliées que par l'*isthme de Corinthe*.

Dans aucune de ces contrées, les cours d'eau ne sont et ne peuvent être considérables; les montagnes sont trop près de la mer. Citons seulement dans l'Hellade : l'*Aspropotamos* (ancien Achelous), qui se jette dans la mer Ionienne, le *Mavro-Potamo*, qui se jette dans le lac *Topolias*.

Dans la Morée le plus grand cours d'eau est la *Rou-phia* (l'ancien Alphée), qui se jette dans le golfe d'Arkadia, formé par la mer Ionienne et le *Vasili-Potamos* l'ancien Eurotas qui court au sud se jeter dans le golfe de Marathonisi.

C'est un pays très-varié que la Grèce : c'est le pays du soleil et de la belle lumière. Dans les contrées où les montagnes sont couronnées de forêts et les vallées arrosées par des ruisseaux qui ont de l'eau, car ils n'en ont pas toujours dans ce pays brûlé par le soleil, la végétation est superbe. Néanmoins, même dans les contrées desséchées, les lignes des montagnes sont si nettement découpées et le ciel est si beau qu'on aime ce pays et que l'on comprend sa gloire passée et le génie artistique de ses anciens habitants. « Une lumière blanche et éclatante, dit M. About, illumine la terre et fait concevoir à l'imagination cette lumière divine dont les héros sont vêtus dans les Champs-Élysées. L'air est si pur et si transparent qu'il semble qu'on n'ait qu'à étendre la main pour toucher les montagnes les plus éloignées : il transmet si fidèlement tous les sons qu'on entend la clochette des troupeaux qui passent à une demi-lieue et le cri des grands aigles qui se perdent dans l'immensité du ciel. »

Divisions et villes principales. — Les îles.

La Grèce évoque, comme l'Italie, les plus grands souvenirs de l'histoire. Mais, asservie durant des siècles, elle a bien décliné sous tous les rapports. Elle n'a plus son ancienne étendue et lorsqu'on l'a constituée en royaume après sa délivrance, on ne lui a pas donné des provinces et des îles qui devaient lui appartenir, comme la Thessalie et l'île de Candie. Aussi ce petit royaume est-il à la fois travaillé par une ambition qu'excitent les souvenirs de l'antiquité et par des agitations intérieures dues à la disproportion qui règne entre les désirs et la capacité politique des populations actuelles, trop ambitieuses pour leur puissance et leur caractère, trop intelligentes pour ne pas être ambitieuses.

La Grèce se divise en dix *nomes* ou préfectures qui ont gardé les noms des anciennes provinces. Ces nomes se divisent en *éparchies* ou sous-préfectures.

La capitale est ATHÈNES, qui fut si longtemps la ville la plus puissante de la Grèce ancienne et qui a été le foyer le plus actif de la civilisation grecque. Athènes, déchue, n'a été, durant des siècles, qu'une pauvre bourgade; mais, de nos jours, elle se relève, elle s'embellit : c'est aujourd'hui une ville de 50,000 habitants, où il n'y a toutefois d'intéressant que les ruines, le Parthénon et les souvenirs de l'antiquité. Athènes est dans l'Attique et à quelques kilomètres de son port, le **Pirée** : ce port vient de lui être uni par un chemin de fer.

Dans la Grèce septentrionale ou l'Hellade, il faut citer **Thiva,** l'ancienne Thèbes ; **Missolonghi,** fameuse par le siége qu'elle soutint en 1826 contre les Turcs et qui émut toute l'Europe ; **Lépante,** à l'entrée du golfe auquel il donne son nom.

Au fond de ce golfe est **Corinthe,** près de l'isthme qui porte son nom. Corinthe, l'une des plus célèbres cités de la Grèce, a dû sa prospérité à sa situation maritime et le commerce fait encore son importance. Qui ne connaît aussi les raisins de Corinthe? Le golfe de Lépante est précédé d'un autre golfe, appelé comme la ville qu'on rencontre sur ses bords, Patras. **Patras** est une ville importante de 20,000 âmes. Citons encore pour la Grèce méridionale ou Morée, le port de **Navarin,** célèbre par la bataille gagnée en 1827 par les flottes anglaise et russe sur la flotte turco égyptienne, bataille qui eut une grande influence sur la délivrance de la Grèce. Cette contrée n'a de villes dignes d'être citées que sur les côtes : **Modon** et **Coron** au sud, **Argos** et **Nauplie de Romanie** à l'est. A l'intérieur peu de villes, mais on va voir **Sparta**, ville nouvelle bâtie sur l'emplacement de l'ancienne Sparte, cette célèbre ennemie d'Athènes.

La Grèce est de tous côtés entourée d'îles, qui, dans l'antiquité, participaient à sa vie active et glorieuse. Ces îles sont si voisines du continent et si voisines les unes des autres, qu'elles formaient vraiment avec la Grèce une seule et même contrée.

Le plus grand nombre se trouvent sur la côte orientale, dans l'Archipel. La plus longue est l'île de *Négrepont*, ancienne île d'Eubée, et a pour capitale **Chalcis.** Cette longue île n'est séparée du continent que par un canal ou détroit appelé l'*Euripe*. Puis viennent, dans le golfe d'Athènes, les îles de *Salamine* et d'*Egine;* plus loin, l'île d'*Hydra;* ensuite, c'est tout un petit monde d'îles, appelées les *Cyclades*, c'est-à-dire les îles rangées en cercle (*Santorin*, *Milo*, *Paros*, *Naxie*, *Andro*, *Syra*, etc.). Dans cette dernière se trouve la ville d'**Hermopolis**, port très-fréquenté, peuplé de 35,000 habitants et chef-lieu du département des Cyclades.

De l'autre côté, à l'ouest, se trouvent les *îles Ioniennes* qui n'appartiennent à la Grèce moderne que depuis 1863. Elles sont au nombre de sept, mais quatre seulement ont une certaine étendue et une certaine importance : *Corfou*, *Sainte-Maure*, *Céphalonie*, *Zante*. La ville de **Corfou**, chef-lieu de l'île de ce nom a 25,000 habitants, et la ville de **Zante**, chef-lieu de l'île du même nom, en a 20,000.

Le gouvernement du petit royaume de Grèce est une monarchie constitutionnelle, avec deux chambres. Jusqu'à ce jour, le roi a été pris dans une famille étrangère. Ce royaume demeure sous la protection des puissances qui ont concouru à sa délivrance.

La population de ce pays n'est guère que de 1 million 400.000 habitants, qui appartiennent presque tous à la religion grecque ou autrement dite orthodoxe.

II

TURQUIE D'EUROPE.

Montagnes et fleuves.

Le pays situé au nord de la Grèce et qui le domine, forme encore une péninsule jusqu'à la vallée du Danube. Cette péninsule, plus large que la Grèce et qui va sans cesse en s'élargissant vers le nord, appartient avec la vallée inférieure du Danube à la Turquie, dont l'empire s'étend également sur l'Asie. Seulement les provinces de la vallée du Danube ne sont que tributaires.

La Turquie d'Europe proprement dite, sans y comprendre les provinces vassales, est bornée au nord par la *Save*, puis par le *Danube* ; au midi, par la *Grèce* ; à l'ouest, par la mer *Adriatique* ; à l'est, par l'*Archipel*, la mer de *Marmara* et la mer *Noire*.

A l'est, sur deux points, la Turquie d'Europe n'est séparée de la Turquie d'Asie que par deux détroits : le détroit *des Dardanelles*, qui fait communiquer l'Archipel et la mer de Marmara : le *Bosphore*, qui fait communiquer la mer de Marmara et la mer Noire. Les côtes orientales, surtout celles de l'Archipel, sont assez découpées ; on remarque principalement une petite péninsule qui s'avance dans l'Archipel en forme de main et qu'on nomme la *Chalcidique* et une autre péninsule très-longue, la presqu'île de *Gallipoli*.

La charpente montagneuse du pays est la continuation
des Alpes et formée par le rameau qui, sous le nom
d'Alpes *Dinariques*, puis d'Alpes *Helléniques*, va mourir
en Grèce. Ce rameau, qui longtemps sert de clôture méridionale au bassin du Danube, projette à l'est un rameau très-important, les *Balkans*, qui continuent cette
clôture méridionale et s'en vont finir sur la mer Noire.

La Turquie se trouve ainsi divisée en deux versants,
de l'est et de l'ouest ; celui de l'est se trouve à son tour
divisé par les Balkans en deux versants contraires, du
nord et du sud.

Le versant occidental tourné vers l'Adriatique est le
moins large, car les Alpes dinariques et les Alpes helléniques ne s'éloignent pas beaucoup de la mer, et toute
cette région offre l'aspect d'un pâté montagneux. De ce
côté la rivière la plus importante est la *Drin.*

Le versant oriental, de beaucoup le plus large et faisant face à l'Asie, comprend, au nord des Balkans, le
versant de la mer Noire, et, au sud de cette chaîne, le
versant de la mer de Marmara et de l'Archipel.

Dans la mer Noire vient se jeter le *Danube* par une
multitude d'embouchures dont la navigation est très-
difficile. Ses affluents sur la rive droite (Turquie et
principautés tributaires) sont la *Save*, grossie de la *Bosna*
et de la *Drina*, la *Morava*, l'*Iskar*. Sur la rive gauche, ce
sont l'*Aluta*, le *Sereth*, le *Pruth.*

Dans la mer de Marmara tombe la *Maritza*. Dans
l'Archipel se jettent le *Carasou* ou *Strouma*, le *Vardar* et
la *Salembria* (l'ancien Pénée) qui arrose la fertile Thessalie et la célèbre vallée de Tempé.

La Turquie jouit du climat des pays méridionaux,
mais la chaleur y est modérée sur beaucoup de points,
et le pays, grâce aux forêts et aux cours d'eau, offre, surtout au sud des Balkans, un riant aspect,

Villes principales. — Constantinople.

La capitale de la Turquie est Constantinople, ville dont la situation est unique au monde. Constantinople est sur le *Bosphore*, en face de l'Asie.

« Un panorama merveilleux, a dit un habile écrivain racontant son arrivée, se déploie sous mes yeux comme une décoration d'opéra dans une pièce féerique. La Corne d'Or est un golfe dont le vieux sérail et l'échelle de Top-Hané forment les deux caps, et qui s'enfonce à travers la ville, bâtie en amphithéâtre sur ses deux rives. Son nom de Corne d'Or vient sans doute de ce qu'il représente pour la ville une véritable corne d'abondance, par la facilité qu'il donne aux navires, au commerce et aux constructions navales... A l'entrée de la Corne d'Or, à droite, Top-Hané s'avance avec son débarcadère, sa fonderie de canons, et sa mosquée au dôme hardi, aux sveltes minarets, bâtie par le sultan Mahmoud. Le palais de l'ambassade de Russie dresse au-dessus des toits de tuiles rouges et des touffes d'arbres sa façade orgueilleusement dominatrice qui force le regard et semble s'emparer de la ville par avance, tandis que les palais des autres ambassades se contentent d'une apparence plus modeste. La tour de Galata, quartier occupé par le commerce franc, s'élève du milieu des maisons, coiffée d'un bonnet pointu de cuivre et vert-de-gris, et domine les anciennes murailles génoises tombant en ruines à ses pieds. Péra, la résidence des Européens, étage, au sommet de la colline, ses cyprès et ses maisons de pierres, qui contrastent avec les baraques de bois turques, et s'étendent jusqu'au Grand Champ des Morts.

« La Pointe du Sérail forme l'autre cap (à gauche de la Corne d'Or), et, sur cette rive, se déploie la ville de

Constantinople proprement dite. Jamais ligne plus magnifiquement accidentée n'ondula entre le ciel et l'eau : le sol s'élève à partir de la mer et les constructions se présentent en amphithéâtre ; les mosquées, dépassant cet océan de verdure et de maisons de toutes couleurs, arrondissent leurs coupoles bleuâtres et dardent leurs minarets blancs entourés de balcons et terminés par une pointe aiguë dans le ciel clair du matin, et donnent à la ville une physionomie orientale et féerique, à laquelle contribue beaucoup la lueur argentée qui baigne leurs contours vaporeux.

« Trois ponts de bateaux rejoignent les deux rives de la Corne d'Or, et permettent une communication incessante entre la ville turque et ses faubourgs aux populations bigarrées. Comme à Londres, il n'y a pas de quais à Constantinople, et la ville plonge partout ses pieds dans la mer ; les navires de toutes nations s'approchent des maisons sans être tenus à distance respectueuse par un quai de granit.

« Quand on approche, le prestige s'évanouit. Les palais ne sont plus que des baraques vermoulues, les minarets que de gros piliers blanchis à la chaux ; les rues étroites, montueuses, infectes n'ont aucun caractère. Mais qu'importe, si cet assemblage incohérent de maisons, de mosquées et d'arbres colorés par la palette du soleil produit un effet admirable entre le ciel et la mer? L'aspect, quoique résultant d'illusions, n'en est pas moins vraiment beau [1]. »

Constantinople est une ville de 1,080,000 habitants. C'est un port très-actif ; c'est le nœud de l'Europe et de l'Asie ; c'est le point de rencontre d'une foule de riches pays. Par sa situation, Constantinople a joué un rôle

---

[1] Théophile Gautier, *Constantinople*.

immense dans l'histoire du monde, et ce rôle est loin d'être terminé. Cette ville est ardemment convoitée par la Russie, car là se trouvent les clefs de la Méditerranée. Sans la possession du Bosphore, la domination de la mer Noire n'est rien; car la mer Noire alors n'est plus qu'un lac. Mais nous avons intérêt à ce que la Russie ne dépasse point ce lac, et voilà pourquoi l'Europe veille avec sollicitude sur Constantinople.

La Turquie d'Europe est divisée politiquement en douze *eyalets* ou départements, mais la géographie et les cartes ont conservé la division historique des provinces.

Dans la Bulgarie, vaste province qui s'étend du Danube aux Balkans, on remarque les villes de **Varna**, place très-importante, de **Kustendjé**, et sur le Danube même : **Vidin, Roustchouk** (30,000 habitants), **Silistrie** (20,000), place forte très-importante; au centre de la province : **Choumla**, célèbre place forte.

La Bulgarie est une province frontière et militaire ; la Roumélie, au sud des Balkans, est une province plus abritée, plus riche, et jouit aussi d'un plus beau climat. C'est dans cette province que se trouve Constantinople. Une autre ville très-célèbre et très-importante peut être considérée comme une seconde capitale : **Andrinople** (100,000 habitants). Sur la côte de la mer de Marmara, on cite les ports de **Rodosto**, de **Gallipoli** Sur la côte de l'Archipel, on remarque surtout **Salonique** (70,000 habitants), située au fond du golfe du même nom et ville très-commerçante.

La Thessalie est la plus méridionale des provinces turques; c'est une des plus petites, mais aussi une des plus fertiles. Dans l'antiquité, la Thessalie était réunie à la Grèce, qu'elle domine géographiquement. Les villes principales sont **Larisse** et **Tricala**.

Sur le versant occidental, le long de la côte de la mer Adriatique, s'étend une province longue, étroite, montagneuse, généralement âpre, et habitée par de rudes et belliqueuses populations : c'est l'Albanie. Peu de grandes villes dans cette province, sauf le chef-lieu **Janina** (40,000 habitants), **Scutari** et le port de **Duratzo**.

Au nord-ouest de l'Albanie s'étend, partie sur le versant de l'Adriatique, partie dans le bassin du Danube, la province de Bosnie, également très-montagneuse. La partie qui regarde l'Adriatique s'appelle l'Herzégovine ; l'autre est la Bosnie propre, et on y remarque la ville de **Bosna-Séraï** (70,000 habitants).

Entre l'Herzégovine et l'Albanie est enclavé le petit État du *Montenegro*, peuplé de 14,000 habitants, dont l'énergie et la vigueur sont célèbres. Ce petit État reconnaît la suzeraineté de la Turquie, comme plusieurs autres que nous allons décrire tout à l'heure et qui jouent un grand rôle dans la politique contemporaine.

Population, religion, gouvernement.

La superficie de la Turquie d'Europe (non compris les tributaires) est évaluée à 361,680 kilom. carr. et celle de l'Asie, y compris l'Arabie, à 1,723,916, ensemble 2,085,596 kilom. carr. La population s'élève au moins à 28 millions d'habitants, parmi lesquels il y a en Europe, au plus, 2 millions d'Ottomans ; en Asie environ 11 millions. La race dominante compte donc au maximum 13 millions d'individus.

Toutefois, le culte a, en Orient, une influence encore plus forte que la race ; il importe donc de constater que, somme toute, la population soumise à la Porte renferme 4 millions de musulmans en Europe et 13 millions en Asie. La population chrétienne se compose de diverses races, telles que Grecs, Serbes, Roumaniens, Bulgares, Arméniens, autrefois plus ou moins hostiles les uns aux autres, mais qui, actuellement, semblent disposés à s'unir dans une haine commune contre les Turcs.

Le gouvernement ottoman a toujours été un gouvernement absolu. Mais il cède de nos jours au mouvement européen et a fait un pas, sinon vers le système constitutionnel, du moins vers les réformes. En 1868, le sultan a institué un *Conseil d'Etat* où sont admis des représentants des diverses religions, grand point lorsqu'on connaît la différence qu'on a toujours maintenue entre les musulmans et les chrétiens. Le sultan n'est pas seulement le chef de toutes les populations, il est encore le chef religieux des musulmans.

III

PRINCIPAUTÉS TRIBUTAIRES.

La Serbie.

La chaîne des Balkans divise la Turquie d'Europe en deux parties distinctes : l'une péninsulaire et tournée vers le midi, c'est l'ancien empire grec ; l'autre, regardant le nord, est enclavée entre les Balkans, les Carpathes et les collines du Pruth : elle est traversée par le Danube et fut autrefois le siége d'empires barbares qui cependant ne réussirent pas à étouffer la civilisation latine implantée dans le pays par les colons romains de Trajan. Cette partie du pays, qui a subi beaucoup de fluctuations et a été longtemps le grand chemin et le grand champ de bataille d'une foule de peuples barbares, tend maintenant à se régulariser, à s'organiser, et forme déjà un groupe d'états indépendants qui ne sont reliés à la Turquie que par un lien de vassalité. Ce sont, sur la rive droite du Danube, la principauté de Serbie et sur la rive gauche, la Moldavie et la Valachie. Nous nous arrêterons sur ces principautés, car il faut bien connaître ces pays qui prennent une place de plus en plus grande dans le système européen.

La principauté de SERBIE forme une enclave entre les possessions autrichiennes et turques, sauf une faible portion, au nord-est, par où elle communique à la Valachie. Séparée de cette province et de l'Autriche par le Danube et la Save, de la Bosnie par la Dwina, elle touche au nord à la Turquie.

« Appuyée au sud à la grande chaîne qui prolonge les Alpes dinariques, la Serbie forme un plan incliné, tout hérissé de montagnes et de forêts, qui s'abaisse graduellement au nord jusqu'aux bords du Danube. Elle se partage en deux régions distinctes, la Haute-Serbie dans le bassin des deux affluents de la Morava et qui portent le même nom, et la Basse-Serbie formée du bassin de la grande Morava »

« La première région est composée de plusieurs étages successifs de montagnes, ici couronnées par d'étroits plateaux, là coupées par des vallées profondes et reliées entre elles par de nombreux contreforts. Dans la Basse-Serbie, les plus grandes hauteurs ne dépassent guère cinq à six cents mètres. Au centre se trouve une contrée fourrée et inextricable, connue sous le nom de *Choumadia*, région des forêts. Vue de la cime des monts qui dominent cette partie du pays, la Serbie apparaît comme une forêt immense, coupée çà et là par des éclaircies qui marquent l'emplacement des villes et des villages. L'intérieur abrite d'innombrables troupeaux de porcs qui fournissent au pays sa principale richesse. Au delà,

dans la direction du Danube, la forêt se transforme en
verger. Aux chênes et aux hêtres séculaires succèdent
des arbres fruitiers de toute espèce et principalement
des pruniers. Les coteaux qui bordent immédiatement
le fleuve vers Semendria , les collines qui avoisinent
Negotine, sont couverts de vignobles dont la tradition
fait remonter la plantation à l'empereur Probus. Quelques plaines entièrement découvertes et déboisées, sont
parsemées de vastes prairies et de champs où croissent
en abondance le froment et le maïs [1]. »

Douée d'un climat doux et tempéré, qui rappelle
celui de nos contrées du centre, la Serbie avec son panorama de montagnes qui varient à l'infini leurs formes
et leurs couleurs, ses forêts « obscures et profondes »
suivant l'expression des poètes nationaux, ses vallées
verdoyantes, la multitude de cours d'eau qui l'arrosent
et portent leur tribut à la Save et au Danube, récrée par
la fraîcheur et le pittoresque de son aspect les regards
du voyageur attristés par l'aridité morne des monts de
la Croatie et de l'Herzégovine, ou fatigués de la mono-
tonie des grandes plaines de la Hongrie et de la Valachie. La poétique description qu'en a tracée Lamartine
dans son *Voyage en Orient*, ne va pas au-delà de la
réalité. « En traversant ces magnifiques solitudes, où,
pendant tant de jours de marche , l'œil n'aperçoit,
quelque loin qu'il se porte, que l'uniforme et sombre
ondulation des feuilles des chênes qui couvrent les vallées et les montagnes, véritable océan de feuillage, que
ne perce pas même la pointe aiguë d'un minaret ou d'un
clocher; en descendant de temps en temps dans des
gorges profondes où mugissait une rivière, où la forêt
s'écartait un peu pour laisser place à quelques champs

[1] Ubicini, *Les Serbes en Turquie.*

bien cultivés, à quelques jolies maisons de bois neuves, à des scieries, à des moulins qu'on bâtissait sur le bord des eaux; en voyant d'immenses troupeaux conduits par de jeunes et belles filles élégamment vêtues, sortir des colonnades des grands arbres et revenir le soir aux habitations, les enfants sortir de l'école, le pope assis sur un banc de bois à la porte de sa maison, les vieillards entrer dans la maison commune, ou dans l'église, pour délibérer, je me croyais au milieu des forêts de l'Amérique du Nord, au moment de la naissance d'un peuple ou de l'établissement d'une colonie nouvelle. »

Villes principales.

BELGRADE (*Beograd*, la ville blanche), capitale de la principauté depuis 1840 et résidence du métropolitain de Serbie, a été longtemps considéré comme l'une des premières places fortes de l'Europe. On sait quel rôle important elle a joué dans l'histoire des luttes entre l'Autriche et les Turcs. Ces derniers l'avaient surnommé la *Porte de la guerre sainte*. Lorsque les Serbes s'en emparèrent en 1806, Belgrade n'était, comme la plupart des villes turques, qu'une grande bourgade, entièrement construite en bois et totalement dénuée d'industrie et de négoce. Il renferme, d'après le dernier recensement (1863), une population de 18,860 âmes et est devenu le centre d'un commerce important. Sa position, au confluent de la Save et du Danube, en fait le principal entrepôt des marchandises à destination, non-seulement de la Serbie, mais de toutes les provinces turques limitrophes.

Les villes les plus importantes après Belgrade sont : Passarovitz, Semendria, sur le Danube; Chabatz et Negotine, évêchés; Kragouïewatz, au centre du pays où se trouve le grand arsenal militaire de la principauté; **Iagodina** sur la Morave, etc.

Toutefois la population de ces villes, qui ne sont, à proprement parler que de gros bourgs, n'excède guère, en moyenne, 4,000 habitants.

« La principauté tout entière compte, d'après le dernier recensement (1863), 1,108,568 habitants indigènes. Cette population se décompose en Serbes et Valaques du rite grec ou orthodoxe, israélites, tsiganes ou bohémiens domiciliés [1]. »

Valachie et Moldavie.

Les deux provinces, situées sur la rive gauche et à l'embouchure du Danube, sont : la MOLDAVIE et la VALACHIE qui sont réunies sous le nom de principautés danubiennes.

Ces principautés ont été le chemin de toutes les invasions d'Orient en Occident, du nord au midi : leur histoire n'est qu'un long martyre et de nos jours encore elles ont eu à souffrir des occupations prolongées de la Russie qui voudrait bien les incorporer à sa masse immense. La possession de ces principautés lui livrerait le bassin du Danube, lui ouvrirait le chemin de Vienne, en même temps qu'elle la rapprocherait de la chaîne des Balkans, la seule barrière qu'elle aurait ensuite à franchir pour se précipiter sur Constantinople.

Ces principautés ont pour limites, au nord et au nord-ouest, les Carpathes orientales qui les séparent de la Transylvanie; à l'est et au sud est, le Pruth et le Yalpouch qui les séparent de la Bessarabie, province russe; au sud-ouest et au sud le Danube, qui les sépare de la Bulgarie et de la Serbie. Elles ont une superficie

[1] Ubicini. *Les Serbes de Turquie.*

de 125,000 kilomètres carrés et presque partout n'offrent qu'une succession de plaines. Bien que placées sous une latitude méridionale elles sont exposées à un rigoureux hiver de cinq mois, l'été en a sept, dont deux d'extrêmes chaleurs. Peu de contrées offrent une aussi grande variété de productions, mais les habitants n'en tirent pas le parti qu'ils pourraient en tirer. De vastes forêts fournissent des bois magnifiques. La vigne y réussit; les arbres fruitiers de ses rives s'abaissent et le fleuve coule paisible à travers de vastes plaines : de la rive droite c'est à peine, tant il se répand à son aise, si on aperçoit la rive gauche. Il forme même de grandes dérivations qui vont inonder le pays à 15 ou 20 kilomètres de distance. Après Silistrie, il incline fortement vers le nord-est : après Rassova, il traîne ses eaux dans un pays plat où ses divers bras forment des marais : la rive gauche, en Moldavie, est inhabitable. Enfin il se perd dans la mer par un vaste delta qui, avant la guerre d'Orient, appartenait presque tout entier à la Russie. Aujourd'hui les bouches du fleuve appartiennent à la Moldavie.

Les habitants de la Moldavie et de la Valachie, qui s'honorent du titre de Roumains, rappellent bien les types qu'on voit à Rome sur la colonne Trajane, types de Romains et de Daces. Ces descendants des barbares se font reconnaître par leur chevelure blonde et les descendants des Romains par leur figure italienne. L'organisation du pays est encore féodale et les paysans dépendent en grande partie des boyards ou seigneurs.

La capitale de la Valachie est BUCHAREST.

« L'aspect de cette ville, dit un voyageur, me semble étrange, tant la ville offre de contrastes. On y voit des palais ou au moins de beaux hôtels et des masures affreuses, des équipages conduits par des cochers en grande livrée, puis d'énormes charrettes transylvaines renfermant un monde comme l'arche de Noé, et trainées par huit, dix, vingt chevaux ou juments avec leurs poulains courant librement autour de l'attelage; — des chevaux de race russe ou hongroise pleins de feu et de grands buffles à l'œil rouge : des élégants et des élégantes vêtus à la dernière mode de Paris et des paysans habillés comme les Daces il y a deux mille ans; la vie orientale, qui s'en va, et la vie européenne qui la remplace, se coudoient, se succèdent comme dans un panorama. »

Bucharest est une ville de 130,000 habitants. Il faut citer encore la place forte de *Giurgewo*, sur le Danube.

La capitale de la Moldavie est Jassy, ville de 80,000 habitants ; on remarque en outre la ville de **Galatz**, port fréquenté sur le Danube.

Cette dernière province contient beaucoup de Juifs qui s'y rendent maîtres de toutes les affaires et qui le seraient de la terre si on leur permettait de posséder des biens. Trente mille israélites sont réunis à Jassy.

La population totale des principautés s'élève à 4 millions d'habitants; la religion est la religion grecque et là est le lien par lequel la Russie peut se les attacher.

Depuis 1858 et 1859, les deux principautés vassales de la Porte n'ont qu'un même gouvernement : elles sont gouvernées par un hospodar et par deux assemblées : un Sénat et une chambre de députés.

CHAPITRE XIV.

RÉGION ORIENTALE. — RUSSIE ET POLOGNE.

Limites, montagnes et fleuves.

Voici maintenant un empire qui, à lui seul, couvre toute la partie orientale de l'Europe ; un empire dont la tête touche aux glaces du nord, et qui s'étend jusqu'aux régions méridionales ; un empire qui, par la Pologne, s'avance vers l'occident et pénètre en Allemagne ; un empire, enfin, qui se prolonge au nord jusqu'à l'extrémité orientale de l'Asie et qui, des rives de la Baltique, va jusqu'à l'embouchure du fleuve Amour. C'est l'empire Russe, moitié asiatique, moitié européen, qui réunit les climats les plus divers et les nations les plus variées et qui serait très-menaçant, s'il n'était pas appelé fatalement à se briser, à cause de son étendue même.

La Russie d'Europe seule va depuis le 41ᵉ degré de latitude nord jusqu'au 76ᵉ et depuis le 15ᵉ degré de longitude est jusqu'au 63ᵉ, ce qui fait une longueur de 3,800 kilomètres du nord-ouest, au sud-est, sur une longueur de 2,700 kilom. La superficie totale est de

5,870,000 kilom. carrés, c'est-à-dire plus grande que le reste de l'Europe.

Au nord, la Russie touche à la mer *Glaciale*, qui forme sur les côtes la mer *Blanche* et la mer de *Kara*.

Au nord-ouest, elle confine à la péninsule Scandinave, dans la partie la plus froide et la plus désolée ; à l'ouest, elle est formée par la mer *Baltique*, qui forme sur ses côtes des golfes nombreux parmi lesquels il faut citer les golfes de *Finlande* et de *Livonie* ou de *Riga*. Puis la limite redevient continentale et souvent conventionnelle ; elle suit la frontière du royaume de Prusse et de l'empire d'Autriche.

Au sud-ouest, le Pruth la sépare des principautés danubiennes qu'elle convoite.

Au sud, les limites de la Russie sont naturelles, et cependant elle fait tous ses efforts pour les dépasser. Ce sont la mer *Noire*, qui forme sur ses côtes la mer d'Azof, et la chaîne épaisse, âpre, sauvage du *Caucase*.

A l'est, du côté de l'Asie, les limites de la Russie d'Europe sont : la mer *Caspienne*, qui ressemble plutôt à un vaste lac, le fleuve *Oural*, les monts *Ourals* et la rivière *Kara*.

La Russie, on le voit, est baignée par des mers qui ont peu d'issue. Au nord, c'est un océan de glaces ; à l'ouest, la mer Baltique, fermée une partie de l'année par les glaces et n'ayant de débouchés que par des détroits qui appartiennent à d'autres puissances ; au midi, la mer Noire, qui n'a d'issue qu'à Constantinople ; à l'est, la mer Caspienne, qui n'en a nulle part. Voilà pourquoi elle tend avec une patience et une énergie sans égale, à se faire jour sur les mers plus libres et plus ouvertes. Mais alors elle ajouterait à sa force continentale, déjà si grande, une force maritime qui serait un péril pour les autres nations.

Parmi les mers qui baignent la Russie, deux seulement ont des îles qui lui appartiennent. L'océan Glacial a l'île désolée et inhabitable de la *Nouvelle-Zemble* ; la mer Baltique a les îles de *Dago*, d'*Œsel*, d'*Aland* et d'*Abo*, qui lui assurent la prépondérance dans ces parages. Au sud, une presqu'île célèbre s'avance dans la mer Noire, la *Crimée*, qui se rattache au continent par l'isthme étroit de *Pérékop*.

Cette immense contrée n'est pas très-accidentée et n'est divisée qu'en deux grands versants : celui du nord, dont les eaux vont à l'océan Glacial et à la mer Baltique ; celui du midi, dont les eaux vont à la mer Noire et à la mer Caspienne.

La chaîne qui détermine le partage des eaux est celle qui traverse l'Europe et va comme celle-ci du sud-ouest au nord-est. Ainsi, les deux versants de la Russie sont inclinés comme ceux de l'Europe entière, celui du nord vers l'ouest, celui du midi vers l'est.

Cette chaîne n'est pas composée de montagnes élevées : elle va des *Collines de Pologne* aux *Monts Ourals*, par une série d'ondulations et de plateaux ; les monts *Valdai* ont seuls quelque importance.

Dans chacun des versants le bassin des mers différentes est dessiné par des chaînes secondaires qui se détachent de la chaîne principale. Les monts *Olonetz* et les monts *Dofrines* séparent le bassin de la Baltique de celui de l'océan Glacial. Les montagnes du *Volga* séparent le bassin de la mer Noire de celui de la mer Caspienne et vont se rattacher au Caucase.

C'est la chaîne du *Caucase* qui, à vrai dire, est seule remarquable dans la Russie d'Europe. C'est une des plus grandes chaînes, quoiqu'elle soit courte, de l'ancien continent. Elle renferme les sites les plus pittoresques, les gorges les plus profondes, les pics les plus élevés, dont l'un a plus de 5,600 mètres. Les sommets sont couverts de glaces et de neiges éternelles. La chaîne des monts *Ourals*, qui sépare l'Europe de l'Asie est, au contraire, beaucoup plus longue que large, mais renferme quelques sommets élevés.

Nous avons donc en Russie deux grands versants, et sur chacun de ces versants, deux bassins : la géographie physique de cette vaste région est donc des plus simples.

Dans la mer Glaciale vont se jeter la *Kara*, la *Petchora*, le *Mézen*, la *Dwina du nord*, l'*Onéga* : les trois derniers vont à la mer Blanche.

Dans la mer Baltique se jettent : la *Tornéa*, qui tombe au fond du golfe de Bothnie; la *Néva*, qui va déverser dans le golfe de Finlande les eaux d'un grand lac, le lac Ladoga; la *Dwina du sud* ou Duna, qui se jette dans le golfe de Livonie; le *Niémen* et la *Vistule*, qui ne sont pas russes jusqu'à leur embouchure.

Les lacs sont nombreux dans cette partie de la Russie : le lac *Ladoga*, qui reçoit les eaux de trois autres lacs, à savoir, les lacs *Onéga*, *Saïma*, *Ilmen*; puis le lac *Peipous* et le lac *Biélo*, etc.

C'est le versant méridional de la Russie qui a le plus grand nombre de cours d'eau et les plus importants; ces fleuves ont, en outre, l'avantage de ne point être arrêtés par les glaces comme ceux du versant septentrional.

Dans la mer Noire tombent : le *Dniester*, le *Dniéper*, fleuve très-long et très-considérable, et qui a un certain nombre d'affluents, parmi lesquels la *Bérézina*, le *Pripet*, le *Boug*; celui-ci se joint au fleuve près de son embouchure et semble presque un fleuve; le *Don*, ancien Tanaïs, se jette dans la mer d'Azov.

Il faut citer encore, sur ce versant, le Pruth, affluent du Danube.

Dans la mer Caspienne tombe le plus grand fleuve de la Russie et même de l'Europe, le *Volga*.

Ce fleuve reçoit les eaux d'une infinité de grosses et de petites rivières; il est d'une dangereuse navigation, par la quantité d'angles, de coudes, de bas-fonds, d'eaux mortes, d'îles et de bancs de sable qu'il présente. Ce n'est que dans les mois de mai et juin que les rivières considérablement grossies par la fonte de neiges, faisant monter les eaux du Volga beaucoup au-dessus de leur niveau ordinaire, en rendent la navigation sûre et facile aux gros bâtiments. L'accroissement de ces eaux est tel, que toutes les terres basses qui bordent les deux côtés du fleuve, sont inondées au point qu'il n'y a que la cime des plus grands arbres qui paraisse au-dessus de la superficie de l'eau. Ainsi, le Volga offre déjà, à cet égard, un rapport sensible avec le Nil, en Égypte ; et cette analogie devient encore plus frappante, par la grande fertilité que ces inondations répandent sur les terres qui les ont éprouvées et dont les prairies ressentent le plus particulièrement les effets.

Le Volga forme une étrange quantité d'îles; c'est surtout aux environs d'Astrakhan qu'elles sont en plus grand nombre ; et plus ce fleuve s'approche de son embouchure, plus ces îles se multiplient, parce que le Volga se partage, dans son cours, en plus de bras qu'aucun autre fleuve connu... Tous ces différents bras se partagent encore en d'autres plus petits; souvent ils rentrent ensuite les uns dans les autres, et le Volga se décharge dans la mer Caspienne par plus de 70 embouchures.

Ce grand cours d'eau a beaucoup d'affluents dont

quelques-uns seuls dignes d'être cités : l'*Oka*, qui se grossit elle-même de la *Moskowa* ; la *Kama*, grossie de la *Viatka*.

D'autres fleuves tombent encore dans la mer Caspienne : le *Térek*, la *Kouma*, l'*Oural*.

Comme les versants de la Russie ne sont point séparés par de hautes montagnes, il n'a pas été difficile de les faire communiquer entre eux et de grands canaux joignent entre elles les diverses voies fluviales de l'empire russe.

Aspect général et climat.

L'aspect général de la Russie change à mesure qu'on change de latitude, car ce pays si vaste réunit tous les climats, les régions désolées et couvertes de neiges, les régions tempérées, les régions chaudes. Au nord les longs hivers ténébreux et les étés courts mais sans cesse éclairés par le soleil qui se couche à peine : au centre des hivers moins longs, mais très-rudes encore ; au midi, des étés très-chauds. Nulle part donc on ne peut mieux suivre, comme par degrés, l'influence bienfaisante du soleil qui répand partout où l'on se rapproche de lui la joie et la vie.

Le nord est à peine peuplé et cultivé et des gouvernements grands comme la France n'offrent que la solitude et la tristesse. Au centre et à l'ouest, au contraire, la population est nombreuse, la terre bien cultivée ; des lacs, des montagnes donnent à certaines parties du pays un aspect pittoresque qui lui manque partout ailleurs. Le nom de la Russie en effet évoque toujours l'idée des plaines immenses, se déroulant à perte de vue, se succédant avec la plus morne uniformité. Mais ces plaines, surtout au midi, sont de vastes océans de blé et deviennent parfois, dans les années de disette, le grenier de l'occident. A l'est on rencontre d'immenses forêts et on trouve d'abondantes richesses minérales. Enfin la région du Caucase offre, avec un aspect plus sauvage, toutes les grandeurs des Alpes et des Pyrénées.

Divisions politiques.

La Russie d'Europe comprend plusieurs parties très-distinctes : 1° la *Russie* proprement dite, dans laquelle on pourrait, si l'on voulait, distinguer plusieurs états indépendants, et qui est aujourd'hui divisée en cinquante gouvernements proprement dits ; 2° la république militaire des *Cosaques du Don* ; 3° le grand-duché de *Finlande* qui appartenait autrefois à la Suède ; 4° le *royaume de Pologne* que la Russie ne peut arriver à s'assimiler ; 5° les territoires caucassiens.

Russie. — Villes principales.

La capitale de l'Empire russe tout entier est Saint-Pétersbourg, dans le gouvernement de ce nom. Cette ville est admirablement située sur la *Néva*, l'un des plus courts mais des plus beaux et des plus majestueux fleuves qui existent.

La Néva sort du lac de Ladoga, et, presque à sa source même, porte de gros navires. Pareil à la grande cité qu'il arrose, il surgit et se déroule au loin tout d'un coup ; comme elle, il a été longtemps ignoré, et, comme elle, il a aujourd'hui un nom européen.

Ce fleuve si pur, si vénéré est pourtant une cause perpétuelle d'effroi, au printemps, par le charriage de ses glaces ; en automne, par ses inondations. En 1726, 1752, 1777, il bondit sur ses rives et entraîna dans son débordement impétueux tout ce qui se trouvait sur son passage. En 1824, il menaçait la ville d'une dévastation entière.

« Saint-Pétersbourg, dit un voyageur, est sans contredit la ville la plus splendidement bâtie qui existe en Europe : des rues larges comme les *squares* de Londres, dessinées symétriquement comme les allées d'un jardin du xviie siècle ; des édifices qui ont un demi-quart de lieue d'étendue, et qui renferment à eux seuls une population plus nombreuse que celle d'un grand nombre de petites villes de Suède, voire même d'Allemagne. Point de ruelles étroites et grossièrement construites, point de carrefours sombres ; partout le même nivellement, partout de l'air et de l'espace. Cet ensemble de riches constructions, dominé par des toitures vastes, par des coupoles arrondies et dorées, par des flèches étincelantes qui s'élancent dans l'air comme des aiguilles, produit au premier abord un merveilleux effet. Bientôt à cet étonnement succède je ne sais quelle fatigue d'esprit qui est comme un désenchantement. Dans ces rues si larges, si droites, à travers ces places bordées de tant de vastes édifices, il n'y a rien qui fixe l'œil et qui attire la pensée. L'histoire n'a pas encore donné à ces monuments splendides son auguste consécration, l'art ne leur a pas imprimé l'immortel caractère de sa perfection, la poésie ne les couvre pas de ses ailes. L'histoire de Pétersbourg ne date que d'un siècle, et quand on a vu la chaloupe, la cabane, la première habitation de Pierre le Grand, quel est celui de ces édifices qui rappelle quelque glorieux souvenir ? Pétersbourg est une ville toute jeune qui se développe avec l'ardeur de la jeunesse et marche à pas de géants [1]. »

Saint-Pétersbourg est une ville de 550,000 âmes. En

---

[1] X. Marmier, *Lettres sur la Russie.*

avant de cette cité, capitale politique et administrative de l'empire russe, est *Cronstadt* qui lui sert de cuirasse du côté de la mer. Cronstadt, dans une île du Golfe de Finlande, est une des plus redoutables forteresses du monde parce qu'on ne peut guère en approcher.

Saint-Pétersbourg est la capitale moderne, la capitale destiné à mettre en communication plus direct, la Russie et l'Europe par la mer Baltique. Mais la Russie conserve toujours un grand respect pour sa vieille capitale, située dans l'intérieur des terres, pour Moscou, la ville historique, la ville sainte, la ville russe par excellence. Moscou, dans le gouvernement de ce nom est située sur la rivière de la *Moskowa*, affluent d'un affluent du Volga. Elle compte 450,000 habitants, mais la plus grande partie de la noblesse va passer l'été dans ses terres. On sait le terrible incendie, qui, allumé par les Russes eux-mêmes, dévora cette magnifique cité au moment où les Français venaient s'y établir. La ville a été rebâtie depuis avec magnificence. Moscou est une ville qui offre à la fois un aspect européen et asiatique. C'est un lien entre l'Europe et l'Asie. La partie la plus remarquable est le Kremlin, vaste enceinte fortifiée dans laquelle se pressent les palais et les églises aux dômes multiples et dorés. C'est à quelques lieues de cette ville que se trouve **Borodino,** où se livra la célèbre bataille, dite de la *Moskowa*, un des chocs d'armée les plus terribles des temps modernes.

La Russie possède encore un grand nombre de villes considérables. Mais il n'y en a aucune au nord, et cela se conçoit. La ville la plus septentrionale est **Arkangel** (20,000 habit.), sur la Dvina : elle n'a d'importance qu'à cause du commerce de la mer Blanche, pendant l'été. Les villes se pressent, au contraire, au nord-ouest. Sur la mer Baltique on cite le port de **Rével,** celui de **Riga,** un des plus actifs de la Russie. Riga est le chef-lieu d'une vieille province, la Livonie. La Courlande a pour chef-lieu l'agréable ville de **Mitau**. Puis on cite, quoique bien déchue de son antique splendeur, **Novgorod**, au nord du lac Ilmen, autrefois siége d'une république marchande très-florissante, aujourd'hui simple et obscur chef-lieu du gouvernement du même nom. **Vilna**, encore considérable, fut aussi une capitale et le centre d'une province très-importante longtemps unie à la Pologne, la Lithuanie, qui résiste aussi le plus possible à l'invasion de la langue et des mœurs russes. La Lithuanie a formé plusieurs gouvernements, et on y cite encore la ville importante de **Vitebsk** (30,000 hab.).

Kiew, chef-lieu du gouvernement du même nom, est une ville importante : ce fut la première capitale des souverains de la Russie : bien que déchue, elle possède encore 60,000 habitants. **Berditchev**, moins connue, a cependant 50,000 habitants. **Smolensk**, sur la route de Moscou est une ville fortifiée, prise par les Français en 1812, après un combat acharné.

A l'est, il faut nommer **Astrakan**, sur le Volga, très-près de son embouchure; cette cité doit son importance à sa situation qui en fait l'entrepôt du commerce du Volga ; **Éver, Jaroslaw, Nijni-Novgorod**, toutes trois sur le Volga. Cette dernière ville est célèbre par ses foires très-fréquentes où se rencontrent les populations les plus diverses et où s'échangent contre les produits de l'Europe les produits de l'Asie. **Kazan**, non loin du Volga, possède une université renommée et des fabriques du cuir dit de Russie. **Toula** fabrique des armes ; **Kalouga** prépare un mets très-recherché des Russes, le caviar fait avec des œufs d'esturgeon.

Au midi, sur le versant de la mer Noire et de la mer d'Azof, nous citerons. dans la Bessarabie : **Kichénef**

(80,000 âmes). Dans le gouvernement de Kherson : **Odessa** (100,000 habitants), une des places maritimes de l'Europe les plus importantes et centre d'un commerce actif de blés entre la Russie et les autres pays. Dans la Crimée, tout le monde connaît maintenant la ville de **Sébastopol**, prise en 1855 par les Français et les Anglais, après un siége unique dans l'histoire. La ville a été presque entièrement détruite, et la Russie a été privée d'un de ses ports les plus fortifiés et où elle ne peut plus, d'après le traité de 1856, entretenir ni armer de grands vaisseaux de guerre, ni élever de nouvelles fortifications. La capitale de la Crimée, moins connue, est **Simphéropol** (25,000 hab.). Les montagnes du sud de la Crimée sont riantes et pittoresques et habitées en général par des Tartares. Cette presqu'île a longtemps appartenu aux Turcs.

Finlande.

Le grand-duché de Finlande, qui a été enlevé à la Suède, possède encore une certaine autonomie. Les côtes, le long de la mer Baltique, sont très-découpées, l'intérieur est rempli de lacs et de marécages. Les villes principales sont **Helsingfors**, capitale du grand-duché, **Sweaborg, Abo** et dans les îles d'*Alan*, **Bomarsund**, qui fut prise en 1854 par les troupes anglo-françaises.

Royaume de Pologne.

La Pologne, partagée d'une manière si inique à la fin du siècle dernier, a vu la plus grande partie de ses provinces rattachées à la Russie. Malgré d'énergiques insurrections, les Polonais n'ont pu secouer le joug de la Russie, mais continuent à défendre, autant qu'il est possible, leur religion, leurs mœurs et leur langue : ils ne veulent pas cesser d'être un peuple.

7.

Ce pays, en général très-uni, est traversé par la ligne du partage des eaux européennes, mais elle ne s'y dessine que par des collines. En dehors de quelques contrées marécageuses, le pays est fertile et couvert de magnifiques forêts. Il est arrosé par la *Vistule* qui se jette dans la mer Baltique et par un affluent de l'Oder, la *Wartha*.

La capitale est VARSOVIE, sur la rive gauche de la Vistule, grande et belle ville, remarquable par ses larges rues, ses palais, ses établissements scientifiques et littéraires. Elle compte 170,000 habitants. Sur la rive droite de la Vistule s'étend une autre ville, **Praga**, qu'on nomme le faubourg de Varsovie.

La ville la plus industrielle du royaume de Pologne est **Lodz** (32,000 hab.). Les autres villes intéressantes sont celles de **Plock** et de **Lublin**. **Modlin** est une forteresse très-importante.

Cracovie appartenait autrefois à la Pologne et fut ensuite le centre d'une petite république, mais cette ville où se faisait jadis le couronnement des souverains polonais fut donnée à l'Autriche en 1846.

Pays des Cosaques.

C'est sur les rives du Don que s'étend surtout le pays habité par les tribus belliqueuses qui portent le nom de *Cosaques*. Toutefois, ces tribus sont répandues dans un grand nombre d'autres régions. Ces peuples soumis à la Russie en ont pris la langue, mais non les institutions, et les Cosaques du Don forment une sorte de république militaire qui a ses lois propres. Peu de villes d'ailleurs dans les vastes plaines habitées par les tribus des Cosaques qui vivent surtout de l'élève des bestiaux et du cheval.

Population. — Religion. — Gouvernement.

« Le territoire qui appartient à la Russie a une superficie de 20,402,360 kilomètres carrés, avec une population évaluée officiellement à 77,008,453 habitants, dont environ 68 millions en Europe. Dans cette dernière partie, certains gouvernements ont un, deux, trois habitants par kilomètre carré, d'autres plus de 40, mais, en somme, il y a encore de la marge pour l'accroissement, d'ailleurs assez rapide, de la Russie.

« Ce qu'il importe de constater, en parlant de la population russe, c'est qu'elle se compose de plusieurs races. M. de Buschez, membre du comité de statistique de Saint-Pétersbourg, évalue, dans un document officiel, les populations slaves à 58,400,000 âmes, ou 16 pour 100 de la population, et les autres races à 18,620,000 âmes, savoir : Finnois, Tatars (Turcs), Lithuaniens, Juifs, Allemands, Géorgiens, Tcherkesses, Roumains, Arméniens, Mongols.

« Toutefois tous les Slaves ne sont pas des Russes. Il y a notamment les Polonais qu'on évalue officiellement à 5 millions. Mais les Polonais n'acceptent pas ce chiffre ; ils évaluent leur nombre à plus du double de ce chiffre et revendiquent en outre comme leur appartenant, les Allemands de la Baltique, les Lithuaniens, les Ruthènes, populations qu'on travaille avec ardeur à russifier. En tout cas, les Russes atténuent et les Polonais exagèrent, voilà ce qui paraît certain.

« On sait que la Russie est un pays gouverné autocratiquement, le tzar réunissant dans sa main tous les pouvoirs gouvernementaux. L'immensité du pouvoir est limitée par l'impossibilité même de l'exercer. Aussi l'empereur y a-t-il délégué, en fait, et dans une certaine mesure, en droit, une bonne partie soit à des autorités collectives, comme le *Conseil intime*, le *Sénat*, le *Saint-Synode*, soit à des individus, connus des ministres. Bien qu'aucune représentation nationale ne contrôle le gouvernement, un budget est publié tous les ans ; c'est un hommage rendu à l'opinion publique, c'est aussi une mesure prise dans l'intérêt du crédit public.

« C'est le culte grec-oriental qui domine en Russie ; sur 76 ou 77 millions d'habitants, 56 millions appartiennent, dit-on, à l'Église orthodoxe. On évalue officiellement le nombre des catholiques à 6,800,000, celui des protestants à 4,132,000, des israélites à 2,297,000, des mahométans à 5,700,000, dont 2 millions en Europe, les autres cultes, les « idolâtres » comprenant les boudhistes, sont au nombre de 4 à 500,000. On sait que le tzar est en même temps le chef suprême de l'Église orthodoxe en Russie, bien qu'il ne se croie pas autorisé à créer des dogmes. Il est assisté, dans l'administration du culte grec, par le *très-saint-synode dirigeant*, sorte de Conseil d'état ecclésiastique qui se compose des principaux prélats de l'empire, et d'un haut procureur laïque (souvent c'est un général), assisté de deux fonctionnaires civils. [1] »

---

[1] Maurice Block. *L'Europe politique et sociale.*

CHAPITRE XV.

IMPORTANCE ET STATISTIQUE DES ÉTATS EUROPÉENS.

Importance politique de l'Europe dans le monde.

Bien qu'elle soit la plus petite des cinq parties du monde, l'Europe, on vient de le voir, est divisée en un grand nombre d'États puissants. La civilisation est venue de l'Orient, mais c'est en Occident qu'elle règne aujourd'hui et l'Europe en est le principal foyer. C'est l'Europe qui travaille le plus, qui a le plus de science et le plus d'influence dans le monde. Confinant d'ailleurs à l'Asie et à l'Afrique, elle est en relations intimes avec ces vastes régions qu'elle domine soit directement, soit indirectement. La puissance de sa marine, l'activité de son commerce la mettent aussi en rapports avec les pays les plus éloignés. L'Europe tient en respect les derniers peuples barbares de l'ancien continent ou les soumet par les armes, tandis qu'elle cherche et par les missions religieuses et par les relations qui naissent du commerce, à répandre parmi eux la civilisation. Les Européens ont des empires en Asie, en Afrique, en

Océanie, et c'est leur sang qui coule dans les veines des populations si actives et si énergiques qui ont civilisé l'Amérique.

Population et races de l'Europe. — Religions.

La population totale de l'Europe s'élève à 290 millions d'habitants qui appartiennent à la race blanche, mais cette race se divise elle-même en trois grandes familles : la *race latine*, la *race germanique*, la *race slave*.

La race *latine* domine au sud et en partie au centre, c'est-à-dire en Espagne et en Portugal, en Italie, en France, en Belgique, en Suisse et dans la Moldo-Valachie. Elle se fait remarquer par la vivacité de son intelligence et de son imagination.

La race *germanique* comprend un grand nombre de peuples au nord et au centre : populations du nord et du sud de l'Allemagne (Prusse, Allemagne, Suisse, Autriche); populations scandinaves (Danemark, Suède et Norwége) ; populations anglo-saxonnes (Grande-Bretagne); populations bataves et flamandes (Hollande et Belgique).

Enfin la race *slave*, à l'orient, comprend beaucoup de populations qui n'ont acquis d'importance que dans les temps modernes : Russes, Polonais, Slaves Illyriens dans l'empire d'Autriche et dans la Turquie d'Europe.

Sans parler des *Juifs* répandus par toute l'Europe, bien des groupes de populations ne sauraient se rattacher aux familles que nous venons d'énumérer. Ainsi les *Bulgares* et les *Turcs* en Turquie, les *Madgyars* en Hongrie, les *Grecs*, etc. En France même et dans la Grande-Bretagne on retrouve les vestiges d'une ancienne race dite *celtique* dont l'idiome s'est conservé dans certaines localités jusqu'à nos jours.

Chacune des trois grandes familles européennes a sa religion propre, mais chacune de ces religions n'est qu'un rameau du christianisme. Les peuples de race latine sont catholiques, ceux de race germanique en général protestants ; les slaves professent en général la religion grecque. Toutefois le protestantisme a des disciples dans les pays de race latine et le catholicisme est la religion dominante de certains peuples germaniques, comme il arrive dans l'Allemagne du sud et dans l'empire d'Autriche.

Il faut remarquer aussi que le protestantisme se divise lui-même en plusieurs branches : religion anglicane en Angleterre, presbytérienne en Ecosse, évangélique ou luthérienne en Suède, en Norwége, en Danemark, en Prusse, etc. ; calviniste en Hollande et en Suisse.

Il n'y a qu'en Turquie que se rencontre la religion musulmane, tout à fait différente du christianisme et qui domine dans beaucoup de contrées de l'Asie et de l'Afrique.

Statistique européenne. — Étendue. — Population. Puissance militaire et maritime.

Les divers États de l'Europe, on a déjà pu le remarquer, sont très-inégaux, soit qu'on regarde leur étendue, leur population, leur puissance militaire et maritime. — Il est très-intéressant de comparer, sous ce rapport, les divers états et nous emprunterons cette comparaison à l'histoire contemporaine de M. G. Ducoudray, dans laquelle nous la trouvons nettement présentée.

« Si la force d'une puissance dépendait de l'étendue de son territoire, à ce compte la Russie serait formidable, son territoire comprend le double du territoire qu'embrassent toutes les autres puissances réunies soit 20,402,369 kilom. carrés.

Mais, si on ne mesure pas l'homme à sa taille, encore moins doit-on mesurer une nation au terrain qu'elle occupe, et l'Autriche avec ses 619,736 kilom. carrés, la France avec ses 543,051 kilom. carrés, sont plus riches que la gigantesque Russie. Cependant, il y a là un élément sérieux de réflexion : si la Russie n'a pas peuplé et cultivé son territoire, il n'en est pas moins vrai qu'elle pourra le peupler. Après la Russie, l'Autriche et la France viennent dans l'ordre de l'étendue; l'Espagne 494,946 kilom. carrés; le Royaume-Uni de la Grande-Bretagne, 313,566 kilom. carrés; la Prusse, 351,320 kil. carrés, l'Italie, 284,390 kilom. carrés.

L'étendue est si peu la mesure de la force et de la richesse, que les rangs changent déjà lorsqu'on regarde la population. La Russie, il est vrai, demeure la première par la masse de sa population, 77 millions; mais la France devient la seconde, 38 millions; puis on a l'Autriche, 35 millions; le Royaume-Uni, 29 millions; l'Italie, 24 millions; la Prusse, 25 millions; l'Allemagne 15 millions; l'Espagne, 16 millions. Ainsi l'Espagne qui par son étendue, occupait le quatrième rang, tombe au huitième sous le rapport de la population; l'Italie monte, au contraire, du huitième rang au cinquième.

La puissance de chaque peuple se mesure le plus souvent à son armée; à ce compte la France reprend sa place; elle n'a pas sur le pied de paix autant d'hommes que la Russie, mais elle en approche; l'effectif moyen est de 415,000 hommes sur le pied de paix, et depuis la loi militaire de 1868, le pied de guerre est de 1 million 200,000 hommes. La Russie a 672,000 hommes sur le pied de paix et 1 million sur le pied de guerre. L'Autriche a un pied de paix de 240,000 hommes; elle peut en guerre presque quadrupler ce chiffre. La Prusse dans sa lutte contre l'Autriche en 1866 a mis

700,000 hommes sur pied. Elle dispose maintenant des forces militaires de l'Allemagne du Nord et pourrait mettre sur pied 900,000 hommes. L'Italie entre maintenant parmi les puissances militaires ; elle a 227,000 hommes sous les armes, mais avec le temps cette contrée peut en mettre davantage en ligne. L'Espagne n'a qu'une armée de 150,000 hommes, et la Grande-Bretagne de 200,000 hommes. L'Angleterre en a bien encore 280,000 dans ses possessions hors d'Europe, mais ces troupes ne sauraient être utilisées dans un conflit européen.

Pour la puissance maritime, l'Angleterre tient sans conteste le premier rang. Sa flotte se composait en 1859 de 67 vaisseaux de ligne et en tout de 626 bâtiments. L'effectif de notre flotte en 1857 était de 319 bâtiments à flot, dont 45 vaisseaux de 130 à 80 canons ; 8 navires de la même dimension étaient en chantier : il a bien augmenté depuis. La Russie possède 19 vaisseaux et sa flotte compte 184 bâtiments de tout genre ; la Suède 8 vaisseaux seulement, mais un grand nombre de bâtiments inférieurs. La Hollande vient ensuite, puis la Turquie, le Danemark, l'Espagne entièrement déchue de sa puissance maritime. »

Puissance financière. — Industrie. — Commerce.

« Il est difficile de comparer la puissance financière des nations européennes, parce que leurs budgets ne se ressemblent point et ne reposent pas sur les mêmes bases. Ce ne sont ni les mêmes recettes ni les mêmes dépenses. Ainsi, pour l'Angleterre, beaucoup de dépenses ne sont pas à la charge du budget. Quoi qu'il en soit, on peut évaluer approximativement, d'après les derniers exercices, les recettes publiques des grands États : France, 1 milliard 840 millions ; Royaume-Uni,

1 milliard 740 millions; la Russie, qui ne publie son budget que depuis quelques années, 1 milliard 161 millions; l'Autriche, 748 millions; l'Espagne, 591; la Prusse, 763,800,000 fr.; l'Italie, 777; la Bavière, le Danemark, la Grèce, les différents États de la Confédération germanique, le Portugal, les Principautés danubiennes ont un budget inférieur à celui de la ville de Paris, c'est-à-dire à 100 millions.

« Dans la plupart des États, les dépenses malheureusement vont au delà des recettes.

« Cette différence entre les recettes et les dépenses a grossi la dette de ces différents États. Sans doute la facilité avec laquelle une nation supporte une lourde dette est une preuve de sa puissance financière, mais c'est une mauvaise preuve, et les rangs qu'on peut donner aux différentes nations, sous le rapport de la dette publique, ne sont rien moins que glorieux. La dette de la Grande-Bretagne atteint un capital de 19 milliards 238 millions; celle de la France, 11 milliards; de l'Autriche, 5 milliards 500 millions; de l'Espagne, 5 milliards 200 millions; de la Russie, 6 milliards 422 millions; de l'Italie, 5 milliards 500 millions; de la Prusse, 1 milliard 523 millions. »

« La richesse d'un pays se mesure bien mieux à l'activité de son industrie et de son commerce. Dans l'industrie, c'est l'Angleterre qui tient incontestablement le premier rang. Nous avons dit quelles vastes cités l'industrie y remplissait de fumée et de bruit. On évalue à 3,750,000 chevaux-vapeur l'immense force motrice qu'elle emploie pour travailler le coton, le lin, le chanvre, le fer, l'acier, etc. La France n'en a que 660,000, mais elle occupe le second rang et si elle est inférieure à l'Angleterre pour la quantité des produits, elle lui est souvent supérieure pour la qualité et pour le goût. La Belgique est un des pays les plus peuplés de l'Europe relativement à son étendue et aussi le plus industriel, ainsi que la Suisse. Puis viennent la Prusse, l'Allemagne, l'Autriche et la Russie.

« On ne saurait évaluer facilement le commerce intérieur de chaque pays; mais en additionnant le commerce d'importation et d'exportation, on trouve l'ordre suivant : Royaume-Uni 8 milliards par an, France 5 milliards, Zollverein 3 milliards, Italie 1 milliard 450 millions, Autriche 1 milliard 340 millions, Turquie 1 milliard 260 millions. L'Angleterre, en 1858, avait 27,097 bâtiments marchands, la France 19,805, la Suède et la Norvége 8405, le Danemark 5457, l'Espagne 5105, la Grèce 4839, l'Autriche 3518; l'Italie en a 13,000, la Russie 1416, la Prusse 1642, le Hanovre 2684. Mais pour bien apprécier l'importance de la navigation d'un pays, c'est moins le nombre que la capacité des navires qu'il faut considérer, c'est-à-dire le tonnage. Le tonnage des navires anglais dépasse 4 millions et demi, celui de la France atteint 3 millions, celui des navires des autres pays est inférieur à 1 million. L'Angleterre et la France sont donc, les deux grandes puissances commerciales maritimes de l'Europe.

« Aujourd'hui les chemins de fer sont le signe le plus frappant de l'activité commerciale d'un pays. Ce sont les États-Unis qui ont le plus grand nombre de lignes exploitées, 41,900 kilomètres. La Belgique vient ensuite, car ses 2000 kilomètres de chemins de fer, par rapport à son étendue, présentent un développement considérable. La Grande-Bretagne compte 15,000 kilomètres exploités, 21,000 concédés. La France était bien en retard; mais sous le règne de Napoléon III, elle a fait en cela comme dans l'agriculture, l'industrie, le commerce, des progrès étonnants; elle commence à rivaliser avec les nations voisines. A la fin de 1863, elle avait 20,000 kilomètres de concédés, 12,000 d'exploités. Toutefois le réseau français concédé occupe le sixième rang en Europe, eu égard à la surface du territoire, et le quatrième relativement au chiffre de la population. Dans les Pays-Bas, en Allemagne, en Prusse et en Autriche, les chemins de fer sont également très-développés. La Grande-Bretagne, moins peuplée que la France, a un mouvement de population plus considérable ; ses chemins de fer transportent 140 millions de voyageurs, tandis que les chemins de fer français n'en transportent que 60 millions. Ces chiffres, qui augmentent tous les ans, montrent assez quelle révolution a été accomplie par les chemins de fer. Quel prodigieux mélange d'hommes, sans parler de l'effrayante quantité de marchandises échangées entre les différents pays ! »

LIVRE III.

L'ASIE.

CHAPITRE I.

GÉOGRAPHIE GÉNÉRALE.

Limites, mers et golfes.

L'Asie est la plus vaste des parties de l'ancien continent. Plus grande que l'Europe et l'Afrique réunies, elle confine surtout à l'Europe à laquelle elle est soudée à l'ouest dans toute sa longueur et avec laquelle elle semble même ne faire qu'un corps. Elle ne tient à l'Afrique que par l'isthme de Suez.

L'Asie est donc bornée à l'ouest par l'Europe, dont la séparent les monts Ourals et la mer Caspienne. De tous les autres côtés les limites sont formées par des mers.

A l'ouest et au sud-ouest, la mer Noire, la mer de Marmara, l'Archipel, la Méditerranée la séparent encore de l'Europe; la mer Rouge la sépare de l'Afrique.

Au sud s'étend le vaste océan Indien, et à l'est le vaste océan Pacifique.

Ces deux océans forment sur les côtes méridionales

et orientales de l'Asie de vastes golfes et des mers secondaires. La *mer Rouge* n'est qu'une de ces mers secondaires et communique avec l'océan Indien par le détroit de *Bab-el-Mandeb*. Cet océan forme en outre la *mer
d'Oman*, continuée dans l'intérieur des terres par le *golfe
Persique* qui communique avec elle par le détroit d'*Ormutz*; puis le vaste *golfe du Bengale*.

L'océan Indien communique avec l'océan Pacifique
par le détroit de *Malacca*.

A son tour, l'océan Pacifique creuse les côtes de l'Asie
par les golfes de *Siam* et du *Tonkin*; forme les mers de
Chine, du *Japon*, de *Corée* ou *mer Jaune*, d'*Okotsk*, de
Behring. La mer de Behring et le détroit de ce nom séparent l'extrémité nord-est de l'Asie de l'extrémité nord-
ouest de l'Afrique.

Le nombre de ces golfes et de ces mers secondaires
indique suffisamment qu'il y a en Asie plusieurs presqu'îles. Les plus importantes sont au sud: l'*Arabie*, le
Dékan, l'*Indo-Chine*. A l'est on remarque surtout les
presqu'îles de *Corée* et du *Kamchatka*.

Au sud, il n'y a d'îles importantes que l'île de *Ceylan*,
au-dessous de la presqu'île du Dekan. On cite encore
dans le golfe du Bengale les îles *Andaman* et *Nicobar*;
dans la mer d'Oman, les îles *Laquedives* et *Maldives*.

Mais à l'est, dans l'océan Pacifique, les îles abondent:
chaine des îles *Kouriles*, îles de *Sakhalian*, de *Yéso*, de
Nippon, de *Kiou-Siou*, de *Sikok*, qui composent l'archipel du Japon; les îles *Formose* et *Hai-nan*.

Montagnes et fleuves. — Plateaux et dépressions du centre et de l'ouest.

C'est un immense plateau que l'Asie, enveloppé par
de hautes montagnes qui envoient surtout au sud et à

l'ouest des rameaux assez forts pour servir de charpente à des presqu'îles considérables.

Les montagnes qui enveloppent le plateau central sont au nord les monts *Altaï* et *Sayansk* ; à l'ouest les monts *Célestes* et les monts *Bolor*; à l'est les monts *Ching-Kan* ; au sud le massif du *Kou-Kou-Noor* et les monts du *Thibet*.

Ce plateau, sillonné par des vallées dont les eaux n'ont pas d'écoulement, marque la division des versants de l'Asie : le versant du nord ou de la *mer Glaciale*, le versant de l'ouest ou de la *mer Caspienne*, de la *mer Noire* et de la *Méditerranée*, le versant du sud ou de l'*Océan Indien* et des mers qui en dérivent ; le versant de l'est ou de l'*Océan Pacifique*.

La chaîne qui enveloppe au nord le plateau, c'est-à-dire l'*Altaï*, continue la ligne générale de partage des eaux de l'ancien continent en se rattachant aux monts Ourals : elle se dirige vers le *nord-est*, se prolonge, sous le nom de monts *Stanovoï* jusqu'au détroit de Behring.

Le versant qu'elle dessine est le moins accidenté et le plus froid : les cours d'eau qui le traversent vont se jeter, tous très-longs et presque parallèles, dans l'Océan Glacial : l'*Obi*, le *Iénissei*, la *Léna*.

A l'ouest le plateau central semble continué par le plateau de la *Perse* qui y touche, et par le plateau de l'*Asie Mineure*. Au nord du plateau de la Perse se trouve au contraire une dépression considérable, dont le fond est occupé par la *mer Caspienne* et le lac d'*Aral*.

Le plateau de la Perse est formé au nord par les monts *Elbourz*, du *Khorassan*, et de l'*Indou-Kouch* ; à l'est par les monts *Soliman* ; au sud par les monts du *Béloutchistan* et du *Farsistan*; à l'ouest par les monts *Elvend*. Les eaux de ce plateau ne s'écoulent pas vers la mer, mais tombent dans des lacs, entre autres les lacs *Zerrah*, *Baghteghan*, etc.

Quant au plateau de l'Asie Mineure, il est le plus occidental et ses eaux tombent, d'une part dans la mer Noire, de l'autre, dans la Méditerranée ; il est formé par les chaînes de l'*Anti-Taurus* et du *Taurus*. C'est moins un plateau qu'un massif montagneux et ses cours d'eau ne sont pas considérables : on ne peut guère citer que le *Kisil-Ermack* (l'ancien Halys) qui traverse l'Asie-Mineure et se jette dans la mer Noire. Les côtes de l'Asie-Mineure sont bien découpées, parce que les chaînes de montagnes vont droit se heurter contre la mer. Au nord-est de ce plateau, dans les montagnes d'Arménie, on remarque les lacs volcaniques de *Van* et d'*Ourmiah*.

Au sud des monts d'Arménie, dans la direction du midi, s'ouvre une vallée célèbre, arrosée par des fleuves bien connus, le *Tigre* et l'*Euphrate*.

Au nord c'est le bassin de la mer Caspienne, formé par le Caucase, le plateau de la Perse, les monts Ourals et les monts Bolor ; c'est un bassin tout intérieur, sans écoulement vers les grandes mers : c'est comme un vaste fond de cuve qui contraste avec le plateau central de l'Asie élevé de deux à trois mille mètres au-dessus du niveau de la mer. Le fond du bassin de la Caspienne descend même au-dessous du niveau de la mer. La Caspienne n'est qu'un lac, comme nous l'avons dit déjà, mais un lac de 250 lieues de longueur, et alimenté par le *Volga* qui vient d'Europe. Au même bassin appartient le grand lac, dit aussi *mer d'Aral*, dans lequel se jettent deux fleuves le *Syr-Daria* et l'*Amou-Daria*.

Montagnes et fleuves du sud et de l'est. — L'Hymalaya. — Le Gange.

Au centre et à l'ouest de l'Asie, le sol n'offre pas, sauf en quelques points, de grandes lignes, et présente un ensemble assez confus de montagnes, de plateaux, de dépressions et de vallées. Au sud et à l'est la géographie physique devient plus nette et l'aspect plus grandiose.

Du plateau central se détache la chaîne de l'*Hymalaya* qui court parallèlement à sa muraille méridionale et qui en est la première, la vraie et la plus colossale muraille.

« Ce qu'il y a de grand dans ces montagnes, a dit un voyageur, ce qu'il y a d'imposant, c'est moins leur hauteur apparente que l'espace qu'elles occupent. Voilà ce dont les Alpes ne peuvent donner aucune idée : le diamètre de la bande occupée par leurs cimes est comparativement fort étroit ; leurs vallées sont si ouvertes que les regards s'y promènent comme dans des plaines. Dans l'Hymalaya, au contraire, c'est toujours à des sommets que la vue s'arrête ; et, quand on s'élève davantage, on ne fait que découvrir des cimes nouvelles, plus éloignées. C'est un labyrinthe sans fin de pics noirs, d'abîmes béants, de neiges éternelles, entrecroisés de mille façons. Les eaux suivent les routes tortueuses et divergentes que le caprice de la direction des montagnes leur impose, et, avant d'arriver des neiges de l'Hymalaya, à l'entrée des plaines de l'Hindoustan, il est peu de torrents qui n'aient coulé vers tous les points du compas [1]. »

Derrière cette chaîne gigantesque, dans les profondes vallées qu'elle laisse entre elle et le plateau central, naissent deux des principaux fleuves de l'Asie méridionale, le *Sind* ou l'*Indus* et le *Brahmapoutre*. Ils contournent tous les deux l'Hymalaya, mais en sens opposé et sortent le premier par l'ouest, le second par l'est : le *Sind* se jette dans la mer d'Oman, le *Brahmapoutre* dans le golfe du Bengale.

De l'Hymalaya même sort un fleuve plus important

---

[1] Victor Jacquemont. Journal, tome II.

encore et plus célèbre, le *Gange* dont la splendide vallée s'appuie, dans toute sa longueur, à la chaîne de l'Hymalaya et aux massifs qui s'en détachent.

Dans le golfe du Bengale, outre les cours d'eau de la presqu'île du Dekan, tombe encore un fleuve important qui descend aussi du plateau central de l'Asie, l'*Irraouaddy*.

La vallée de ce dernier fleuve est fermée à l'est par la chaîne des monts de *Siam*, qui, partant du plateau central, va droit au sud, forme la charpente de la presqu'île de l'Indo-Chine et sépare, au midi, le versant de l'ouest et celui de l'est.

Au-delà de cette chaîne, du midi au nord, s'étend un pays généralement découvert, appuyé au plateau central et tourné vers l'Océan pacifique : c'est la région chinoise.

Sur ce versant on remarque les fleuves du *Cambodge*, qui se jette dans le golfe de Siam ; le *Yang-tse-Kiang* ou fleuve Bleu ; le *Hohang-ho* ou fleuve Jaune et le fleuve *Amoûr* ou Sagalien. C'est l'un des versants les plus importants de l'Asie par l'abondance de ses eaux ; il renferme aussi la plus nombreuse population.

Principales races de l'Asie et religions.

Cet immense territoire de l'Asie, sillonné et quelquefois déchiré par de fortes chaînes de montagnes, arrosé par de nombreux et de magnifiques cours d'eau, jouissant d'un climat très-inégal, mais en général plus chaud que celui de l'Europe, et, en certaines contrées, tropical est le continent le plus anciennement peuplé et aussi le plus peuplé. Il compte 700 millions d'habitants qui sont loin d'appartenir à la même race.

En Europe c'est à la diversité des traits et des caractères qu'on peut juger de la diversité des familles de peuples. En Asie, on en peut juger à la couleur. Il y a deux races principales : la race *blanche* ou caucasique ; la race *jaune* ou mongolique.

Ces deux races se divisent presque également l'Asie : la première domine à l'ouest la seconde à l'est. A cette différence de race correspond aussi une différence de religion. La race blanche est mahométane ; la race jaune, païenne. Quant aux détails, nous les donnerons à mesure que nous passerons en revue chaque pays.

CHAPITRE II.

I

TURQUIE D'ASIE.

Description physique.

L'empire ottoman est à cheval sur l'Europe et sur l'Asie ; il est toutefois plus asiatique qu'européen. La Turquie d'Asie en effet présente une superficie de 1,250,000 kilomètres carrés, c'est-à-dire plus du double de celle de la France. Mais ce vaste espace n'est point peuplé en raison de son étendue et compte seulement 15 millions d'habitants.

La Turquie d'Asie comprend la partie occidentale de l'Asie qui rattache l'Europe et l'Afrique. C'est en quelque sorte une contrée intermédiaire entre les trois parties de l'ancien continent, et ses possesseurs ont presque toujours, grâce à cette situation, empiété à la fois sur l'Europe et sur l'Afrique.

La Turquie d'Asie est bornée au nord par la mer

Noire, le détroit de Constantinople, la mer de Marmara et les Dardanelles; à l'ouest par l'Archipel et la Méditerranée. Au sud elle tient à l'Afrique par l'isthme de Suez et en est séparée par la mer Rouge. La Turquie d'Asie laisse en dehors d'elle la plus grande partie de la péninsule arabique et a pour dernière limite méridionale le golfe Persique. A l'est, elle touche à la Perse et aux provinces russes du Caucase qui, de ce côté, la séparent de l'Europe.

La Turquie d'Asie projette vers l'Europe une presqu'île remarquable, et dès longtemps célèbre, qu'on appelle l'*Asie Mineure*. Cette presqu'île, montagneuse, fertile, riante, est baignée par la mer Noire, les détroits, l'Archipel, la Méditerranée; ses côtes sont très-découpées et accompagnées d'îles importantes, les îles de *Métélin*, de *Chio*, de *Samos*, de *Rhodes*; au sud se trouve la grande île de *Chypre*.

La charpente montagneuse de cette presqu'île est formée par les deux chaînes du *Taurus* et de l'*Anti-Taurus*, parallèles aux côtes septentrionale et méridionale. De l'Anti-Taurus descend dans la mer Noire, le cours d'eau le plus remarquable de la contrée, le *Kisil-Irmack*.

Du Taurus se détache, courant droit au midi, hors de l'Asie Mineure, et longeant la Méditerranée, la chaîne magnifique du *Liban*, aux sommets couronnés de forêts et ornés des beaux arbres qu'on appelle les cèdres du Liban. Cette chaîne serre de trop près la côte méditerranéenne pour que des vallées aient pu se développer; au delà de cette région, en s'avançant vers l'est, on rencontre un plateau désert jusqu'à la fameuse vallée du Tigre et de l'Euphrate.

La région du Taurus et du Liban, c'est-à-dire l'Asie Mineure et la Syrie regardent l'Europe et la Méditerranée. La vallée de l'Euphrate et du Tigre regarde l'Asie, le golfe Persique, c'est-à-dire l'océan Indien.

Cette vallée, siège des plus anciens empires et peut-être berceau du genre humain, s'appuie au nord au plateau d'Arménie qui continue vers l'est le plateau de l'Asie Mineure. Deux fleuves frères et presque toujours réunis sous les mêmes lois, l'arrosent en se dirigeant, par un cours parallèle, du nord-ouest au sud-est : le Tigre et l'Euphrate. Tous deux tombent des monts d'Arménie. L'*Euphrate* est celui qui vient des montagnes les plus lointaines et son cours généralement lent est de 1,750 kilomètres. Le *Tigre* bondit au contraire et se dirige plus droit vers la mer. Tous deux cependant, malgré la diversité de leurs allures, s'unissent à la fin et forment un vaste cours d'eau, le *Chat-el-Arab*, avant de se jeter dans le golfe Persique.

Divisions et villes principales.

L'histoire a laissé de si fortes empreintes dans la Turquie d'Asie, bien déchue de son antique splendeur, qu'on ne suit guère les divisions administratives, ou *eyalets*, mais qu'on garde dans l'usage les divisions historiques, d'Asie Mineure, de Syrie, d'Arménie, de Kurdistan, de Mésopotamie, etc.

L'Asie Mineure ou région du Taurus est celle qui renferme le plus grand nombre de villes : au nord, c'est **Sinope**, port sur la mer Noire ; puis **Scutari**, en face de Constantinople ; au nord-ouest, **Brousse**, ville de 60,000 habitants, une des anciennes capitales de l'empire ottoman ; à l'ouest, sur l'Archipel, la riche et commerçante ville de **Smyrne** (120,000 hab.) ; à l'est, et dans l'intérieur des terres, **Angora** (50,000 hab.) **Kutahiéh**.

Dans l'Arménie il faut citer la grande ville d'**Erzeroum**

(80,000 habitants), où se fabriquent d'excellentes armes blanches, la place forte de **Kars**, la ville de **Van**, sur les bords du lac du même nom. Dans le Kurdistan, on cite **Diarbekir** sur le Tigre, **Mossoul** également sur le Tigre et près des ruines de la fameuse Ninive.

La Mésopotamie et l'Irak-Arabi s'étendent entre l'Euphrate et le Tigre. La ville principale de cette contrée qui fut longtemps le centre de l'empire des Arabes, c'est **Bagdad** sur le Tigre. Bien que déchue de sa splendeur, cette ville commerçante compte encore 100,000 âmes. Sur les bords de l'Euphrate, près de la petite ville de **Hillah**, on remarque les ruines de la célèbre **Babylone**, dont le nom éveille tant de souvenirs.

En se rapprochant de la Méditerranée, dans la région du Liban ou Syrie, on ne trouve guère de villes que sur la côte. Mais sur cette côte prospérèrent jadis les opulentes cités phéniciennes, et on y voit encore les villes commerçantes de **Beyrouth, Saïda,** l'antique Sidon, **Sour,** autrefois la célèbre ville de Tyr, **Saint-Jean-d'Acre** ou Ptolémaïs, qui a joué un grand rôle dans l'histoire des Croisades. Dans l'intérieur des terres c'est la ville d'**Alep,** autrefois très-riche, aujourd'hui à moitié ruinée, et la riante ville de **Damas,** capitale de la Syrie, curieuse et splendide cité de 200,000 habitants, admirablement située, enveloppée de jardins, de verdure, d'ombre, de fraîcheur, sous un ciel d'une éclatante beauté.

Puis, au sud de la Syrie, dans les montagnes, c'est la cité, célèbre entre toutes les cités, la ville sainte des Juifs et des Chrétiens, **Jérusalem,** qui n'a rien d'imposant ni de remarquable, mais qui remue profondément tous les voyageurs par les souvenirs religieux empreints, pour ainsi dire, sur chacune de ses pierres.

Non loin de Jérusalem s'étend la *mer Morte*, ou lac Asphaltite, cette mer étrange et maudite aux eaux lourdes et malsaines, dans laquelle se jette le fleuve de la Palestine, le *Jourdain*.

Dans les montagnes du Liban habitent des populations de race et de religion différentes dont la rivalité devient quelquefois très-sanglante. Les *Druses*, peuple à la religion bizarre, et dont les instincts pillards sont encore excités par le fanatisme, sont toujours un danger pour les *Maronites*, populations plus paisibles et chrétiennes. Il a fallu, notamment, en 1860, une intervention européenne et les soldats de la France pour protéger les Maronites.

II

ARABIE.

L'Arabie est une péninsule qui tient à l'Asie Mineure et en même temps à l'Afrique : elle est enveloppée par la mer Rouge, la mer d'Oman, et le golfe Persique. Elle a la forme d'un rectangle et tient si bien à l'Afrique et à l'Asie, offre si bien des caractères de ces deux parties du monde, qu'on pourrait en réalité se demander à laquelle elle devrait appartenir. Moitié désert, moitié oasis, c'est un pays de communication et de passage, sauf à l'intérieur, dont les sables rendent l'accès difficile.

Toutefois, d'après la relation d'un Anglais, M. Palgrave, qui a récemment, et au prix de grands dangers, parcouru ce pays, le centre de l'Arabie n'est point ce que nous pensions jusqu'ici. Quand on a franchi les espaces désolés où s'agitent les sables et le simoun, on retrouve le sol cultivable, les plaines fertiles, une population assez compacte, des villes, de nombreux villages, des États malheureusement fermés aux étrangers, et où dominent des sectes religieuses jusqu'au fanatisme.

L'Arabie a souvent changé de maîtres; aucune domination toutefois ne s'y établit solidement, et les tribus indigènes sont restées en général libres et forment des groupes indépendants. Une partie seulement de la côte occidentale dépend de l'empire ottoman, parce que c'est de cette région que sortit la religion musulmane.

L'Arabie est un vaste plateau; les chaînes de montagnes suivent les côtes, et c'est là surtout que s'est portée la vie, parce que là surtout est la fertilité du sol et l'eau. La chaîne occidentale fait une pointe dans la mer Rouge et, dans la presqu'île qu'elle dessine, on remarque le mont *Sinai*, célèbre dans la Bible.

La côte occidentale qui appartient à la Turquie a pour villes principales, **Médine** et la **Mecque**. La Mecque, où est né Mahomet est la sainte cité des Musulmans; là se trouve le temple célèbre où tous les Musulmans doivent se rendre au moins une fois en pèlerinage.

Les possessions de la Turquie ne s'étendent point sur la côte occidentale jusqu'au détroit de Bab-el-Mandeb. L'extrémité méridionale de cette cité appartient à des princes indépendants, et s'appelle l'*Yémen;* c'est une des plus fertiles et des plus riches contrées de l'Arabie. Là se trouve la ville de **Moka**, jadis très-importante par son commerce, qui est aujourd'hui transporté à **Aden**, ville dont les Anglais se sont rendus maîtres. Les Anglais se sont également rendus maîtres de l'île *Périm*, à l'entrée du détroit de Bab-el-Mandeb.

Au sud-est s'étendent les états du sultan de **Mascate**. Cette ville est située à l'entrée du détroit d'*Ormutz* et sur la mer d'Oman.

III

PERSE.

Aspect du pays et villes principales.

La Perse ou l'*Iran* forme un empire gouverné par un souverain qui porte le titre de *shah*. Elle comprend un vaste plateau enveloppé au nord par les monts *Elbourz* et les monts du *Khorassan* ; à l'ouest par les monts *Elvend*, et qui s'étend à l'est jusqu'à la vallée du Sind, bien que la Perse n'aille pas aussi loin.

Ce pays, en effet, n'a point partout les limites naturelles qui leur semblaient assignées. Au nord ces limites étaient le Caucase et la mer Caspienne. Les Russes ont tourné le Caucase et des provinces russes limitent de ce côté la Perse. Les autres limites de la Perse sont, au nord le *Turkestan*, à l'est les états du *Hérat*, de l'*Afghanistan*, du *Béloutchistan*, et ces derniers ont été taillés dans le plateau même de l'Iran ou de la Perse. Au sud, la limite est le golfe Persique ; à l'orient la Turquie d'Asie.

L'air de la Perse est remarquable par sa sécheresse, sa pureté, mais le climat est très-chaud et l'eau manque. Néanmoins le pays est fertile et riche en productions naturelles. C'est le pays des fleurs et des jardins, car les habitants se plaisent beaucoup à l'art des jardins.

La capitale de la Perse est la ville de Téhéran, au pied des monts *Elbourz*, grande cité de 130,000 habitants, dont le séjour toutefois est désagréable en été, car la population tombe alors à 40,000 habitants. Le palais du roi répond à tout ce que la renommée a publié de la richesse et du faste des souverains orientaux.

Ispahan était autrefois la capitale de la Perse, et une capitale renommée qui eut jusqu'à un million d'habitants : il n'en reste plus que 180,000. Ispahan se trouve dans une plaine d'une admirable fertilité.

Citons encore parmi les villes les plus remarquables : **Tauris** au nord, près du lac *Ourmiah*, ville très-grande et surtout très-commerçante, peuplée de 160,000 habitants. C'est l'entrepôt du commerce avec l'Occident; **Schiraz**, dans le midi de la Perse et dans une délicieuse vallée, est une des villes les plus agréables et l'un des *quatre paradis terrestres des Orientaux.*

La Perse possède quelques ports sur le golfe qui baigne le midi. Les principaux sont ceux de **Bouschir**, en face duquel est l'île de *Karak* et **Bender-Abassi**. En face de cette dernière ville est l'île d'*Ormuz.*

Comme dans tous les États de l'Asie, le gouvernement est une monarchie absolue. La religion musulmane domine, mais les Persans sont de la secte d'Ali ou *schiites* et sont ennemis religieux des Turcs ou *sunnites.*

IV

LES PROVINCES RUSSES DU CAUCASE. — LE TURKÉSTAN.

Les provinces du Caucase.

La Russie menace de plus en plus la Perse, et déjà la tourne par deux côtés, par le Caucase et le Turkestan.

La chaîne du Caucase, muraille presque infranchissable, s'abaisse vers ses deux extrémités, du côté de la mer Noire et du côté de la mer Caspienne. C'est par ces extrémités que les Russes ont passé pour soumettre le pays qui s'étend sur le revers méridional du Caucase, comme ils avaient soumis le pays qui s'étend sur le revers septentrional.

Sur le revers septentrional, c'est-à-dire en Europe, la limite des provinces caucasiques est formée par le *Kouban*, qui se jette dans la mer Noire et par le *Térek* qui se jette dans la mer Caspienne; cette région renferme le gouvernement de *Stavropol* et les territoires du *Kouban*, du *Térek* et du *Daghestan*. Le Térck porte aussi le nom de Circassie, et ses tribus sont célèbres par la beauté de leur type comme par leur énergie et leur courage. Il a fallu bien des guerres pour les amener à reconnaître l'autorité de la Russie.

Au delà du Caucase s'étendent les provinces russes asiatiques, arrosées par le *Kour* qui se jette dans la mer Caspienne, et divisées en quatre gouvernements. La ville principale est **Tiflis**, capitale de l'ancien royaume de Géorgie, ville commerçante de 30,000 habitants. Il faut citer aussi : **Érivan**, dans l'Arménie russe, **Nakhtchivan**, **Bakou**, port sur la mer Caspienne.

Les populations de ces provinces ou plutôt les tribus diffèrent entre elles d'origine et de caractère. La principale, la nation des Géorgiens, la plus remarquable par la beauté physique a mérité d'être considérée comme le type de la race blanche. La religion la plus répandue est la religion grecque.

Turkestan. — Les Kirghizes.

Les Russes ont tourné la mer Caspienne par le nord comme ils la tournaient par le sud en dépassant le Caucase. Ils se sont avancés dans le bassin de la mer

Caspienne qui est occupé par de vastes steppes, où erraient des tribus indépendantes. On comprend ce bassin de la mer Caspienne sous le nom de Turkestan.

Les Russes commencèrent par nouer des relations avec les tribus qui parcouraient les steppes du nord et qui, une fois domptées, leur ont facilité l'invasion du midi du Turkestan, partie plus fertile, plus riche et occupée depuis longtemps par les royaumes de Khokand et de Boukharie.

Les Khirgizes ont joué un très-grand rôle dans l'histoire des conquêtes de la Russie et ces tribus méritent d'être connues.

« Leurs peuplades, dit un voyageur, limitées par l'Oural, côtoient les bords septentrionaux de la mer Caspienne, enveloppent la mer d'Aral et s'avancent vers l'orient. La partie qui obéit au gouvernement d'Orenbourg, située sur l'Oural, comprend un territoire trois fois plus grand que la France. C'est de là que partit jadis la célèbre horde d'Or qui s'empara de la Russie et pilla Moscou. Ce vaste pays, c'est le steppe. Ni villes, ni villages, ni maisons, ni chaumières ; çà et là la tente isolée d'un pasteur errant ; parfois quelques tentes réunies, qui forment un *aoul* (village) ; les chameaux, les chevaux, les moutons vont au hasard à travers l'étendue, cherchant pâture flairant l'eau de loin et se réunissant au coup de sifflet de leur conducteur. Quand la terre est épuisée, que les troupeaux ne trouvent plus à se nourrir, on lève les demeures mobiles, on les charge sur les dromadaires, et toute la tribu, guidée par un ancien, s'en va à la recherche d'un pâturage nouveau et d'une source suffisante. Là où la peuplade a vécu l'herbe croîtra, et toute trace disparaîtra qui pourrait indiquer le séjour des hommes.

« Les peuplades errantes qui forment les Kirghizes se nomment elles-mêmes *kaisaks*, c'est-à-dire les hommes libres. Issues de la fusion des différentes tribus de l'Asie centrale, parlant la langue tartare, ces peuplades ne sont point de purs Mongols, mais possèdent cependant les traits caractéristiques de cette race et appartiennent indubitablement à cette famille. Pillards, voleurs, vantards, ils sont fort dégénérés de leur ancienne bravoure et Gengis-Kan ne les reconnaîtrait guère; leurs arcs, leurs flèches, leurs lances, leurs longs fusils à mèche sont plutôt des objets d'ornements pour eux que des instruments de défense. Leur religion paraît être un islamisme fort mitigé par les coutumes locales et traditionnelles [1]. »

Par le pays des Kizghizes les Russes pénétrèrent dans les vallées de l'Amou-Déria et du Syr-Daria, cours d'eau qui alimentent la mer d'Aral. En 1854 ils s'emparèrent de **Khiva** et de l'oasis importante dont elle est le centre. Depuis ce temps ils n'ont cessé d'entamer les autres états du Turkestan, le royaume de *Khokand* au nord, sur le Syr-Daria, le royaume de *Boukharie* au centre.

Le royaume de Khokand qui a pour capitale une ville du même nom, dépendait de la Boukharie. Les Russes l'ont aidé à s'en affranchir, mais pour le soumettre ensuite à leur influence.

Le royaume de Boukharie occupe la plus belle partie du Turkestan. Le souverain qui le gouverne porte le titre de *khan* et réside à **Boukhara**, ville qui compte de nombreux colléges et 150,000 habitants. La ville la plus remarquable est ensuite **Samarkande**, autrefois l'une des plus riches et des plus célèbres cités de l'Asie et dont le farouche conquérant Tamerlan avait fait sa capitale.

Les Russes sont occupés à soumettre le royaume de

---

[1] M Maxime Du Camp, *Souvenirs de voyages et de lectures.*

Boukhara qu'ils ont déjà fort entamé et se frayent ainsi une route directe vers l'Inde.

V

AFGHANISTAN ET BÉLOUTCHISTAN.

L'Afghanistan et le Béloutchistan deviennent, par suite de ces progrès des Russes, des pays dont la position est très-importante. Ils servent de protection aux Anglais qui ont réussi à soumettre à leur influence le Béloutchistan et plusieurs districts de l'Afghanistan.

L'Afghanistan occupe la partie orientale et en même temps la plus élevée du plateau de l'Iran ou de la Perse; l'autre côté de ce bassin est tourné vers l'Indus. On comprend dès lors l'importance de ce pays.

L'Afghanistan est divisé en trois royaumes principaux ou sultanats : celui de *Kaboul* à l'est; de *Kandahar*, au sud; de *Hérat*, au nord et à l'ouest, c'est-à-dire dans le voisinage de la Perse.

La ville de HÉRAT, déjà célèbre dans l'antiquité, est la cité la plus commerçante ; son importance militaire aussi bien que sa richesse et sa situation sur la route de l'Inde en ont fait un objet de convoitise entre les Persans et les Afghans, derrière lesquels il faut toujours voir les Russes, et les Anglais. Ce sont les Afghans qui récemment l'ont emporté, et c'est un prince ami de l'Angleterre qui a soumis Hérat.

Kaboul, capitale du pays du même nom est une cité de 60,000 habitants. Mais la plus grande ville de l'Afghanistan est encore, comme autrefois, **Candahar,** ancienne capitale de ce royaume : elle compte 100,000 habitants.

Les Afghans sont un peuple brave, énergique, mais indiscipliné et souvent cruel.

Le Béloutchistan est encore mal connu : borné au nord par l'Afghanistan et à l'est par la Perse, il descend vers la mer d'Oman qui le limite au sud. C'est un pays de plaines stériles parsemées de quelques oasis ; on y rencontre aussi des vallées fertiles. La capitale est KÉLAT, résidence du *khan* qui domine les tribus de ce pays.

Le Béloutchistan ne contient d'ailleurs que 500,000 habitants, à l'état encore sauvage pour ainsi dire : ils sont, comme les Persans, mahométans schiites. Le khan de Khélat reconnaît la suprématie de l'Angleterre.

CHAPITRE III.

RÉGION SEPTENTRIONALE. — SIBÉRIE OU RUSSIE
D'ASIE.

Le pays; le climat

Nous venons de voir les progrès des Russes au centre
de l'Asie. Il y a longtemps qu'ils occupent tout le nord
et que leur puissance s'étend sans interruption de la mer
Baltique à l'océan Pacifique. La Russie d'Asie est plus
grande même que la Russie d'Europe, mais elle ne renferme que quelques millions d'habitants.

La Sibérie ou Russie d'Asie occupe tout le nord de
l'Asie : elle est limitée par l'océan Glacial au nord; par le
détroit de Behring, la mer de Behring, la mer d'Okostk
et le grand Océan à l'est; par l'empire chinois au sud et
par le Turkestan, dans lequel, depuis les récentes conquêtes des Russes, elle pénètre profondément; à l'ouest
par les monts Ourals qui la séparent de la Russie d'Europe.

Peu de montagnes dans l'intérieur de ce vaste pays.
Les chaînes sont à l'extérieur, pour ainsi dire, ou plutôt
sur les limites : à l'ouest la chaîne de *l'Oural*, au sud le

Petit-Altaï, et les *monts Sayansk* qui séparent la Sibérie du plateau central de l'Asie. Les monts *Sayansk* cependant se relèvent vers le nord-est, se prolongent sous le nom de monts *de la Daourie*, de monts *Stanovoï*, et vont, en traversant la partie orientale de la Sibérie se terminer à l'extrémité nord-est, sur le détroit de Behring, au cap Oriental. Un rameau qui se détache de cette chaîne forme la presqu'île du Kamchatka et se continue sous la mer, comme on le voit en suivant la ligne dessinée par l'archipel des îles *Kouriles*.

L'inclinaison générale de la Sibérie étant vers le nord, les eaux se rendent dans l'océan Glacial. Les principaux fleuves sont : l'*Obi*, l'*Iénisseï*, le *Léna*. Le cours de ces fleuves est en général lent mais large et majestueux : dans la vallée de l'Iénisseï on remarque le lac *Baïkal*, presque aussi grand qu'une mer.

Il y a toutefois d'autres versants que celui de l'océan Glacial. Le fleuve *Oural* se jette dans la mer Caspienne, et le fleuve *Amoûr*, dont le cours inférieur appartient maintenant à la Russie, se jette dans l'océan Pacifique.

La plus grande richesse de ce pays presque sauvage, et dont le climat est d'une rigueur extrême en hiver, ce sont les forêts et les mines ; la chasse y donne aussi des produits importants pour le commerce des fourrures.

Il est très-intéressant d'observer, à l'extrémité nord-est de ce pays, sur les bords de la Kolima, le caractère des saisons. On touche presque au pôle : « Le soleil reste constamment sur l'horizon, à Nijné-Kolymsk, pendant 52 jours, du 15 mai au 6 juillet, c'est-à-dire pendant la majeure partie d'un été qui ne dure que trois mois, il s'élève à une si petite hauteur, qu'à peine on en ressent l'influence ; il éclaire, mais ne chauffe point. Si près de la terre, ses rayons manquent de force, la forme de son disque s'altère et devient elliptique, et ce disque a si peu d'éclat, que l'on peut le fixer sans qu'il blesse la vue. Quoique le soleil, en été, ne se couche pas, le passage du jour à la nuit est néanmoins appréciable : on voit l'astre s'abaisser vers l'horizon, ce qui annonce l'approche de la nuit, et que la nature va se livrer au repos; puis, deux heures après, il s'élance de nouveau, et tout se ranime.

« S'il n'y a point de crépuscule du matin et du soir, il n'y a pas non plus de printemps ni d'automne; l'été et l'hiver alternent entre eux; les habitants du pays n'en conviennent pas, et, suivant eux, le printemps commence à la mi-mars, quand le soleil laisse percer quelques rayons vers le milieu du jour, ce qui n'empêche pas qu'alors le thermomètre indique souvent 31 degrés de froid; l'automne au mois de septembre, à l'époque où les rivières gèlent : c'est là un automne par 35 degrés de froid! Quant à l'été, il commence avec le mois de juin; c'est seulement alors que le saule nain laisse pousser de petites feuilles, et que les bords de la Kolima, dans les endroits exposés au midi, se couvrent d'une herbe d'un vert pâle : dans le courant de ce même mois, où la température est douce et atteint à 18 degrés de chaleur, les buissons à fruit fleurissent et les prés s'émaillent de fleurs; mais malheur à eux si le vent de la mer s'élève : oh! alors cette verdure si frêle jaunit, et les fleurs se fanent et tombent!

« En juillet l'air s'épure, et l'on s'apprête à jouir de l'été; mais ce soi-disant été n'en a que l'apparence, et l'on dirait que la nature prend à tâche de dégoûter les habitants de ces lieux des charmes de la belle saison, et de leur faire désirer le retour de l'hiver, car à peine est-on en juillet qu'apparaissent des myriades de moustiques dont les épaisses phalanges, sous forme de nuages, obscurcissent le ciel.

« Le mois d'octobre, qui est un mois d'hiver, n'est pas
très-froid; les brouillards qui s'élèvent de la mer, à
l'époque où elle gèle, adoucissent la température. C'est
en novembre que le froid devient rigoureux; il s'accroît
de plus en plus et atteint quelquefois à 40 degrés dans
le mois de janvier. Un froid pareil coupe la respiration,
et le renne sauvage, quoique né dans les régions polaires,
ne pouvant y résister, se retire en hâte dans la partie la
plus touffue des forêts, où il demeure dans un état d'im-
mobilité léthargique. A l'expiration d'un jour qui a duré
deux mois, commence, le 22 novembre, une nuit de
38 jours, qui, malgré sa longueur, est supportable,
grâce à la force de la réfraction, à l'éclatante blancheur
de la neige et à la fréquence des aurores boréales. Arrive le 28 décembre, et l'on voit apparaître une lueur à
l'horizon, pareille au crépuscule du matin, mais si faible
que l'éclat des étoiles n'en est pas affaibli. Le soleil, en
reparaissant, rend le froid plus vif, et c'est surtout en
février et en mars que les gelées du matin sont péné-
trantes. Le ciel est rarement serein en hiver, à cause des
vents du nord, qui amènent des brouillards très-épais;
on les nomme *moroks*. Les plus beaux jours d'hiver sont
en septembre [1]. »

AGRANDISSEMENTS DES RUSSES.

Le fleuve Amoûr.

Pour les peuples qui occupent des contrées aussi désolées, il y a un mouvement presque irrésistible; c'est
de descendre vers le midi, vers le soleil. Les Russes,
dont le caractère est la persévérance, n'ont pas cessé de

---

[1] De Wrangel. *Le nord de la Sibérie.*

s'étendre vers le midi. Il ne leur suffit pas d'avoir atteint les bords du fleuve Amoûr et noué d'actives relations commerciales avec la Chine; ils réussirent à s'emparer de la vallée inférieure de ce grand fleuve.

L'*Amoûr* est un des plus grands fleuves de l'Asie orientale, son bassin, qui ne le cède qu'aux grands systèmes des Amazones, de la Plata, de l'Obi, du Saint-Laurent, du Mississipi et de l'Iénisseï, a une superficie évaluée par Teichmann *(Physique de la terre)* à 38,000 milles carrés. Il naît dans le massif neigeux des monts Kentaï ou Kingan qui domine au S. le lac Baïkal; il se dirige à l'orient et, après de grands détours, il vient tomber dans la mer d'Okhotsk en ensablant le détroit appelé Manche de Tartarie que, d'après les relations de La Pérouse, on crut longtemps innavigale.

« La facilité que donnait la vapeur aux petits bâtiments de pénétrer dans toutes les sinuosités des rivages et d'explorer telle partie des côtes dont les navires à voiles n'auraient pu s'approcher sans danger, avait permis à la marine russe de mieux reconnaître les côtes sibériennes de l'océan Pacifique; la Manche de Tartarie et l'embouchure de l'Amoûr avaient été explorées et on les reconnaissait, pour la première fois, praticables à certains navires. Ce fut même à cette circonstance que la flotille russe de l'océan Pacifique dut son salut pendant la guerre d'Orient. Comprenant toute l'importance que pouvait présenter à l'avenir commercial de la Sibérie la possession d'un grand fleuve qui allait mettre ses grandes villes et ses établissements de la région baïkalienne à quelques journées de navigation seulement de l'océan Pacifique, du Japon et de la Californie, le gouvernement russe eut l'heureuse et sage idée de faire reconnaître le cours du fleuve Amoûr et d'établir à son embouchure une ville qui servît de tête de ligne et d'opération à la nouvelle voie commerciale; c'est ainsi que dès 1850, Nikolaïefsk était fondée et acquérait en peu d'années une certaine importance. Profitant des embarras que les révoltes intérieures, sans cesse renaissantes, suscitaient à la cour de Pékin, le gouvernement russe avait obtenu de quelques tribus riveraines de l'Amoûr la cession de leur territoire; des postes furent établis le long du fleuve de Nikolaïefsk à Out-Strelka au confluent de l'Argoun et de la Schilka. Quelque temps après, la Russie eut l'habileté de faire confirmer par le souverain du Céleste-Empire cette extension de territoire, et, le 28 mai (9 juin) 1858, intervint, à Aïgoun, entre les plénipotentiaires russes et chinois, un traité par lequel toute la partie de la Mandchourie située au nord de l'Amoûr était cédée à la Russie avec une bande de territoire sur la rive droite du fleuve comprise entre le lac Kisi et la baie de Castries; l'île de Saghalien paraît même avoir été implicitement comprise dans ce traité de cession [1]. »

Villes principales.

Nikolaïefsk, fondée, comme nous l'avons dit, près de l'embouchure du fleuve, a pris rapidement une importance considérable. Pourtant, le grand entrepôt du commerce de l'Amoûr doit être probablement, s'il ne l'est déjà, transporté à 50 lieues plus au midi, sur un magnifique bassin de la mer du Japon, que La Pérouse, qui le découvrit en 1787, nomma baie de *Castries;* les cartes russes de 1857 nous y montrent déjà un fort Alexandrowsk. Tout le commerce extérieur de la Sibérie va prendre cette voie, qui fera nécessairement abandonner les ports du Kamtchatka, où la navigation est entravée par un climat arctique, et dont les communica-

[1] Malte-Brun. *Annales des Voyages*

tions avec *Irkoutsk*, centre général du commerce sibérien, sont infiniment plus longues et plus pénibles que par la voie nouvelle.

Les villes de l'intérieur ont aussi leur importance comme étapes du commerce et centres d'exploitation; **Tobolsk**, dans le gouvernement du même nom, ville de 30,000 habitants; **Tomsk**, assez belle ville; **Irkoutsk**, dans la partie méridionale de la Sibérie, ville très-peuplée. **Kiakhta**, au sud-est de cette dernière ville et sur la limite de l'empire chinois, à côté de la ville chinoise de Maïmatchin, est le grand entrepôt du commerce de la Russie et de la Chine surtout du commerce de thé. **Pétropavlosk** est le chef-lieu du Kamchatka.

La nouvelle voie de communication ouverte entre les côtes orientales et l'intérieur de l'Asie intéresse le commerce du monde. De plus, la colonisation se porte déjà sur une large échelle de la Sibérie vers la nouvelle province russe. Nous occuper des questions coloniales, avoir l'œil sur toutes les parties du globe, devient chaque jour pour nous une nécessité.

CHAPITRE IV.

I

L'HINDOUSTAN.

Géographie physique. — Montagnes et fleuves.

La région méridionale de l'Asie ne comprend guère que des presqu'îles : la presqu'île de l'Arabie, dont nous avons parlé, et les presqu'îles bien plus remarquables de l'Hindoustan et de l'Indo-Chine.

L'Hindoustan est une vaste presqu'île triangulaire dont la base s'appuie à la haute chaîne de l'Himalaya. Elle est limitée au nord par l'empire chinois; à l'ouest par le Turkestan, l'Afghanistan, le Béloutchistan; à l'est par l'Indo-Chine et de tous les autres côtés elle est enveloppée par l'océan Indien qui prend, sur la côte occidentale, le nom de *mer d'Oman*, et sur la côte orientale, celui de golfe *du Bengale*. Sur la côte occidentale, dans la mer d'Oman, on remarque les golfes de *Kotch* et de

Cambay qui forment la petite presqu'île de Guzzerate terminée par le cap *Diu*.

La pointe extrême de l'Hindoustan forme le cap Comorin. Au sud se trouve la grande île de *Ceylan*.

L'Hindoustan se divise en deux parties bien distinctes : la partie continentale et la partie vraiment péninsulaire.

La partie continentale qui s'appuie à l'Hymalaya comprend trois grandes vallées qui malgré la diversité de leur direction communiquent assez bien entre elles et forment bien un même pays. Ces trois vallées sont celles du Sindh, du Brahmapoutre et du Gange : les deux premières, situées chacune à l'extrémité et allant du nord au sud, de l'Hymalaya à la mer, sont liées par la vallée du Gange, parallèle à l'Hymalaya.

L'Hymalaya, nous l'avons dit, est la chaîne de montagnes qui offre les plus hauts sommets du globe. Le pic *Everest* ou *Gaourisankar* a 8,840 mètres d'altitude : le *Kintchindjinga*, 8,588 ; le *Dhavalaghiri*, 8,187 et plusieurs autres, encore atteignent le chiffre de 8,000 mètres.

Des profondes vallées encaissées par l'Hymalaya sortent, nous l'avons dit, en sens contraire, le *Sindh* et le *Brahmapoutre* qui tous deux prennent leur source en dehors des limites de l'Hindoustan, dans les pays appelés le Thibet et le petit Thibet. Le *Sindh*, l'ancien Indus, coule de l'est à l'ouest, se fraye un passage entre l'Hymalaya et la chaîne de l'Hindou-Kouch, tourne au sud et va, à travers de vastes plaines qu'il inonde périodiquement et fertilise, se jeter dans la mer d'Oman par plusieurs embouchures. Bien que son cours soit très-long (3,000 kilomètres) et son volume d'eau énorme, il ne reçoit pas beaucoup d'affluents. Les principaux se trouvent sur la rive gauche dans le *Pendjab* ou *pays des cinq rivières*. Ces cinq rivières servent, avec d'autres, à former le principal affluent du Sindh, le *Tchinnaou*.

A l'autre extrémité de la partie continentale de l'Hindoustan, le *Brahmapoutre* tombe avec rapidité des montagnes à la mer, non sans faire des détours, serré de près qu'il est par les montagnes. Il se jette dans le golfe du Bengale par plusieurs embouchures.

Ces embouchures sont voisines de celles du Gange et communiquent même avec elles. Le *Gange*, en effet, dessine en se jetant dans le golfe du Bengale, un vaste delta. Dans son cours inférieur, il a formé une plaine de riches alluvions qui est devenue le Bengale. Malgré l'ardeur d'un soleil tropical, cette plaine rivalise avec la riche verdure des comtés anglais pendant le mois d'avril. Les rizières y donnent des produits d'une abondance partout ailleurs inconnue. Les épices, le sucre, les essences végétales s'y multiplient avec une exubérance merveilleuse.

Le Gange d'ailleurs répand par ses crues périodiques la fertilité sur tous les pays qu'il traverse. Aussi est-il le fleuve sacré pour les Hindous qui croient se purifier en s'y baignant. De plus, il est la voie principale que suit le commerce d'Orient; sur ses bords et sur ceux de ses tributaires, se trouvent les plus riches marchés, les capitales les plus opulentes, les temples les plus vénérés de l'Inde.

Le Gange, en effet, qui prend sa source sur la pente méridionale de l'Hymalaya, offre par sa direction générale de l'ouest à l'est la voie la plus naturelle à ceux qui, du centre de l'Asie, veulent descendre à la mer, ou, de la mer, remonter à l'intérieur de l'Asie. De plus, il traverse les pays qui par leurs riches produits peuvent le mieux alimenter le commerce. Remonter la vallée du Gange, c'est parcourir la plus opulente contrée sur une longueur de plus de 2,500 kilomètres.

Le Gange a des affluents très-importants : à droite la *Djemmah*, la *Sone*; à gauche le *Goumty*, la *Gograh*, le *Gondok*, la *Tystah*.

Le reste de l'Hindoustan est la partie péninsulaire qui porte le nom de *Dekan* et qui offre l'aspect d'un plateau triangulaire. Une chaîne détachée de l'Hymalaya s'épanouit en un vaste plateau, se relève sous le nom de monts Vindhya, puis se dirige droit au sud, le long de la côte de la mer d'Oman ; devient de plus en plus forte sous le nom de *Ghattes occidentales* et va aboutir au cap Comorin. Le long du golfe de Bengale court une autre chaîne moins élevée qui vient la rejoindre sous le nom de *Ghattes orientales*.

Cette partie de l'Hindoustan a des fleuves nombreux qui se jettent les uns dans la mer d'Oman, les autres dans le golfe du Bengale, mais ils n'ont point l'importance des fleuves du nord.

Dans le golfe du Bengale se jettent : le *Méhénédy*, le *Godavéry* et la *Kistnah*. Dans la mer d'Oman, et de ce côté le versant est moins étendu parce que les montagnes sont très-proches de la mer, se jettent la *Nerbédah* et le *Tapty*.

Aspect du pays.

L'Inde est le pays des magnificences de la nature. On y éprouve aussi tous les inconvénients des climats brûlants, mais dans les beaux jours, paraît-il, offre un charme indescriptible.

« Quel ravissement nouveau, dit Jacquemont, quel étonnement incrédule n'éprouve-t-on pas quand on descend pour la première fois sur la rive des tropiques ! Quelle impression profonde laisse à jamais dans l'âme d'un homme sensible aux beautés de la nature le prenier tableau qu'il a contemplé du monde équinoxial! »

« Il y a, dit M. de Humboldt, quelque chose de si grand et de si puissant dans l'impression que fait la nature sous le climat des Indes, qu'après un séjour de quelques mois on croit y avoir séjourné une longue suite d'années. Tout en effet, ici paraît neuf et merveilleux. Au milieu des champs, dans l'épaisseur des forêts, presque tous les souvenirs de l'Europe sont effacés; car c'est la végétation surtout qui détermine le caractère du paysage; c'est elle qui agit sur notre imagination par sa masse, le contraste de ses formes et l'éclat de ses couleurs. Plus les impressions sont fortes et neuves, plus elles affaiblissent les impressions antérieures. La force leur donne l'apparence de la durée; sous le beau ciel du midi, la lumière et la magie des couleurs aériennes embellissent une terre presque dénuée de végétaux. Le soleil n'éclaire pas seulement, il colore les objets, il les enveloppe d'une vapeur légère, qui, sans altérer la transparence de l'air, rend les teintes plus harmonieuses, adoucit les effets de la lumière, et répand dans la nature le calme qui se réflète dans notre âme. »

Géographie politique. — Empire anglais.

L'Hindoustan est un empire anglais. La puissance anglaise, s'étend même, en dehors de ses limites naturelles, jusque dans l'Indo-Chine. Une simple compagnie de marchands est parvenue à conquérir cette immense contrée, mais n'ayant pu réussir à bien l'administrer, elle a été forcée de céder cet empire à la métropole qui, depuis 1857, l'administre directement.

L'Angleterre toutefois n'administre pas directement l'Hindoustan entier. Elle a des États vassaux, alliés et tributaires. Les possessions immédiates de la Grande-

Bretagne sont divisées en trois vice-royautés ou *présidences*, savoir : celles du *Bengale*, de *Madras* et de *Bombay*
La présidence du Bengale renferme une vice-présidence, celle d'*Agra*.

La capitale de l'Inde anglaise est CALCUTTA, dans la province du Bengale, grande ville de 400,000 habitants, située sur un des bras du Gange l'*Hougly*.

Calcutta est une ville née d'hier, pour ainsi dire, mais magnifique en dépit des désastres que lui font essuyer parfois de redoutables tempêtes ou cyclones. Le quartier européen, siège du commerce et de l'aristocratie, peut être appelé la cité des palais. Mais les indigènes n'ont pour habitations que des cabanes, pétries et non bâties en terre glaise, couvertes avec du branchage et des feuilles de bambous. A Calcutta, les pagodes brahmaniques sont petites, pauvres et sans aucun goût dans leur architecture. Le vrai temple des Hindous, c'est le Gange, ce fleuve dont les eaux mêmes sont sacrées. Or la branche occidentale, l'Hougly, qui passe à Calcutta, est la partie que les sectateurs de Brahma honorent de leur dévotion la plus superstitieuse. Ils y descendent par de larges escaliers. La ville renferme un grand nombre d'édifices européens, de sociétés de commerce, de maisons de banque et aussi d'institutions charitables, d'institutions et de sociétés littéraires.

Les grandes et belles cités abondent d'ailleurs dans la vallée du Gange et sur le fleuve lui-même. Ici c'est **Patna**, ville de 300,000 habitants ; **Bénarès**, chef-lieu de la province du même nom, la ville sainte et littéraire des Hindous et comptant 200,000 habitants. **Allah-Abad**, autre cité sainte au confluent de la Djemmah et du Gange.

Puis, dans l'ancien royaume d'Aoude, c'est **Lahnau** (300,000 hab.). **Aoude,** ville sacrée.

Sur la Djemmah se trouvent deux villes, autrefois les

plus opulentes et les plus célèbres de l'Inde, **Agrah** et **Dehly** qui furent la résidence des Grands-Mogols.

En remontant vers le nord-ouest, on atteint le bassin de l'Indus : là est le territoire du *Pendjab* qui embrasse celui de Lahore. La ville principale est **Lahore** (100,000 habit.), où l'on remarque un palais fameux entre les palais de l'Inde qui en a tant. On cite aussi **Moultan** et, dans le bassin inférieur de l'Indus ou province de Sindhi, les villes de d'**Hayderabad** et de **Koratchy**, qui est un port très-actif.

Le Dekan ou la partie péninsulaire de l'Hindoustan renferme aussi de belles et opulentes cités : **Kéteh** (100,000 hab.), sur le Méhénédy; **Poury** ou **Djagrenahth**, sur le golfe de Bengale, un million de pèlerins viennent chaque année visiter son temple renommé; **Gangam**, **Madapolam**, cités industrieuses et connues par leurs étoffes.

Dans le sud ou province de Karnatic, sur la côte de Coromandel se trouve **Madras**, ancienne capitale de royaume et encore aujourd'hui la ville la plus peuplée de l'Hindoustan (700,000 hab.).

« Divisée en deux parties distinctes, la ville blanche et la ville noire, l'aspect de Madras est irrégulier et singulièrement bizarre. C'est l'Europe et l'Asie séparées par une esplanade. Des casernes, des maisons à toits plats, dans le genre espagnol, la plupart entourées de petits jardins et séparées par de belles rues ombragées de grands arbres; un palais, plusieurs églises, quelques bâtiments construits sur les plus beaux modèles de l'architecture grecque; enfin, une forteresse avec ses glacis, ses embrasures, ses canons, un murmure de -vagues qui résonne dans toute l'atmosphère et qui vous suit en s'affaiblissant jusqu'à près d'une lieue : voilà la la ville blanche. Puis un immense village où la vie four-

mille, des huttes de boue entassées les unes sur les
autres, des minarets, des pagodes, des mosquées : ici
tout un quartier dans le genre portugais ; ailleurs une
maison isolée parmi les huttes, couverte en tuiles, mais
bâtie d'un seul étage et peinte en bandes verticales de
diverses couleurs ; au-dessus, des cocotiers élançant leurs
gerbes empanachées, le tamarin, le pipuel, le figuier
sacré s'appuyant à terre par vingt troncs vigoureux, formant des voûtes et secouant de ses vastes rameaux l'ombre, la fraîcheur, le sommeil; un peuple bronzé qui
remue, qui dort, qui travaille, qui fume, qui fait ses
ablutions, tout cela au milieu de la rue ; voilà la ville
noire. Enfin, des avenues à perte de vue, larges, plan-
tées des plus beaux arbres et bordées de ces magnifiques
habitations, de cette longue suite de palais doriques,
ioniques, corinthiens, les temples d'Athènes qu'une
belle pelouse, ornée de bosquets et de fleurs, met à
l'abri du bruit et de la poussière : voilà les jardins, la
délicieuse campagne de Madras [1]. »

Sur la mer d'Oman, c'est-à-dire sur la côte de Malabar, plus malsaine et moins belle que la côte de Coromandel, on remarque néanmoins de grandes cités : **Calicut**
ou **Calicot** qui a donné son nom à des toiles de coton
qu'on imite partout aujourd'hui ; **Cochin, Mangalore,
Bymbao** (560,000 habit.), point principal du commerce
anglais sur la côte de Malabar ; **Surate**, ville également
très-commerçante.

Il faut citer aussi dans l'intérieur des terres **Nagpour**
(100,000 habit.), encore une ancienne capitale.

L'île de Ceylan, célèbre par sa fertilité, compte deux
millions d'habitants et a plusieurs villes importantes :
Colombo, Trinquemale, Candy, Pointe de Galle.

[1] E. de Warren. *L Inde anglaise*

Possessions immédiates de l'Angleterre.

En dehors des provinces gouvernées directement par les fonctionnaires anglais, l'empire anglais s'étend sur un grand nombre de royaumes, principautés, fiefs, domaines de toute sorte qui sont classés dans la servitude sous une hiérarchie habilement organisée.

Les princes qui vivent sous la protection ou sous la dépendance de la Grande-Bretagne peuvent se diviser en quatre grandes classes : 1° Princes indépendants dans l'administration intérieure de leurs États, mais non dans le sens politique. — 2° Princes dont les États sont gouvernés par un ministre choisi par le gouvernement anglais et placés sous la protection immédiate du *représentant* ou *agent* de ce gouvernement, qui réside à la cour du souverain nominal.—3° Princes dont les États sont gouvernés, en leur nom, par le résident anglais lui-même et les agents de son choix.—4° Princes dépossédés et pensionnés, mais conservant encore les prérogatives de la caste et du rang, traités avec la considération et les courtoisies indiquées par les usages du pays ; inviolables dans leurs personnes et affranchis de la juridiction des cours, excepté en matières politiques.

Parmi les États tributaires ou alliés de la Grande-Bretagne et qu'il serait trop long de citer, nommons seulement le *Radjepoutana*, ou territoire des *Rajepouts*, dans la partie continentale de l'Hindoustan; les États des *Mahrattes*, peuple guerrier et longtemps redoutable aux Anglais. Les Mahrattes occupent le sud de la partie continentale de l'Hindoustan et le nord du Dekan. Le principal état Mahratte est celui de *Sindhyah* avec les villes importantes de Goualior, place forte, d'Oudjeïn, ville religieuse et savante.

L'intérieur du Delkan est nominalement soumis à un prince indien, qu'on appele le *Nizam*. Ce prince, le plus riche de l'Asie, et qui règne sur un pays où abondent les diamants, réside dans la grande cité d'Hayder-Abad (200,000 hab.). Il possède **Golconde**, célèbre entrepôt de diamants, **Bisnagar** dont les ruines sont très-imposantes et les magnifiques temples d'*Ellore*. En pénétrant plus au midi, dans la presqu'île, on rencontre l'État de Maissour, avec les villes de **Maissour**, de **Bangalore**, de **Seringapatam**, etc.

Les Anglais ont aussi étendu leur domination sur le *Népaul* dans l'Hymalaya et leur influence sur le royaume de **Cachemire**, enveloppé de hautes montagnes, et où se trouvent des vallées d'une admirable fertilité et d'un climat délicieux.

Importance de l'Inde anglaise.

L'Inde anglaise avec les États vassaux offre une superficie d'environ 379,518,398 hectares, et embrasse une population de 160,000 habitants, donc 130 au moins dans le domaine directe. Rien, nous l'avons dit, de plus riche que ce pays, en produits de toute sorte, dont l'énumération ne rentre pas dans notre cadre. Disons que l'Inde suffit pour soutenir la grande puissance commerciale de l'Angleterre, et que c'est là la plus abondante source de ses richesses.

Depuis l'insurrection de 1857 qui a donné à l'Angleterre un sérieux avertissement, le gouvernement s'est beaucoup occupé d'améliorer l'administration de l'Inde et a développé les travaux publics, surtout les chemins de fer. Les chemins de fer traversent déjà les importantes cités de Patna, Bénarès, Allahabad, Agra, Delhi, Lahore, Surate, Baroda, Calicut, Hayderabad, etc.

Les Anglais redoutent surtout les progrès des Russes qui s'avancent de plus en plus vers l'Inde.

Aussi ont-ils pris leurs précautions, en s'étendant eux-mêmes hors du cadre naturel de l'Hindoustan et en soumettant à leur influence l'empire Afghan.

Religions de l'Inde.

L'Inde compte environ 20 millions de musulmans; tout le reste, je veux dire la population indigène, appartient à la religion brahmanique. Cette religion a été dans le principe un pur monothéisme, qui, dans la suite des temps et par la disposition naturelle de l'homme à formuler ses idées à l'aide des signes extérieurs, a dégénéré en polythéisme. Cette religion est fondée sur les *Védas*, ouvrage en quatre livres dont l'antiquité remonte très-haut, et que la tradition religieuse attribue aux Menous, esprits émanés de Brahma et chargés spécialement de la législation de la terre.

Les Hindous sont divisés en castes inégales entre elles, sans qu'ils puissent s'élever de l'une à l'autre. La plus misérable est celle des *parias*.

Possessions françaises et portugaises.

Le commerce des Indes appartint d'abord aux Portugais. Au dix-huitième siècle, si les Français eussent voulu soutenir un homme de génie, Dupleix, ils auraient conquis l'empire qui est aujourd'hui aux Anglais. Le Portugal et la France n'ont gardé que quelques débris de leurs possessions dans les Indes.

Les établissements de la France sont : 1° sur la côte de Coromandel, **Pondichéry** et son territoire, composé des districts de Pondichéry, de Villenour et de Bahour; *Karikal* et les *Maganoms* ou districts qui en dépendent. Pondichéry, comme les villes asiatiques, comprend la ville blanche et la ville noire. C'est une ville de 21,000 habitants, mais il y a très-peu d'Européens.

Sur la côte d'Orissa se trouvent **Yanaon** et son territoire, **Mazulipatam.** Yanaon n'est qu'un comptoir ainsi que Mazulipatam; et cette dernière ville n'appartient même pas aux Français qui ne jouissent que du droit d'y avoir des établissements avec leur pavillon.

Citons encore, sur la côte de Malabar, le comptoir de **Mahé.**

Dans l'Hindoustan proprement dit, et dans la présidence du Bengale, nous avons, au-dessus de Calcutta et dans son voisinage, la ville de **Chandernagor** et son territoire et quelques bourgades où nous avons conservé des établissements.

Ajoutons enfin, dans la presqu'île de Goudjerate, la factorerie de **Surate.**

Les possessions portugaises comprennent un territoire un peu plus étendu, sur la côte de Malabar, dans lequel on remarque **Goa,** l'un des anciens centres du commerce indien, aujourd'hui presque abandonné pour la **Nouvelle Goa,** capitale des possessions portugaises. Dans la presqu'île de Goudjerate, les Portugais ont l'île et la ville de **Diu.**

La population des possessions portugaises s'élève à 150,000 habitants; celle des possessions françaises à 260,000 habitants.

II

L'INDO-CHINE.

Montagnes et fleuves.

Une autre grande péninsule termine l'Asie méridionale, c'est l'Indo-Chine qui s'étend entre le golfe du Bengale à l'ouest et la mer de Chine à l'est.

Elle est bornée au nord-ouest par l'Hindoustan et au nord par l'empire chinois. Elle se termine au sud par une longue péninsule qui porte le nom de *Malaka*.

Dans la région de l'Indo-Chine, le golfe du Bengale porte plusieurs groupes d'îles, les îles *Andaman, Nicobar*. La mer de Chine creuse la côte orientale et forme le golfe du Tonkin, le golfe de *Siam*.

L'Indo-Chine est terminée au sud par le cap *Bourou*, le point le plus méridional de l'Asie.

La charpente du pays est formée par une longue chaîne de montagnes qui se détache du plateau central asiatique et court droit au sud, partageant ainsi l'Indo-Chine en deux versants, celui de l'ouest, et celui de l'est, du golfe du Bengale et de la mer de Chine. Cette chaîne que l'on nomme *monts de l'Indo-Chine*, puis *monts de Siam*, et qui coupe à peu près le pays par moitié dessine et remplit presque seule la longue presqu'île de Malaka.

Si l'on compte le Brahmapoutre qui coule d'abord dans l'Indo-Chine avant d'entrer dans l'Hindoustan, cinq fleuves se déversent dans le golfe du Bengale. Les quatre autres sont: l'*Aracan*, l'*Iraouaddy* ou *Ava*, un des plus grands cours d'eau de l'Asie et qui forme un vaste delta à son embouchure; le *Sitang*; le *Salouen* ou *Martaban*.

Dans la mer de Chine, tombent: le *Mé-Nam* ou fleuve de Siam; le *Mei-kong* ou *Kambodge* qui naît dans l'empire chinois, son cours est de 3,000 kilomètres, il se jette dans la mer par deux embouchures; le *Tam-Ghiang-Kan*, formé par la réunion du *Dong-Nai* et de la rivière de *Saigon*. Ses embouchures sont voisines de celles du Kambodge et il communique avec ce fleuve par des canaux; enfin le *Song-koi*, fleuve qui va se jeter dans le golfe du Tonkin.

L'Indo-Chine a un lac important : le *Talé-Sab* ou *Bien-*

No qui s'écoule dans le Mei-Kong, par une rivière du même nom.

L'Indo-Chine est composée en général de longues vallées presque parallèles et toutes bien arrosées, comme on vient de le voir L'eau abonde, le soleil chauffe la terre, aussi le pays est-il en général d'une très-remarquable fécondité et ses produits sont innombrables.

L'Indo-Chine anglaise.

Les Anglais n'ont eu garde de laisser un pays si fertile et si voisin de l'Hindoustan sans y tailler quelques morceaux. Ils en ont détaché l'Assam et plusieurs provinces de l'ouest de l'empire du Birmans : l'*Aracan*, le *Pégou*, le *Ténassérim.* Ils occupent tout le littoral jusqu'à la presqu'île de Malacca et à l'extrémité de cette presqu'île même, ils possèdent *Malacca, Singapour* qui commandent le détroit de Malacca, un des passages importants pour se rendre dans les mers de la Chine et dans les îles de l'Océanie.

L'Assam et les trois provinces qu'on appelle la Birmanie anglaise, dépendent de la présidence du Bengale ; Malacca, l'île et la ville de Singapour constituent le gouvernement des détroits. **Singapour** est situé d'une manière très-favorable pour le commerce et possède 100,000 habitants. Les Anglais occupent aussi les îles Andaman.

L'Indo-Chine indépendante.

Le centre et l'ouest de l'Indo-Chine, comprennent des états encore indépendants : l'*empire Birman*, le royaume de *Siam*, le royaume de *Cambodge*, l'empire d'*Annam*.

L'empire *Birman* a été bien ébréché par les Anglais,

comme on vient de le voir, et coupé de ses communications avec la mer. Il conserve néanmoins encore une grande importance. Les villes principales sont **Ava**, l'ancienne capitale sur le beau fleuve l'Iraouaddy; **Mandelay,** la nouvelle capitale, à quelque distance du même fleuve, **Bampon** sur la frontière chinoise, etc. Dans cet empire se trouve une contrée montagneuse appelée le *Lao Birman* habitée par des peuples assez doux quoique encore de l'état sauvage.

Le royaume de *Siam* occupe le milieu de l'Indo-Chine et un bassin très-fertile, très-riche. Il a pour capitale Bang-Kok, ville de 400,000 habitants, mais qui ne sont pas tous indigènes, car on y compte la moitié de Chinois. On remarque aussi l'ancienne capitale *Siam*.

Le royaume de *Cambodge* est un des plus antiques de l'Indo-Chine ; c'était autrefois un des plus puissants, mais il est bien déchu aujourd'hui; son voisin, l'empire d'Annam, l'a considérablement affaibli et le Cambodge reconnaît aujourd'hui la protection de la France. La capitale est Oudong sur la rivière du même nom.

La presqu'île de *Malaka* contient aussi plusieurs états indépendants mais fort restreints.

L'empire d'*Annam* se composait autrefois de trois royaumes distincts : le Tonquin, la Cochinchine ou province d'Hui, la Basse-Cochinchine et de plus quelques états tributaires.

Le *Tonkin* est une vaste plaine limoneuse, fertile, fécondée par le Sang-Koi et par ses affluents. La Cochinchine est une bande de terre de trente à cinquante lieues de large qui court du nord au sud comme les montagnes qui la bornent à l'ouest. Ces montagnes sont un des rameaux détachés de la grande chaîne qui dessine la charpente générale de l'Indo-Chine.

Le Tonkin a pour capitale Bak-King ou Ké-cho, grande

ville de 150,000 habitants, située sur le Song-Koï.

La Cochinchine a pour villes principales : HUÉ capitale de l'empire annamite, ville très-bien fortifiée qui compte 100,000 habitants; **Tourane** près de la baie du même nom, **Faï-fo**, centre du commerce avec la Chine.

Indo-Chine française ou Basse-Cochinchine.

A l'empire d'Annam se rattachait autrefois la Basse-Cochinchine divisée en six provinces. Ce pays est devenu depuis, en 1862, une possession de la France.

« Autrefois, sans doute, la mer couvrait ce qui est aujourd'hui la Basse-Cochinchine. Le terrain est visiblement un terrain d'alluvion. Les sables qui s'amoncellent en dunes sur d'autres rivages, ont formé ici avec le limon du Cambodge un mélange qui est devenu un riche pays de rizières.

« Cinq grands fleuves traversent la Basse-Cochinchine et vont se jeter à la mer par un des plus vastes estuaires du monde : le *Don-naï*, le *Don-trang*, le *Soirap*, le *Vaïco*, le *Cambodge*. Ce dernier fleuve est malheureusement obstrué par des bancs.

« Ces grands cours d'eau communiquent entre eux par des canaux perpendiculaires à la direction générale des fleuves. La paume de la main humaine est une image frappante, par son exactitude du régime des eaux de la Basse-Cochinchine. Quelques-uns de ces canaux ont été creusés de main d'homme, ou régularisés dans leur cours et leur profondeur; les autres proviennent d'une action naturelle. Leurs bords sont couverts d'une végétation douce et molle, gracieuse et agréable, mais qui ne réalise pas la splendeur des tropiques. Ce sont des manguiers, des palétuviers, des palmiers-nains, des arbres à jasmin blanc, beaucoup d'autres qui ont un feuil-

lage européen. A une petite distance du bord s'élèvent
des cocotiers et le plus gracieux des arbres de la terre,
colonne corinthienne vivante, le palmier-arac. De hautes
herbes, des lianes, des aloès, des cactus très-épineux
forment des fourrés impénétrables pour les Européens,
mais où les Annamites savent glisser, ramper et guetter.

« L'aspect de la Basse-Cochinchine est monotone,
triste, comme celui de tous les pays de rizières. Quand
une trouée de tigre ou de daim laisse la vue s'échapper
au delà de ces rives d'arroyos, rien ne frappe les yeux
qu'une plaine verdoyante qui ondoie quelquefois comme
la mer... Vers le nord, cependant, quand on se rapproche
de l'une ou de l'autre chaîne montagneuse, le terrain
se relève, les rives des fleuves deviennent escarpées et
les forêts succèdent aux rizières. Ces forêts sont riches
en produits destinés à la droguerie chinoise et qui se
vendent souvent plus qu'au poids de l'or [1]. »

La capitale de la Basse-Cochinchine est SAÏGON, sur la
rivière du même nom que les vaisseaux peuvent remonter. Saigon est le centre militaire, par sa forteresse,
sa position à cheval sur les routes qui mènent à Hué, au
Cambodge, au pays des Moys. Depuis la conquête, cette
ville tend à prendre de grands développements. De
grands travaux y ont été exécutés, des rues ont été dessinées; de belles routes ont été construites. Saïgon devient un centre commercial très-actif et un grand port
d'exportation pour le riz, le principal produit de la Basse-
Cochinchine.

Notre colonie comprend maintenant six provinces :
les provinces de *Bien-Hoa*, chef-lieu **Bien-Hoa** ; de *Gia-
ding*, chef-lieu **Saïgon** ; de *Dinh-Tuong*, chef-lieu **Mytho**,
centre commercial très-actif ; de *Vinq-Long*, chef-lieu

[1] Pallu. *Expédition de Cochinchine.*

Ving-Long, place forte ; les provinces *d'Angiang*, de *Hatien.*

C'est une précieuse acquisition pour la France que celle de la Cochinchine ; les Annamites, ont accepté notre domination et la colonie se suffit déjà à elle-même.

CHAPITRE V.

RÉGION ORIENTALE. — LA CHINE ET LE JAPON.

I

LA CHINE.

Géographie physique.

L'empire chinois occupe le centre et l'est du vaste continent asiatique.

Au nord il est borné par la Sibérie, à l'ouest par le Turkestan, au sud par l'Hindoustan et l'Indo-Chine, au sud-est et à l'est par les mers que forme le Grand-Océan, la mer de Chine, la mer Jaune, la mer de Gorée, la mer du Japon. Sur les côtes on remarque les îles d'*Hainan* et de *Formose*.

Ces mers d'un côté, d'énormes montagnes des autres côtés enveloppent et isolent l'immense empire de la Chine, dont la superficie est de 14 millions de kilomètres carrés, c'est-à-dire le dixième de la terre habitable.

Cet empire est le plus vaste après l'empire russe, mais s'il est le second en étendue, il est du moins le premier de l'Asie et le premier de tous les empires du monde, quant au nombre de la population, qui s'élève au chiffre inouï de 450 millions d'habitants; la plus grande partie de cette population appartient à la race jaune.

La Chine occupe presque tout le plateau central de l'Asie et la plus large partie du versant oriental, c'est-à-dire de l'Océan Pacifique. Elle est isolée des autres pays par une ceinture de montagnes qui ne s'écartent qu'au nord-est et au sud-est. Du côté de la Sibérie, c'est le petit *Altaï*, les monts *Sayansk*, les montagnes de *Mongolie* et de *Mandchourie*; à l'ouest, ce sont les monts *Bolor* et les monts *Célestes*; au sud, c'est le revers septentrional de la chaîne de l'*Hymalaya* et les monts du *Thibet*.

Au centre on rencontre les monts qui forment le bord oriental du plateau, les monts *Ching-Khan* et le massif du *Kou-Kou-Noor*.

C'est en Chine que se détache, du plateau central, la longue chaîne qui va former l'arête montagneuse de l'Indo-Chine.

Comme la Chine, par le plateau central, possède le faîte général de partage des eaux de l'Asie entière, les eaux du pays se dirigent suivant les inclinaisons du plateau, les unes vers l'Océan Glacial, les autres au Grand Océan, d'autres au midi vers l'Océan Indien; d'autres enfin vers l'intérieur même du plateau.

Les plus grands cours d'eau se jettent dans l'Océan Pacifique. L'*Amour* est appelé par les Mandchoux *fleuve Noir*, et par les Chinois fleuve de *Serpent Noir*; c'est dans la vallée de ce fleuve que les Russes, nous l'avons dit, ont fait de belles conquêtes; on le regarde maintenant plutôt comme un fleuve russe que comme un fleuve chinois. Le *Hohang-ho* (fleuve Jaune), presque aussi grand que l'Amoûr, se jette dans la mer Jaune. Le *Yang-Tse-Kiang* (fleuve Bleu) est pour les Chinois le fleuve par excellence ; le plus long, le plus abondant des cours d'eau de l'empire, il partage le Céleste-Empire en deux régions distinctes, la région du nord et celle du midi. Les deux branches du canal impérial viennent déboucher dans le Yang-Tse-Kiang, à 40 milles au-dessous de Nankin, à 160 milles de l'embouchure : c'est par ces canaux que les provinces du nord reçoivent le riz, le thé et les soiries des provinces du midi. Pékin ne peut plus vivre si l'on intercepte cette communication, c'est empêcher l'air d'arriver à ses poumons, c'est frapper la dynastie mantchou d'asphyxie. Le Yang-Tse-Kiang a souvent deux kilomètres de large, et la largeur de son embouchure atteint 30 kilomètres ; les vaisseaux peuvent le remonter jusqu'à 1,000 kilomètres de la mer. On remarque encore le *Pei-Ho* (fleuve Blanc) qui passe à Pékin et se jette dans le golfe de Tchi-li.

Le *Si-Kiang* se jette dans la baie de Canton.

Le vaste plateau central a des cours d'eau sans écoulement vers la mer et qui se jettent dans des lacs. On remarque ainsi le *Tarim,* fleuve considérable formé par la réunion de deux rivières et qui va se jeter dans le lac *Lob.* On remarque aussi le lac *Bleu* ou *Kou-Kou-Noor.*

Le nord-est de l'empire Chinois est peu peuplé. A l'ouest et au nord-ouest, c'est un mélange de hautes montagnes, de quelques vallons fertiles et de vastes plaines imprégnées de sel qui forment le désert de *Gobie.* C'est la partie orientale qui est la plus riche et la mieux cultivée.

L'empire Chinois réunit dans sa vaste étendue presque toutes les températures du globe. Dans les parties les plus septentrionales, il y a des hivers semblables à ceux de la Sibérie ; au sud, on éprouve des chaleurs très-fortes. Les énormes montagnes qui s'élèvent dans les parties orientales y rendent le climat âpre et glacial.

Divisions et villes principales.

Le nom des divisions et des villes se confond en Chine, car les villes n'ont d'autre nom que celui de la province ou du district dont elles sont le chef-lieu.

La capitale de l'empire est PEKING, près du *Peï-Ho*, avec lequel elle communique par un canal. Cette ville immense couvre une grande superficie, car elle a 27 kilomètres de tour; elle compte, avec ses faubourgs, 2 millions d'habitants. On sait qu'une armée européenne, anglo-française, est entrée à Péking en 1860.

Quant au caractère de cette ville, il est difficile de le préciser; en Chine, presque toutes les villes se ressemblent. Le comte d'Escayrac de Lauture, qui a vu les choses de près et a publié sur la Chine des mémoires fort exacts, les décrit ainsi : « Des villes elles-mêmes j'ai peu à dire; les rues en sont d'ordinaire étroites, sales, encombrées, bordées de boutiques ouvertes, de maisons bruyantes, ou de murs derrière lesquels se cachent les cours et les maisons. A Pékin, quelques rues sont larges comme de grands chemins; de grandes baraques de bois rouge, des maisons éparses les limitent de distance en distance, une poussière noire et fétide soulevée par le vent, une boue épaisse coupée d'ornières profondes en rendent le parcours insupportable.

« On rencontre souvent dans l'enceinte des villes, de grands cimetières, d'autres cimetières anciens et abandonnés, de vastes espaces déblayés par l'incendie ou délaissés par un peuple décroissant; on y rencontre jusqu'à des champs et des métairies. Les boutiques sont quelquefois très-élégantes, il y en a à Pékin de magnifiques; elles sont couvertes d'écriteaux indiquant la marchandise, le nom du marchand, ou portant des invitations

plaisantes, telles que : « Seule maison honnête, se mé-
fier de la boutique en face. »

« Presque toutes les villes ont leur jardin, **Yuen** ou
jardin à thé, **Tma-Yuen**. Ce jardin, entouré de temples
et de boutiques, contenant un lac ou un étang, ou traversé par une rivière, a des ponts en zigzag et des ponts
surélevés, des îles, des kiosques, des rochers et des
grottes, dont les formes et l'entassement dépassent de
beaucoup les œuvres de la nature. Ce sont des lieux de
divertissements et des théâtres.

« On a assez parlé de l'opium pour qu'il me soit permis de ne pas revenir ici sur des récits mille fois répétés.
Je rappellerai seulement qu'après l'avoir lavé et réduit
à l'état de pâte, on le livre aux fumeurs qui, armés d'une
baguette, en soulèvent de petites parties qu'ils appli-
quent contre le fourneau de la pipe, placé au tiers de la
longueur d'un large tuyau, et qu'ils brûlent à la flamme
d'une lampe. Cette pratique, portée à l'excès, conduit
beaucoup de gens à la misère et quelques-uns à la mort.
L'alcool a, en Suède, les mêmes effets. La consomma-
tion de l'opium augmente beaucoup ; il en est entré en
1863, à Shang-Haï, environ 37,000 piculs, valant plus de
120 millions de francs. Il est aussi impossible d'arrêter
la vente de l'opium ou son emploi que d'approuver
l'abus qu'on en fait [1]. »

Les grandes villes abondent en Chine, et en faire la
liste serait s'amuser à une énumération de noms bizarres, et tout au moins inutiles à retenir. Ce qui nous intéresse surtout, nous autres Européens, c'est de savoir
quelles villes sont, depuis la guerre de 1860, ouvertes à
notre commerce.

D'abord, les grandes puissances européennes ont des

[1] E. de Lanture.

ambassades à Pekin même. Puis dans l'intérieur des terres, de Pékin à la mer, on nous ouvre l'importante ville de **Tien-Tsin**, sur le *Pei-Ho ;* cette ville est comme le port intérieur de la capitale du Céleste-Empire.

Sur les côtes orientales, c'est la ville de **Shang-Haï**, le principal comptoir européen et qui tend de jour en jour à prendre un plus grand développement ; c'est un point où nous sommes solidement établis.

Non loin de là sont encore ouverts **Hang-Tcheou, Ning-Po**, où commence le grand canal, artère commerciale très-importante, **Foutcheou**, le grand marché des thés noirs, et en descendant vers le sud **Émouï** et **Canton**.

Il faut ajouter à cette liste deux villes distantes sur le fleuve Bleu, **Han-Keou**, et **Nan-Kin**.

Shang-Hai, le principal comptoir européen n'est pas éloigné de la ville la plus peuplée de l'empire Chinois : **Sou-Tcheou**, qui a 1 million d'habitants de plus que Pékin.

En face de Canton, les Anglais possèdent l'île de *Hong-Kong,* et les Portugais non loin de là, l'île et la ville de **Macao**.

Ces villes sont situées dans ce qu'on appelle la Chine proprement dite. Hors de cette contrée, il y en a d'autres qui ont des caractères et des noms particuliers et dont la plupart ne paient qu'un tribut : au nord, la *Mamdchourie,* pays moins chaud et moins populeux, très-fertile néanmoins et aujourd'hui fort entamé par la Russie ; la péninsule de la *Corée,* assez froide et dont les tribus sont encore assez barbares ; la *Mongolie* qui occupe la plus grande partie du plateau central ; le *Turkestan Chinois* tout à fait à l'ouest ; le *Thibet,* au sud, région montagneuse et très-élevée au-dessus du niveau de la mer. Ce pays où se trouvent de riches et belles vallées, n'est pas très-peuplé, mais il renferme beaucoup de temples et de couvents de *lamas* ou prêtres ; il est le séjour du *dalaï-lama*, souverain pontife de la religion boudhiste qui réside, sur une montagne, près de la capitale LHASSA ; cette capitale reçoit chaque année une grande affluence de pèlerins ; enfin, le *Boutan*, pays montagneux qui appartient en réalité à la région de l'Hindoustan.

Le gouvernement de la Chine est comme tous ceux de l'Asie, un gouvernement absolu. Longtemps il a été en hostilité avec l'Europe. Maintenant il entre en relations avec les puissances européennes, et nul ne peut prévoir les changements que les relations amèneront. Elles le forcent du moins déjà à respecter les étrangers et les missionnaires qui répandent la religion chrétienne en Chine. La plupart des Chinois sont boudhistes et vénèrent le *dalaï-lama* du Thibet. La religion boudhique est assez compliquée et admet au-dessous d'un Être suprême une nombreuse hiérarchie de dieux et d'esprits. Les prêtres chinois s'appellent *bonzes*. La religion de *Confucius*, plus philosophique, est la religion de l'empereur et des classes lettrées : elle n'admet ni autels, ni prêtres ; elle ne reconnaît qu'un seul Dieu.

II

LE JAPON.

L'Archipel.

L'archipel du Japon se compose de quatre grandes îles et de groupes nombreux qui forment un long arc de cercle sur la côte orientale de la Chine, laissant entre elles et la côte une mer qu'on appelle mer du *Japon* et le détroit de *Corée*.

La principale île est celle de *Nippon*, très-longue et

relativement assez large. Cette île a au-dessous d'elle, c'est-à-dire au sud, les îles de *Kiou-Siou* et de *Sikoff*; au-dessus d'elle, c'est-à-dire au nord, l'île d'*Yeso* dont elle est séparée par le détroit de *Tsoungar*. L'île d'Yeso est séparée à son tour de l'île russe *Saghalian*, par le détroit de *La Pérouse*.

Le Japon doit sa fertilité et la richesse de ses cultures, moins à la nature de son sol, qu'à l'industrie et à l'énergie de ses habitants. Ce que la nature lui a le plus prodigué, ce sont les métaux; le Japon est riche en mines d'or, d'argent, de cuivre.

Villes principales.

Le Japon a deux capitales, parce qu'il a deux souverains, comme nous allons l'expliquer tout à l'heure. YÉDO dans la grande île de Nipon, sur la côte sud-est, est une immense et magnifique cité où se trouve le palais du *taïcoun*, souverain temporel. C'est une ville de 2 millions d'habitants. Au sud de la même île se trouve la cité de KIOTO ou MYAKO, résidence du souverain spirituel ou *Mikado;* c'est une ville d'un million d'habitants.

Le Japon s'est longtemps fermé au commerce européen. Il a fallu aussi ouvrir les portes à coups de canon. Depuis les derniers traités qui datent de 1864, les Européens peuvent commercer non-seulement à YÉDO, la capitale du Japon, mais encore à **Kiogo**; à **Osaka**, ville maritime très-importante et très-commerçante; à **Nagasaki,** dans l'île de Kiou-Siou, ville très-curieuse et très-pittoresque; à **Hanodade**, port important de l'île septentrionale, c'est-à-dire de l'île d'Yeso.

Religion et Gouvernement.

« Nous ne savons pas grand'chose sur les religions du

Japon ; celle qu'on peut cependant appeler la religion nationale, et qui remonte à la plus grande antiquité, c'est la
religion de Sinsyu du « la foi des dieux. » Les fidèles s'appellent des *Sintoos* et le chef est le *mikado* ou empereur
spirituel ; la divinité à laquelle on rend le principal culte
est la déesse Ten-Sio-dai-Zin ou déesse patronne du Japon. Elle était la fille du premier des dieux qui se soit
jamais marié, et qui a créé le monde qui se composait
alors du Japon. À cette déesse à l'interminable nom,
succédèrent quatre dieux terrestres, dont le dernier
épousa une femme mortelle, et laissa sur la terre un fils
mortel, ancêtre immédiat des mikados.

« Ce mikado, outre qu'il est l'empereur spirituel du
Japon, est encore en quelque sorte un médiateur qui in-
tercède pour les sujets de ce monde-ci auprès des esprits
et des êtres canonisés de l'autre monde. Ses fonctions
paraissent ressembler sous beaucoup de rapports à celles
du pape. Il a le pouvoir de canoniser, honneur fort re-
cherché parmi les kamis et grands seigneurs de l'empereur. Une fois canonisés ils conservent dans l'autre
monde le titre de kamis et servent surtout d'intercesseurs
auprès de la déesse Ten-Sio-dai-Zin, qu'on ne peut approcher directement. Aussi chaque Japonais sintoo a-t-il
un kami pour patron, un sanctuaire lui est consacré dans
sa maison, ce sont ses dieux lares et ses pénates. Les
kamis sont divisés en kamis supérieurs et inférieurs :
192 sont nés dieux et 264 sont des hommes déifiés ou
canonisés.

« Le Japon était autrefois divisé en soixante-huit principautés séparées. Grâce aux difficultés qu'on éprou-
vait pour maintenir dans l'ordre quelques-uns de ces
petits potentats, on crut bon, lorsque l'occasion s'en
offrit, de subdiviser leurs territoires dans le but de dimi-
nuer leur pouvoir, en sorte qu'il y a maintenant 360

princes feudataires plus ou moins puissants qui sont tous obligés d'avoir une résidence à Yédo, de passer dans la capitale six mois de l'année, et de se retirer solitairement le reste du temps dans leurs principautés, laissant leurs femmes et leurs enfants à Yédo comme gages de leur bonne conduite.

« Outre les princes, il y a encore 300 divisions du territoire d'une moindre importance, en sorte que l'empire compte en tout plus de 600 fiefs. Je n'ai pas pu découvrir la nature exacte des obligations qu'entraînaient ces différentes concessions. Les 68 princes de l'ancienne organisation ne devaient assurément leur allégeance qu'au *mikado*. D'autres relèvent du taïcoun, ou empereur temporel, tandis que d'autres semblent être les vassaux des grands princes [1].

Le jour où le gouvernement de Yédo a ouvert par des traités l'accès de son territoire aux Européens, deux éléments antipathiques l'un à l'autre se sont heurtés brusquement : d'un côté, un empire immobile gouverné par un mécanisme féodal et ancien ; de l'autre, l'avant-garde de cette émigration européenne, animée d'une sorte de fièvre mercantile si répandue désormais sur toutes les mers. L'arrivée des étrangers a modifié et modifiera chaque jour davantage cet état social. Les castes supérieures ne voient qu'avec peine la classe infime des marchands amasser maintenant des richesses et éluder ainsi les lois somptuaires qui règlent à chacun, suivant son rang, jusqu'aux moindres détails de la vie.

[1] *La Chine et le Japon. Mission de lord Elgin racontée par Oliphant;* traduction Guizot.

III

RÉSUMÉ DES COLONIES EUROPÉENNES EN ASIE.

En décrivant l'Asie, nous avons remarqué combien ce vaste continent était pénétré de tous côtés par les puissances européennes.

Deux puissances surtout s'y partagent et, bientôt, s'y disputeront l'influence : la Russie et l'Angleterre. La Russie a le nord, s'avance chaque jour au centre et tente de se faire jour vers le midi. L'Angleterre a un florissant empire dans les Indes, qui est pour tout le monde un objet de convoitise. Jusqu'ici, elle avait craint du côté de la mer. Elle avait échelonné ses comptoirs ou plutôt ses forteresses de manière à se défendre de ce côté. Elle possède *Aden* et l'île de *Périm* à l'extrémité de l'Arabie, les îles *Laquedives*, *Maldives* dans la mer d'Oman. Voici maintenant que le danger vient du nord : aussi cherche-t-elle à étendre son influence au centre, sur l'Afghanistan, sur la Perse. Les précautions maritimes ne lui nuiront pas cependant, car le jour où l'isthme de Suez sera percé, toutes les marines européennes seront rapprochées des Indes.

La France comptait à peine quelques comptoirs qui faisaient triste figure à côté des vastes empires de la Russie et de l'Angleterre. Maintenant elle a, dans l'Indo-Chine, une colonie restreinte, il est vrai, et qui ne saurait entrer en comparaison avec les Indes, mais qui vaut bien les régions stériles de la Sibérie. Cette colonie nous donne au moins un point d'appui et pourra servir plus tard au développement de notre puissance coloniale comme elle sert déjà à l'activité de notre commerce.

Les Portugais n'ont plus que des débris de leur ancien empire : *Goa* et *Diu*, dans l'Hindoustan; *Macao*, en Chine; les premiers maîtres des Indes n'ont pu garder une puissance trop grande relativement à la puissance de leur propre pays.

LIVRE IV.

L'AFRIQUE.

CHAPITRE I.

GÉOGRAPHIE GÉNÉRALE.

Limites et mers.

Sans l'isthme de Suez, à travers lequel on fraye un passage aux navires, l'Afrique serait une île. Les limites sont donc de tout côté la mer : au nord, Méditerranée ; à l'ouest, Océan atlantique ; à l'est, mer des Indes et mer Rouge, qui en dérive : au sud, grand Océan.

La mer qui enveloppe l'Afrique creuse parfois ses côtes, mais ne les déchire pas comme il arrive pour d'autres contrées : au nord, la Méditerranée forme les golfes de *Tunis* et de la *Sidre ;* à l'ouest, l'Océan atlantique forme le *golfe de Guinée,* et avant de former le grand golfe de la *mer Rouge,* l'Océan indien creuse le *golfe d'Aden.*

Les principaux caps qui font saillie sur la ligne générale des côtes sont au nord : le cap *Bon* ; à l'ouest le cap *Blanc*, le cap *Vert* ; le cap de *Bonne-Espérance* à l'extrémité méridionale de l'Afrique, où l'on remarque aussi le cap des *Aiguilles* ; enfin, à l'est, le cap *Guardafui*, qui termine une vaste pointe que l'Afrique pousse dans l'Océan indien, correspond au renfoncement du golfe de Guinée à l'ouest.

L'Afrique de tous côtés entourée d'eau, n'a de détroits que vers les points où elle touche à l'Europe et à l'Asie et où semble s'être opérée la rupture violente qui l'a détachée. Le détroit de *Gibraltar* la sépare de l'Espagne. Le détroit de *Bab-el-Mandeb*, à l'extrémité de la mer Rouge, la sépare de l'*Arabie* à laquelle elle devait tenir, dans l'origine, par le midi, comme elle y tient encore par le nord.

Un grand nombre d'îles entourent l'Afrique, en restant toutefois, la plupart, à une assez grande distance. Dans l'Océan atlantique, les îles *Madère*, les îles du *Cap-Vert*, les îles *Canaries*, les îles *Gorée*, *Saint-Thomas*, *Sainte-Hélène*, où est mort Napoléon Ier, l'*Ascension* ; et au sud, les îles *Tristan d'Acunha* ; dans l'Océan indien, l'île de *Madagascar*, les îles *Comores*, l'île *Maurice*, autrefois île de France, l'île *Bourbon* ou de *la Réunion*, les îles *Seychelles*, l'île *Socotora*.

Montagnes et Fleuves.

La forme générale de l'Afrique est singulière. C'est un trapèze au nord et un triangle au midi. Il semble qu'originairement elle a dessiné un vaste triangle et qu'un mouvement violent a disjoint la base du triangle sans le détacher tout à fait.

Les montagnes ne sillonnent pas, ne découpent pas cette contrée comme elles font généralement pour les autres. Elles courent autour, soutenant l'intérieur des terres qui s'élèvent sur un vaste plateau dont le centre est mal connu. Au nord, c'est la chaîne de l'*Atlas*, une des plus importantes de l'Afrique ; les eaux qui prennent naissance dans ses vallées se jettent dans la Méditerranée. Au nord-est, les montagnes d'Abyssinie et la chaîne arabique qui dessinent la vallée du Nil, autre fleuve tributaire de la Méditerranée ; au centre les *monts de la Lune* peu connus. Sur la côte orientale, le long de l'Océan indien, court la chaîne très-haute et large des monts *Lupata*. Sur la côte occidentale, au-dessous du golfe de Guinée, se remarquent les monts *Kong* qui vont de l'est à l'ouest et qui encadrent en partie le bassin du *Niger*.

Le système montagneux de l'Afrique se compose donc d'une ligne contournant cette contrée, et de groupes plus ou moins élevés, et paraissant indépendants les uns des autres. Dans ces groupes, seulement un réseau fluvial important.

Le massif de l'Atlas tourné vers la Méditerranée, est sillonné par le *Chétiff*, la *Medjerda*, la *Malouia*. Des montagnes de l'Abyssinie et de celles du centre de l'Afrique descendent par mille cours d'eau les eaux du grand fleuve le Nil.

Dans les monts *Lupata*, on a la vallée du *Zambèze*, affluent de l'Océan indien. Sur la côte occidentale, sur le revers du plateau du Soudan, on a la vallée du *Niger* et celle du *Sénégal*, tributaires de l'Océan atlantique.

Le centre de l'Afrique est formé d'une succession de plateaux. Le plateau de l'*Afrique australe*, terminé au sud par les monts *Nieuveweld*, à l'est par les monts *Lupata*. De ce plateau descendent vers l'Océan atlantique le fleuve *Orange* et le *Coanza*, et il envoie de l'autre côté de nombreux affluents au Zambèze.

Le plateau de l'*Afrique centrale* est plus élevé, mais c'est là la partie la moins connue de l'Afrique. Puis vient le plateau du Soudan dont les eaux s'écoulent dans le lac Tchad. Au nord du Soudan le sol, au lieu de s'élever, s'abaisse, et entre ce plateau et la chaîne de l'Atlas existe une grande dépression occupée par des sables : c'est le *Sahara* ou grand désert.

L'Afrique, on le sait, est coupée par l'équateur en deux parties presque égales. Dans les endroits cultivables, la végétation est d'une vigueur et d'une richesse extraordinaires; mais la plus grande partie de cette immense contrée, chauffée par un soleil implacable, n'a pu recevoir d'habitants. L'Afrique, qui comprend une superficie de 29,700,000 kilomètres carrés est par conséquent trois fois plus grande que l'Europe, compte à peine cent millions d'habitants.

Ces habitants sont partagés entre plusieurs races : la *race blanche*, qui domine au nord et à l'est, Arabes, Berbères, Éthiopiens, Gallas, Fellatahs au Soudan et au Sénégal ; la *race noire* qui domine à l'ouest, au centre et au sud ; la *race cafre*, au sud et à l'ouest, qui ressemble à la race malaise.

La religion musulmane est la religion dominante, et, chez les tribus barbares, la religion païenne règne avec le fétichisme le plus grossier et quelquefois les superstitions les plus cruelles.

CHAPITRE II.

RÉGION DU NORD-EST. — ÉGYPTE. — NUBIE. ABYSSINIE.

Le bassin du Nil.

Le Nil est le plus grand, le plus célèbre et le plus bienfaisant fleuve de l'Égypte. Son bassin a peu de largeur, mais il est très-long et on n'en connaît pas toutes les limites : dans sa partie inférieure, il est encadré à l'ouest par le désert, à l'est par la chaîne arabique qui empêche le fleuve d'aller se jeter dans la mer Rouge. Plus on s'enfonce dans l'intérieur du pays, plus le bassin s'élève et devient montagneux ; il s'appuie, au sud-est, sur le massif considérable des monts d'Abyssinie, d'où descendent de nombreux affluents du Nil ; à l'ouest, il s'appuie au monts du *Kordofan* dans le Soudan. Mais le bassin s'étend bien au delà vers le sud et on ne sait pas encore précisément où il s'arrête, bien qu'aujourd'hui on croie connaître les véritables sources du Nil.

Les sources du Nil.

On sait que, jusqu'à ces dernières années, un voile qui semblait impénétrable, couvrait les origines du grand fleuve égyptien. Elles étaient cachées dans des contrées si sauvages, tant d'obstacles se réunissaient pour les rendre inaccessibles, qu'on désespérait presque de les atteindre. De hardis voyageurs avaient, depuis le siècle dernier, tenté de pénétrer dans cette région, Bruce, Caillaud, Combes, Tamisier, etc. Enfin, dans ces dernières années (1861-1864), trois Anglais, *Speke*, *Grant* et *Balker*, ont, à force de courage et de persévérance, traversé ces pays où n'avait encore pénétré aucun Européen civilisé. Ils ont découvert les sources du Nil et donné de son cours supérieur un tracé dont l'exactitude est incontestable, du moins dans ses lignes générales.

Si l'on examine une carte de l'Afrique, on voit qu'au-dessus des cataractes qui sont, en quelque sorte, la limite naturelle de l'Égypte supérieure, et avant de franchir cette succession de chutes, le Nil est formé par deux affluents qui se réunissent près de la ville de **Khartoun**. De ces deux affluents, l'un qui vient de l'Abyssinie et coule du sud au nord-ouest, est depuis longtemps assez connu; c'est le *Nil Bleu*. L'autre, de beaucoup le plus important, puisqu'il alimente presque seul le Nil égyptien pendant les mois les plus chauds de l'année, porte le nom de *Nil Blanc*. Il descend du sud au nord et vient des régions centrales de l'Afrique.

Au sud de l'Abyssinie, sous l'équateur même, et dans cette partie encore inconnue de l'Afrique centrale que baigne l'Océan indien, se trouve un lac immense formé par les pluies et par les torrents des régions montagneuses environnantes. Ce lac, c'est le *Victoria-N'yanza*, le premier réservoir d'où sort le Nil Blanc.

Le fleuve coule d'abord directement du sud au nord, mais, après avoir franchi la cataracte de Kharouma, il s'infléchit vers l'ouest et atteint bientôt la partie septentrionale d'un second lac presque parallèle au Victoria-

N'yanza, et non moins considérable, l'*Albert-N'yanza*. Puis, mêlant ses eaux à celles de ce second réservoir qui les renforce d'une façon sensible, il le quitte un peu plus loin, pour couler du sud au nord jusqu'aux cataractes de la Haute-Égypte.

Speke et Grant avaient assez bien exploré le lac Victoria-N'yanza, le premier réservoir d'où sort le Nil Blanc : ils avaient descendu ce dernier jusqu'aux cataractes de Karthoum, qui sont l'endroit où il s'infléchit vers l'ouest pour gagner l'Albert-N'yanza. Mais à ce point, ils avaient dû s'éloigner du fleuve et ils ne l'avaient rejoint qu'entre le troisième et le quatrième degré de latitude, alors qu'ayant depuis longtemps quitté son second réservoir, il a repris la direction du sud au nord pour gagner la Haute-Égypte. Il restait donc à savoir ce qu'il devenait au juste, quels méandres il décrivait entre ces deux points et surtout à reconnaître le lac *Albert-N'yanza*, dont Speke et Grant avaient vaguement entendu parler, mais dont ils étaient loin de soupçonner l'importance.

Ce lac était la véritable source du Nil Blanc, le réservoir central où viennent aboutir toutes les eaux des versants montagneux environnants et le lac Victoria-N'yanza, avec la branche qu'il émet n'est lui-même que le principal de ses affluents. Le lac Victoria est bien, si l'on veut, l'une des sources et la plus lointaine ; mais ce n'est qu'une source secondaire et le fleuve n'acquiert toute son importance qu'après s'être joint à l'Albert-N'yanza et avoir reçu l'important et même capital renfort de ses eaux. Il était nécessaire aussi de constater que la branche qui débouche dans le second lac est bien celle qui sort du premier réservoir, et que Speke et Grant avaient dû quitter aux chutes de Karthoum. Baker y réussit en remontant cette branche dans une partie de son cours.

I

ABYSSINIE ET NUBIE.

Abyssinie.

La région sauvage des sources du Nil est occupée par des tribus nègres ou Gallas. Mais le reste du bassin renferme de grands États : l'*Abyssinie*, la *Nubie*, l'*Égypte*.

L'Abyssinie, limitée au nord par la Nubie et la mer Rouge, au sud par le pays des Gallas, à l'est par la côte d'Adel et la mer Rouge est un massif montagneux sillonné par de profondes vallées où coulent les affluents du Nil, entre autres le Nil Bleu. Ce cours d'eau forme le lac *Tana*. Il faut citer aussi le *Taccazé* dont les eaux vont se jeter dans un autre affluent du Nil. Ce pays est soumis, comme beaucoup d'autres, à de fortes pluies périodiques en été : il est très-fertile.

Les rois d'Abyssinie, comme la plupart des rois barbares, ont une origine légendaire. Ils prétendent descendre du fils de Salomon, et de la reine de Saba. Dans l'Afrique, peuplée par les enfants de Cham, ils sont donc, eux et leurs peuples, les représentants de la race sémitique. Convertis en même temps que leur nation au christianisme par les patriarches d'Alexandrie, vers le IVe siècle de notre ère, ils étaient désignés par les géographes du moyen âge sous le nom de *Prêtre-Jean*.

L'organisation de ce pays est féodale. C'est la terre qui doit le service militaire ; le propriétaire du fief est tenu d'obéir à son suzerain, qui obéit à son supérieur, qui obéit au roi ou néguss.

La religion joue un grand rôle chez les Abyssins ; c'est notre catholicisme, mais très-modifié : ils relèvent du patriarche d'Alexandrie.

L'Abyssinie formait plusieurs États, qui furent la plupart réunis en un empire dont les souverains paraissaient redoutables. Dans ces dernières années, une armée anglaise dirigea une expédition contre l'empereur Théodoros qui fut vaincu et tué. La capitale de l'Abyssinie est GONDAR, près du lac Tana. Sur la côte on remarque *Massouah*, et la France possède la station maritime d'*Oboch* ainsi que l'île de *Dessi*.

Nubie.

Au nord de l'Abyssinie, se trouve la *Nubie*, partagée en un grand nombre de petits états, presque tous soumis à l'autorité ou à l'influence du vice-roi d'Égypte. La Nubie est la portion moyenne du bassin du Nil et est traversée du sud au nord par ce fleuve qui répand la fertilité sur ses bords. Mais en Nubie, en dehors des rives du Nil, la chaleur et le manque d'eau rendent le pays presque inhabitable.

La ville principale de la Nubie est **Karthoum,** dans une position importante, au confluent des deux branches du Nil, le Nil blanc et le Nil bleu. Les deux Nils y versent à l'envi les produits du sud, dents d'éléphants et d'hippopotames, cornes de rhinocéros, gomme, poudre d'or, plumes d'autruche, etc. ; le grand Nil formé de la réunion des deux, les emporte à la Méditerranée, d'où il rapporte en échange les produits d'Europe. Karthoum a pris un rapide développement ; née d'hier elle compte aujourd'hui 40,000 habitants de toute race et de toute nation.

Soudan Oriental.

Le bassin du Nil comprend aussi, nous l'avons dit, la partie orientale du plateau du Soudan. Ce pays comprend surtout le *Kordofan*, réunion d'oasis soumises à l'Égypte, comme la Nubie. Obeid en est la capitale.

II

ÉGYPTE.

Le pays. — Les inondations du Nil.

C'est dans le bassin inférieur du Nil que se trouve l'état le plus important : l'*Égypte*. L'Égypte est un des pays où se formèrent les plus anciens empires. Elle est bornée au nord par la Méditerranée, à l'est par la mer Rouge et l'isthme de Suez ; à l'ouest par la régence de Tripoli et le grand désert de Libye ; au sud par la Nubie.

« Il pleut rarement en Égypte, plus sur les côtes qu'au Caire, plus au Caire que dans la Haute-Égypte. En 1798, il a plu au Caire une fois pendant une demi-heure. Les rosées sont fort abondantes. L'hiver, le thermomètre descend, dans la Basse-Égypte, à deux degrés Réaumur au-dessus de zéro, et s'élève à dix degrés au-dessus de zéro, dans la Haute. En été, il monte à vingt-six et vingt-huit degrés dans la Basse-Égypte, et à trente-cinq et trente-six dans la Haute. Les eaux croupissantes, les marais n'exhalent aucun miasme malsain, ne donnent naissance à aucune maladie, ce qui provient de l'extrême sécheresse de l'air.

« L'Egypte est un des plus beaux, des plus productifs et des plus intéressants pays du monde. C'est le berceau des arts et des sciences. On y voit les plus grands et les plus anciens monuments qui soient sortis de la main des hommes.

« L'Égypte se compose : 1º de la vallée du Nil ; 2º de trois oasis ; 3º de six déserts. La vallée du Nil est la seule partie qui ait de la valeur. Si le Nil était détourné dans la mer Rouge ou dans la Libye, avant la cataracte de Syène, l'Égypte ne serait plus qu'un désert inhabitable ; car ce fleuve lui tient lieu de pluie et de neige. C'est le dieu de ces contrées, le génie du bien et le régulateur de toute espèce de productions.

« Le Nil croît régulièrement tous les ans en juillet, août, septembre et octobre ; il décroît en novembre, décembre, janvier et février ; il est rentré dans son lit et très-bas en mars, avril, mai et juin. Lorsque le Nil est haut, il y a beaucoup de pays inondés, beaucoup de terres en culture ; quand l'inondation est peu forte, une moindre quantité de pays est inondée, l'année est médiocre ou mauvaise. Cependant, lorsque les inondations sont très-fortes, l'eau séjourne trop longtemps sur le terrain, la saison favorable se trouve écoulée, on n'a pas le temps de semer, l'atmosphère est trop humide ; il peut y avoir disette et famine.

« Dans aucun pays l'administration n'a autant d'influence sur la prospérité publique. Si l'administration est bonne, les canaux sont bien creusés, bien entretenus, les règlements pour l'irrigation sont exécutés avec justice, l'inondation plus étendue. Si l'administration est mauvaise, vicieuse ou faible, les canaux sont obstrués de vase, les digues mal entretenues, les règlements de l'irrigation transgressés, les principes du système d'inondation contrariés par la sédition et les intérêts particuliers des individus ou des localités. Le gouvernement français n'a aucune influence sur la pluie ou la neige qui tombe dans la Beauce ou dans la Brie. Mais, en Égypte, le gouvernement a une influence immédiate sur l'étendue de l'inondation qui en tient lieu. C'est ce qui fait la différence de l'Égypte, administrative sous les Ptolémées, et de l'Égypte déjà en décadence sous les

Romains, et ruinée sous les Turcs. Ainsi, pour que la récolte soit bonne, il faut que l'inondation ne soit ni trop basse, ni trop haute [1]. »

Gouvernement. — Villes principales.

L'Égypte a éprouvé de nombreuses vicissitudes politiques. Longtemps indépendante, elle fut soumise par les Perses, puis par Alexandre et fut un royaume grec. Elle fit ensuite partie de l'empire romain, puis de l'empire arabe. Aujourd'hui elle dépend nominalement de l'empire ottoman, comme province vassale. Elle est gouvernée par un vice-roi à peu près indépendant.

La capitale est la ville du CAIRE (390,000 habitants), grande et curieuse cité. Non loin de là sont les fameuses *Pyramides*, le plus étonnant et peut-être le plus ancien monument qui soit au monde.

Dans l'Égypte inférieure, c'est-à-dire dans le Delta que forment les bouches du Nil, il faut citer **Alexandrie**, le port le plus commerçant de l'Égypte (180,000 habitants). On y trouve encore beaucoup de ruines de l'antiquité.

Rosette et **Damiette** sont situées chacune à l'extrémité d'une bouche du Nil.

Si l'on remonte dans la Haute-Égypte, on remarque des villes ou des villages qui offrent le plus grand intérêt pour l'archéologue et l'historien par leurs ruines magnifiques : **Denderah, Louqsor, Karnak**, ces deux derniers sur l'emplacement de l'ancienne et fameuse ville de Thèbes qui paraît avoir été un amas prodigieux de monuments et de palais. Plus au sud, c'est **Esné**, puis **Assouan, Syout**, etc. Lorsqu'on arrive aux limites de la Haute-Égypte, la navigation du Nil devient impossible ;

[1] Napoléon, *Campagnes d'Égypte et de Syrie.*

le lit du fleuve est embarrassé de rochers, le Nil saute de cataracte en cataracte.

Sur la mer Rouge l'Égypte possède le port de Kosseïr.

Isthme de Suez.

La mer Rouge va devenir pour l'Égypte l'occasion d'une nouvelle prospérité et d'une nouvelle grandeur. Cette mer est mise en communication directe avec la Méditerranée et sera le passage du commerce européen et du commerce asiatique. Ce magnifique travail, aujourd'hui très-avancé, fut entrepris par une société, grâce à l'initiative hardie d'un français, M. de Lesseps, et conduite avec la plus grande énergie malgré les difficultés politiques.

Les actes de cession du canal de Suez datent de 1854 et de 1855. Puis il fallut étudier le terrain, sonder, dresser les plans; la Compagnie de Suez se forma à Paris en 1858; le premier coup de pioche fut donné à Port-Saïd, près de la Méditerranée, le 25 avril 1858. Et voilà le canal presque achevé en 1869.

Port-Saïd, sur la Méditerranée, est une ville qu'on chercherait en vain sur les cartes anciennes: c'est une création de la Compagnie de Suez; tête du canal, elle est déjà une ville importante non-seulement à cause du nombreux personnel employé aux travaux, mais par le mouvement commercial et maritime.

Le canal suit en général une ligne droite jusqu'à *Suez*, au fond de la mer Rouge; il a une longueur de 150 kilomètres. En partant de Port-Said, il traverse d'abord le lac *Menzaleh*, puis le lac *Ballah*, plus loin le lac *Timsah;* enfin les lacs *Amers*. Entre les lacs il a fallu creuser les dunes de sable et quelquefois le roc.

Ismaïlia, vers le milieu du canal est encore une création de la Compagnie : là aboutit le canal d'eau douce qui amène l'eau du Nil.

A l'extrémité de l'isthme, au fond du golfe Arabique, se trouve située **Suez**. Jusqu'à présent cette ville n'offrait pas un grand intérêt. Maintenant la voilà tête du canal maritime, du côté de l'Inde et déjà elle s'est developpée. Sans parler des chantiers nécessités par les travaux, elle est une station très-utile pour la navigation à vapeur; les Messageries impériales françaises y ont fait construire un bassin de radoub. Un chemin de fer relie Suez au Caire d'où une autre ligne ferrée conduit à Alexandrie. En attendant l'ouverture du canal, beaucoup de voyageurs et de marchandises suivaient cette voie malgré les ennuis des transbordements.

CHAPITRE III.

LES ÉTATS BARBARESQUES.

I

GÉOGRAPHIE PHYSIQUE.

Les côtes, les montagnes, l'Atlas.

Les États barbaresques occupent la côte septentrionale de l'Afrique sur une longueur de 4,000 kilomètres. Ils sont enfermés entre la Méditerranée et une mer de sable, le Sahara. On remarque le long des côtes un grand enfoncement qu'on appelle le golfe de la *Sidre*, et des golfes moindres : ceux de *Tunis*, de *Bône*, de *Bougie*, la rade d'*Alger*, le golfe d'*Oran*. Les caps sont assez nombreux : caps *Razat, Bon, Blave*, de *Bizerte ;* caps *Boudjarouz* et *Matifou*. Deux pointes forment, du côté de l'Afrique, le détroit de Gibraltar : le promontoire de *Ceuta* et le cap *Spartel*. Les côtes des États barbaresques se prolongent sur l'Océan atlantique.

Toute cette bande septentrionale de l'Afrique est couverte par un massif de montagnes qui porte en général le nom d'Atlas. Le massif, très-élevé à l'ouest et au centre, va sans cesse en s'abaissant vers l'est et finit en collines du côté de l'Égypte. Dans la région occidentale de l'Atlas, beaucoup de sommets sont couverts de neiges éternelles et le point le plus élevé, le mont Miltsien atteint 3,476 mètres.

De ces montagnes tombent de nombreux cours d'eau qui apportent à cette contrée la fraîcheur si nécessaire sous un climat brûlant, et la fertilité si rare en Afrique. Du côte du midi les eaux de l'Atlas vont se perdre dans les sables du désert, sauf le *Draha* qui, tournant à l'ouest, va se jeter dans l'Océan atlantique. Mais les fleuves bienfaisants sont sur le versant septentrional et se jettent dans la Méditerranée : la *Maloura* qui se grossit de la *Tafna* et de l'*Isly* ; la *Mactah*, le *Chéliff*, le *Harrach*, le *Ouoad-Sahel*, l'*Ouad-el-Kebir*, grossie du *Bummel* ; la *Seibouse*, la *Medjerda*.

Toute cette contrée, dont chaque partie est loin de se ressembler pour le climat et la richesse, est divisée entre l'empire du *Maroc* à l'ouest, l'*Algérie* et la régence de *Tunis* au milieu, la régence de *Tripoli*, à l'est. L'empire du Maroc est indépendant, l'Algérie appartient à la France, la régence de Tunis et celle de Tripoli sont vassales de la Turquie.

II

RÉGENCE DE TRIPOLI.

La régence de Tripoli est bornée au nord par la Méditerranée, au sud par le Sahara, à l'est par l'Égypte, à l'ouest par la régence de Tunis. C'est une contrée plus longue que large habitée surtout par des tribus noniâdes. La population ne s'élève pas à plus dé 600,000 habitants, doñt la religion est le mahométisme.

La cäpitalè est Tripoli, port sur la Méditerranée, d'oü s'ëxpôrtent leš màrchañdiseš ûe l'intérieur : poudre d'or; plümès d'aütrüche, senê. On remarquê aüssi dans l'intérieur la ville de **Ghadamès** et dans la proviñcè dü *Fezzañ,* **Mourzouk,** refídéz-vous dès caravanes qui viennent dü Soûdan. Le söuverain ûé Tripoli porte le titre ûe bey èt fecoñnaît la suzerâineté du sultan de Constantinople.

RÉGENCE DE TUNIS.

Il en est de même pour le souverain de la régence de Tunis. La régence de Tunis, plus peuplée que celle ûe Tripoli (2,400,000 habitants), va du nord au sud, elle est située entre l'Algérie et la régence de Tripoli. La partie septentrionale arrosée par la *Medjerda,* est la plus fertile.

Tunis, la capitale (100,000 habitants), est un port sur la Méditerranée, non loin des ruines de la célèbre Carthage. C'est une ville pittoresque comme les villes orientales mais dont l'intérieur ne répond pas à l'extérieur.

II

ALGÉRIE.

Limites, montagnes et fleuves.

L'Algérie, située au nord du continent africain, est comprise entre le 6ᵉ degré de longitude buest et le 7ᵉ degré de longitude est. — Le Kis èt la Mouloûïa la séparent, à l'ouest, du Maroc, et l'Oued-el-Zaine la sépare, à l'est, dè la régencè de Tunis. Au nord, ellè est bornée par la

Méditerranée et au sud par le Sahara proprement dit ou Grand-Désert.

Du nord au sud, elle a 600 kilomètres, et, de l'est à l'ouest, elle en compte de 850 à 900. En superficie, elle égale environ les 4/5 de la France : elle n'a pas moins de 390,000 kilomètres carrés.

« Qu'on se figure un bloc immense de plus de 800 kilomètres d'étendue, sortant de la mer pour s'élever vers le ciel en douces collines, puis en rudes montagnes (l'Atlas), présentant au nord de vastes flancs sillonnés par d'innombrables vallées, par des plaines majestueusement déployées entre deux chaînes onduleuses, criblées de déchirures et d'enfoncements, de ravins à la fraîche verdure, aux sources abondantes, de coupures abruptes et sauvages, servant de lit à de rapides torrents, ici une végétation vigoureuse et puissante, résistant aux ardeurs du soleil, là des rochers nus, noirs et rougeâtres, aux reflets brillants et nuancés. Voilà la terre d'Afrique dont les armes françaises ont fait la moderne Algérie [1]. »

L'Algérie présente trois grandes divisions naturelles : la région du Tell, la région des plateaux et le Sahara algérien.

Le Tell commence au littoral de la Méditerranée, et s'étend des frontières de Tunis à celles du Maroc, région fertile où les céréales prospèrent.

Les plateaux sont la région formée par la double chaîne de montagnes dont se compose l'Atlas.

Enfin, le Sahara algérien est la région des oasis, sorte de transition entre le sol des plateaux et du Tell, et le sol désolé du Grand-Sahara.

L'Algérie, au point de vue territorial, peut se répartir en deux grandes divisions : au nord, *le Tell*, et au sud, *le Sahara*.

[1] Duval *Tableau de l'Algérie.*

Le Tell, qui commence au littoral de la Méditerranée, s'étend des frontières de Tunis à celles du Maroc,
jusqu'au Sahara.

Il embrasse toute la Kabylie.

Le Sahara comprend d'immenses pâturages, quelques
cultures voisines du Tell, et quelques rares oasis dans
les plaines sablonneuses qui le terminent au sud. En
1861, sa population était évaluée à 600,000 Arabes formant 200 tribus.

L'Algérie est sillonnée, de l'ouest à l'est, par une
immense chaîne de montagnes, l'*Atlas*, divisé en deux
chaînes secondaires : le *Grand* et le *Petit Atlas*. Celui-ci
longe la Méditerranée ; celui-là sépare les États barbaresques (berbéresques) du Sahara. Le plus haut sommet
de l'Atlas est le Miltsin (3,475 mètres). Ses branches les
plus remarquables sont le Djurjura (2,400 mètres), au
sud-est d'Alger, le Mouzaïa, l'Ouanseris, le Djebel-
Amour, le Djebel-Aurès, etc.

La plupart des cours d'eau algériens se jettent dans la
Méditerranée. On distingue : la *Tafna* (autrefois Siga),
le *Chéliff*, l'Oued-el-Kébir ou *Rummel*, la *Seibouse*, le
Medjerdah, etc. L'Oued-el-Djeddi est du nombre des
cours d'eau qui vont se rendre aux lacs salés ou aux
sables du désert.

Les trois provinces de l'Algérie possèdent des lacs
(sebkas), que la saison pluvieuse emplit d'eau, mais qui
se dessèchent pendant l'été.

Le climat du littoral est à peu près celui de l'Espagne,
du Portugal, de l'Italie, de la Provence, de la Grèce.
Celui du Sahara est presque tropical. Sur les plateaux
du Tell on subit quatre saisons, comme au centre de
l'Europe ; mais sur le littoral et dans les plaines du sud,
l'automne et le printemps n'existent pas à proprement
parler. La période des chaleurs commence en juin et

finit en octobre ; la période tempérée embrasse novembre à mai.

Productions

Partout où le sol algérien peut être arrosé, la fertilité est, pour ainsi dire, prodigieuse. Un triple épi était jadis l'emblème de la Mauritanie.

La Flore algérienne est riche et pourrait s'enrichir de la plupart des végétaux qui croissent ailleurs. Signalons ici les céréales (le blé dur, entre autres, qui manque à la France), le maïs, le millet, le riz, l'olivier, le chêne vert, le chêne-liége, le palmier nain, le dattier, le coton, le tabac, la canne à sucre, le mûrier, l'amandier, le grenadier, l'oranger, la vigne, le cyprès, le lentisque, tous les arbres, toutes les plantes potagères du midi de l'Europe.

La Faune ne le cède pas à la Flore. Si, à l'état sauvage, on remarque, parmi les animaux de l'Algérie, le lion, la panthère, le chacal, l'hyène, etc., on trouve, parmi les animaux domestiques, le cheval, le mulet, le chameau, le dromadaire, le bœuf, le mouton, la chèvre, etc.

Le règne minéral présente d'abondantes mines de fer, de mines de plomb, de cuivre, peut-être même des mines argenti-aurifères assez riches pour être exploitées.

Population.

La population non européenne de l'Algérie qui s'élève à 2,700,000 habitants, ne forme point un ensemble homogène.

Il existe des différences essentielles, au point de vue de l'organisation sociale, entre les Arabes et les Kabyles. Ces derniers ont d'autres lois, d'autres mœurs, et leur culte même n'est pas identique. Les Kabyles sont les anciens chrétiens réfugiés dans les montagnes pour y défendre leur liberté. Ils ont sauvé leur indépendance; ils ont gardé les anciennes lois municipales de l'Afrique romaine. Au point de vue civil, leur organisation se rapproche de nos municipalités. Leur mahométisme est mitigé; le Coran n'est pas pour eux la loi civile; ils n'ont pas accepté la polygamie, et, par conséquent, leurs familles sont restées semblables à nos familles d'Europe : tout s'y rapproche de nous.

Les vrais indigènes de l'Algérie et de l'Afrique septentrionale paraissent être les Berbères, qui occupent toute la grande région de l'Atlas.

Divisions et villes principales.

L'Algérie forme trois provinces, d'*Oran*, d'*Alger*, de *Constantine*. Chaque province se compose de deux territoires : le territoire civil et le territoire militaire.

Le territoire civil forme le département. Il comprend : la préfecture, les arrondissements, les commissariats civils ou districts, les communes de plein exercice.

Le territoire militaire comprend : la *division militaire*, la *subdivision*, les *cercles*.

ALGER est le chef-lieu de notre colonie et de la province de ce nom. C'est une grande ville de 70,000 habitants; elle s'étage en amphithéâtre sur le bord de la mer. De magnifiques travaux y ont créé un vaste port. Alger est le siége du gouvernement général de l'Algérie, et d'un archevêché catholique.

Les sous-préfectures de la province d'Alger sont : **Blidah, Médéah, Milianah;** les villes principales : *Orléansville, Cherchell,* port de mer sur la Méditerranée, et *Laghouat* sur le territoire militaire.

La province d'Oran a pour chef-lieu ORAN; sous-préfectures : **Mascara, Tlemcen,** et **Mostaganem** ; les villes principales sont : *Sidi-bel-Abbès*, *Saïda* et *Géry*, ville sur le territoire militaire.

La province de Constantine a pour chef-lieu CONSTANTINE, sous-préfectures : **Bône, Sétif, Philippeville** et **Guelma**. Villes principales : *Bougie*, port sur la Méditerranée, et *Bouçada*, *Batna*, *Bishra*, *Tougourt*, sur le territoire militaire.

L'Algérie est pour la France d'une grande importance militaire et commerciale ; militaire, car la conquête et le soin de garder la colonie ont fait de ce pays une école pour toute notre armée. De plus, c'est une excellente position pour assurer notre influence dans la Méditerranée et sur le continent africain. L'Algérie, de plus, deviendra une source précieuse de richesses agricoles et par suite commerciales. Elle nous envoie déjà les produits de son sol fertile comme la mère-patrie lui envoie les produits de son industrie.

I V

MAROC.

Le Maroc, limité à l'est par l'Algérie, au midi par le désert, à l'ouest par l'Océan atlantique, au nord par la Méditerranée, est très-fertile et très-peuplé, car il comprend huit millions d'habitants. Arrosé par la Malouïa qui se jette dans la Méditerranée et le Draha qui va finir dans l'Atlantique. Il présente l'aspect d'un beau pays ; mais il est mal gouverné par son souverain, qui a le titre d'empereur, et la population opprimée vit dans la misère.

Les villes principales sont : **Fez**, ville ancienne et jadis célèbre parmi les Arabes ; la science orientale y

prospère encore. Elle est aussi industrieuse et renommée pour ses fabriques de soie, de lainage et de
maroquin. MAROC, bien qu'elle soit la capitale de l'empire, est une ville moins importante. L'empereur réside
le plus souvent dans l'agréable ville de **Méquinez**.

Le Maroc compte plusieurs ports actifs : **Tanger**, vers
l'entrée du détroit de Gibraltar lorsqu'on vient de l'Atlantique ; **Salé, Rabat, Mogador, Agadir**. Les Espagnols
possèdent le port et le territoire de **Ceuta**, en face de
Gibraltar.

Dans le désert, le Maroc possède des oasis telles que
celles de *Tafilet* et des *Touats*.

CHAPITRE IV.

RÉGION SAHARIENNE.

I

LE SAHARA.

Le désert et les oasis.

Au delà de l'Atlas s'étend un espace immense, plat, couvert de sables mouvants et semé de loin en loin de terres fertiles qu'on appelle *oasis*; c'est le Sahara. Il est borné au nord par les États barbaresques, à l'est par l'Égypte et la Nubie, au sud par le Soudan et à l'ouest par l'Océan atlantique. Les sables n'occupent pas tout cet espace; certains plateaux couverts d'herbages s'é-lèvent jusqu'à 2,000 mètres au-dessus du niveau de la mer. Les endroits arrosés sont habités par des élé-phants et des sangliers, et on voit errer des bêtes féroces, des lions et des panthères. Les autruches farouches et les antilopes au pied léger peuvent seuls vivre dans l'in-térieur du désert. Quelques plantes isolées semblent avoir été organisées par la nature pour résister aux vents ardents qui d'ordinaire brûlent tout sur leur passage et dont le souffle embrasé renverse l'homme

La principale oasis du désert est celle de *Thouat*, la plus étendue et aussi la plus fertile. On y cultive le blé, l'orge, des arbres fruitiers. Les autres sont celles de *Ghât* et d'*Asben*.

Populations.

Les oasis du Sahara ont pour habitants des populations Berbères qu'on appelle dans l'ouest *Maures Trarzas*, au centre *Touaregs*, à l'est *Tibboust*.

Les *Touaregs*, population la plus intéressante et la plus curieuse à étudier, sont de sang blanc et se gardent soigneusement de toute alliance avec la race nègre qu'ils méprisent souverainement. De haute taille, ils ont le front haut, la poitrine large, les membres allongés et un peu grêles. Ils passent leur existence à convoyer les caravanes.

Les Touaregs forment un peuple essentiellement nomade ; ils n'ont ni villes ni villages ; ils passent leur vie à parcourir leur vaste désert, à escorter et à rançonner les caravanes qui le traversent. Comme le sol sur lequel ils vivent ne produit rien, ils sont obligés d'aller faire leurs provisions dans les villes les plus proches. Ainsi Bornou et Tombouctou sont celles où ils vont le plus communément faire leurs achats, qui se composent exclusivement de couscoussou et de dattes, quand ils ont le moyen d'en acheter. A certaines époques de l'année, il pleut abondamment dans certaines parties du désert ; sitôt que les Touaregs sont prévenus de cet heureux événement, ils transportent leurs tentes et leurs bagages dans la région qui a été privilégiée par les pluies, car l'herbe y croît en abondance et les tribus trouvent de quoi alimenter leurs chevaux.

Les Touaregs sont musulmans superstitieux, mais pas fanatiques. Ils croient aux esprits et aux revenants. Aussi, pour se préserver de leur influence se couvrent-ils la tête et la poitrine d'un grand nombre d'amulettes. Les pratiques du culte se bornent à quelques prières et à quelques ablutions avec de l'eau et du sable ; ils n'ont ni mosquées, ni imans, ni cadis. Les Touaregs de l'est reconnaissent la suprématie religieuse du sultan de Constantinople, tandis que ceux de l'ouest sont soumis à l'empereur de Maroc.

Caravanes.

Comme il n'y a dans le désert ni forêts, ni fleuves, ni montagnes, mais seulement des collines errantes, il est difficile d'indiquer les grandes routes commerciales que suivent les longs convois de marchands. Cependant, d'après les explorations d'intrépides voyageurs tels que *Caillet*, le docteur *Barth*, *Henri Duveyrier*, on sait à peu près les directions que suivent les caravanes pour porter dans les villes de la Méditerranée les produits de l'Afrique intérieure et réciproquement.

A l'ouest, la voie la plus suivie est celle qui va de *Fez* à *Tombouctou*, dans le Soudan, et qui passe par *Tafilet* et l'oasis de *Touát*. Au centre, il y a la route commerciale d'*Alger* à *Tombouctou* et à *Kanou*, c'est celle qui intéresse le plus notre colonie, car elle servira à la relier par terre à notre colonie du Sénégal.

Enfin, à l'est, plusieurs caravanes vont de Tripoli et de Tunis aux différentes contrées du Soudan. Elles ont pour étapes *Ghadamès*, *Moursouk*, *Agadès* et *Bilma*.

C'est au printemps que les caravanes se mettent en mouvement ; elles savent que les Touaregs ou d'autres tribus les guetteront au passage ; aussi le chef des plus prudentes s'entend-il avec le chef le plus voisin qui lui donne quelques cavaliers sous la sauvegarde desquels la caravane continuera sa route, en payant à tous, jusqu'à destination, et selon l'importance des marchandises, un impôt forcé. Les plus grandes cependant passent hardiment fortes de leur nombre, mais ce n'est pas sans être harcelées ni sans faire beaucoup de pertes. Ce qui est étrange, c'est que les individus de ces peuplades de pillards fréquentent ouvertement les grands marchés du nord de l'Afrique où ils apportent du pays des nègres de la poudre d'or, des défenses d'éléphants, des peaux tannées pour les tentes, du poivre rouge et des dépouilles d'autruche.

II

SOUDAN.

Limites et aspect.

Lorsqu'on a traversé le désert, on rencontre un pays non moins vaste, non moins brûlé par le soleil, mais arrosé, relativement fertile, et qu'on nomme le Soudan ou la Nigritie. Ce pays, qui s'étend en général sur toute la largeur de l'Afrique, est compris entre le Sahara au nord, la Sénégambie à l'ouest, la Guinée au sud et le plateau inexploré de l'Afrique méridionale, à l'est la Nubie. On appelle ce pays la *Nigritie* ou pays des noirs, cela ne veut pas dire que toutes les populations appartiennent à la race nègre.

Il est divisé en deux grands versants, le bassin du Niger ou fleuve noir, et le bassin du lac Tchad.

Bassin du Niger.

Le bassin de ce fleuve occupe la partie occidentale du

Soudan et c'est un des plus importants de l'Afrique, mais il est à peine connu d'hier dans toute son étendue. Le Niger, dont on a ignoré longtemps la direction, a été étudié et suivi dans son cours par un grand nombre de voyageurs, surtout par *Mungo-Park* (1795 à 1803), qui périt noyé dans le fleuve près de Boussa ; par l'Allemand *Boentgen*, assassiné près de Tombouctou ; par *Clapperton* (1823), par *Ling* (1825), *Caillet* (1828), *Lander* (1830), *Barth, Richardson*. On avait cru longtemps que ce fleuve se perdait dans le lac *Tchad*, ou même dans le Nil, mais maintenant on connaît son cours et on sait que, prenant sa source dans les monts de *Kong*, en Guinée, il trace un vaste demi-cercle, puis revient se jeter dans le golfe de Guinée par plusieurs embouchures ; son principal affluent est la belle rivière de *Tchaada* ou *Benoué*.

Le bassin du lac *Tchad* a été exploré par les voyageurs *Clapperton, Richardson, Barth, Overweg*. Les principaux cours d'eau qui se jettent dans le *Tchad* sont le *Charry* et le *Yeou*.

Divisions et villes principales.

La région du Niger ou Soudan occidental est occupée par les *Touaregs*, les *Fellatahs* et les *Bambarras*. On y trouve entre autres villes Tombouctou, si célèbre par les relations des voyageurs. Tombouctou, après laquelle soupire les caravanes fatiguées, n'est pourtant qu'un amas de maisons en terre mal construites, au milieu de plaines immenses de sables mouvants, mais cette ville est le centre du commerce de l'intérieur de l'Afrique et on y vient faire fortune.

Les autres villes de la vallée du Niger sont : Segou, dans le bassin supérieur, et Boussa, sur le cours inférieur.

Quant à la partie centrale du Soudan, elle comprend l'empire de *Bornou*, les royaumes de *Bagherné* et de *Bergou* ; les villes principales sont **Kouka** et **Kanou**, deux villes commerciales.

Le reste du Soudan ou la partie orientale appartient au bassin du Nil et nous l'avons déjà décrite.

III

SÉNÉGAMBIE.

Possessions européennes.

Sur le revers opposé des montagnes où le Niger prend sa source, naissent deux fleuves moins importants qui s'en vont droit à l'Océan Atlantique en arrosant un pays montagneux et fertile, c'est le *Sénégal* et la *Gambie*; on a réuni les deux noms et on a appelé le pays *Sénégambie*.

La Sénégambie s'étend entre le Sahara au nord, le Soudan à l'est, la Guinée au sud et l'Océan Atlantique à l'ouest. Le développement de ses côtes est assez considérable et on y remarque surtout un des principaux caps de l'Afrique, le cap *Vert*. Les côtes sont partagées entre la France et l'Angleterre, mais la France y domine surtout : elle a soumis à son influence les peuplades de la vallée du Sénégal. C'est surtout depuis 1855 que notre domination a fait des progrès dans l'intérieur des terres sous l'administration de M. Faidherbe. Le pays *Oualo* a été constitué en province française ; nous avons forcé à la soumission les peuples du *Cayor*, du *Fouta*, du *Bondou*, du *Bambouc*. Un officier français, le lieutenant Lambert, a exploré les montagnes du Fouta-Djalloun dans lesquelles le Sénégal et la Gambie prennent leurs sources.

La capitale de notre colonie est SAINT-LOUIS, à l'embouchure du Sénégal, et les principaux ports établis sur le fleuve sont **Dagana**, **Podor**, **Bakel**... Nous possédons aussi auprès du cap Vert l'île de *Gorée* et la ville de *Sedhiou* sur la rivière de Casamance.

Les Anglais tiennent l'embouchure de la Gambie par les comptoirs de **Bathurst** et d'**Albreda**.

Les Portugais ont conservé de leurs anciennes possessions l'archipel des îles *Bissagos*.

La Sénégambie offre une végétation splendide, beaucoup de forêts et on y trouve la gomme, l'ivoire, la poudre d'or ; on y récolte le coton et des graines oléagineuses. La population appartient en général à la race nègre.

IV

LA GUINÉE.

Possessions européennes.

Au-dessous du Sénégal, la côte africaine décrit une courbe très-prononcée qui porte le nom de *Guinée*. La Guinée s'étend depuis le Sénégal jusqu'au cap *Frio*, dans la partie méridionale de l'Afrique. On la divise en Guinée septentrionale et Guinée méridionale ; c'est le cap *Lopez* qui marque la séparation.

La première occupe un des versants des monts de Kong, il est arrosé par la rivière de *Sierra Leone*, par le cours inférieur du *Niger* et l'*Ogoway*. La Guinée méridionale est traversée dans sa largeur par la chaîne du *Congo* et arrosée par le fleuve *Congo* ou *Zaïr* et par le *Coanza*. Cette partie de l'Afrique a été surtout explorée par l'Anglais *Livingston*.

Les côtes de la Guinée septentrionale portent des noms pittoresques : côte des *Graines*, côte des *Dents*, côte d'*Or*, côte des *Esclaves*, noms qui proviennent de la nature du commerce que l'on y fait en poivre, en ivoire, en poudre d'or, et qu'on y faisait en esclaves avant l'abolition de la traite.

Les Anglais y ont pour principaux comptoirs **Freetown, Cap-Coast, Bonny, et Vieux-Calabar.**

Les Français ont des établissements à **Grand-Bassam, Assinie** et d'autres beaucoup plus au sud sur la côte de **Gabon.**

Les Portugais ont les îles de *Saint-Thomas* et du *Prince ;* les Espagnols celles d'*Annobon* et de *Fernando-Po*.

L'intérieur du pays est divisé en un grand nombre de royaumes nègres dont les principaux sont au nord, ceux des *Achantis*, de *Dahomey* et de *Benin*, qui ont pour villes principales, le premier : **Coumassi ;** le second **Ahomey,** le troisième **Benin.**

On connaît trop la barbarie des habitants de ces pays et les cruautés du roi de Dahomey qui fait encore des sacrifices humains.

Au sud, la Guinée compte deux royaumes assez importants, l'*Ohango*, avec une capitale du même nom, et le *Congo*, capitale San-Salvador. De ce côté, les Portugais ont gardé quelques-unes de leurs anciennes possessions dont les chefs-lieux sont : **Saint-Philippe de Benguela** et **Saint-Paul de Loenda.**

V

ILES AFRICAINES.

Nous avons dit qu'à une certaine distance de l'Afrique se trouvaient des îles qui dépendent cependant de ce continent. Les îles *Madère* appartiennent au Portugal, et la principale, *Madère*, est célèbre par ses vins. Les îles *Canaries*, autrefois îles Fortunées, remarquables par leur fertilité, appartiennent à l'Espagne ; elles sont au nombre de sept. Les Portugais ont encore les îles du cap *Vert*, au nombre de dix, et produisent de l'indigo, des oranges et des citrons. Enfin l'Angleterre possède deux rochers, l'*Ascension* et *Sainte-Hélène*.

CHAPITRE V.

RÉGION AUSTRALE ET ORIENTALE.

I

AFRIQUE AUSTRALE.

Colonie du Cap.

La pointe qui termine l'Afrique comprend : le pays des Hottentots, les républiques du fleuve Orange et la Colonie anglaise du cap de Bonne-Espérance.

C'est une région montagneuse, surtout dans la colonie du cap, traversée par la chaîne des monts *Nieuweld*. Le fleuve principal est le fleuve *Orange* qui limite au nord la colonie; c'est un des fleuves les plus importants de l'Afrique méridionale, et sa vallée est des plus fertiles.

Les républiques qui occupent la vallée du fleuve Orange et parmi lesquelles il faut citer celle de *Transvaal*, doivent leur origine aux Hollandais qui, autrefois, possédaient la colonie du Cap. Elles sont aujourd'hui indépendantes.

La colonie du *Cap*, qui fut autrefois une des principales colonies de la Hollande, appartient aujourd'hui à l'Angleterre, elle se divise en trois provinces : *province occidentale, province orientale* et *Cafrerie anglaise.* On y trouve encore une nombreuse population d'origine hollandaise. Les villes principales sont : LE CAP, belle ville très-fortifiée qui s'étend au pied des montagnes de la Table et du Lion ; situé sur la rive d'une baie, le Cap a dû sa prospérité à sa position qui en faisait le point de relâche des navires voyageant autour de l'Afrique. Cette ville perdra sans doute de son importance par suite du percement de l'isthme de Suez. Les autres ports sont : **Port-Élisabeth** et **Ast-Landon,** sur l'océan Indien.

La population totale de la colonie s'élève à 300,000 habitants ; la population indigène se partage entre les nègres, les Hottentots et les Caffres.

« Les Hottentots indigènes sont condamnés à disparaître comme peuple ; réduits à une trentaine de mille, ils fournissent aux colons des ouvriers et des domestiques, au gouvernement des soldats, et se trouvent sur cette terre, dont ils ont été les seuls possesseurs, dans une situation des plus précaires, bien qu'ils jouissent, depuis l'abolition de l'esclavage, de tous les droits civils et politiques. Cette égalité, dont ils sont dignes par leur instruction (car tous savent lire et écrire), hâtera leur fusion dans la population d'origine européenne. Quelques groupes détachés sont encore indépendants, mais disparaîtront de même sous l'action progressive de la civilisation ; ce sont les Namaquois, qui ont dressé leurs tentes à l'embouchure du fleuve Orange, les Korannas, qui s'étendent le long de la rive gauche de la rivière du Fol, et les Boschmen ou Hommes des Buissons, qui stationnent dans le désert du Kalhari. Ces derniers sont les bohémiens de la race du sud de l'Afrique ; ils

vivent en grande partie de vols et de brigandage, et
les noirs comme les blancs leur font une guerre incessante [1]. »

II

AFRIQUE ORIENTALE.

Côtes de Mozambique et de Zanguebar. — Le Zambèze.

Remontons maintenant la côte orientale : longée par
la chaîne des monts Lupata, elle ne contient guère
qu'une vallée un peu profonde, celle du *Zambèze*; encore cette vallée n'est-elle bien connue que depuis les
voyages du missionnaire anglais Livingston [2] (1849 à
1856). Le *Zambèze*, ainsi qu'un autre fleuve plus au sud,
le *Limpopo* servent, avec leurs affluents, d'écoulement à
de grands lacs qui se trouvent dans l'intérieur de l'Afrique et dont les voyages de *Livingston*, de *Burton*, de
Balwin, nous ont révélé l'existence. Les principaux de
ces lacs sont le *Ngnami*, le *Nyassi* et le *Tanganyika*.

Le Zambèze est remarquable par ses cataractes. Livingston en découvrit une fameuse que les Makololos
appellent dans leur langage fumée retentissante. « Elle
s'annonce par un bruit sourd semblable à un roulement
lointain et continu de tonnerre et par des colonnes de
vapeur dont le sommet, au moment où il les aperçut, se
confondait avec les nuages ; blanches à leur base, ces

---

[1] C. Cailliate, l'*Afrique australe* (Revue des Deux-Mondes).

[2] L'Afrique australe avant été déjà explorée dans plusieurs de ses parties par Le Vaillant, le missionnaire anglais, par les missionnaires protestants français, Daumas et Arbousset, qui ont entrepris un voyage d'ex-
ploration chez les Mantétis et les Korannas.

colonnes, en s'épanouissant dans les airs, prenaient une nuance noirâtre. Les bords du fleuve ainsi que les îles dont il est embelli, étaient couvertes des plus beaux ombrages.

« Bien que les eaux fussent basses, le fleuve mesurait encore 1,700 mètres de largeur. Le voyageur se fit transporter dans une petite île qui surplombe le gouffre. Ce passage, quelque court qu'il soit, ne peut se faire avec sécurité dans la saison pluvieuse ; le courant est alors trop rapide pour permettre aux plus vigoureux rameurs de l'affronter sans danger. Même dans les autres saisons, le passeur a soin de mettre son esquif à l'abri d'un malheur en le frottant d'une poudre sacrée : et il déclare en outre que cette poudre ne conserve sa vertu qu'autant que les voyageurs gardent le silence le plus profond : admirable précaution qui met la prudence sous l'égide de la superstition, car la plus légère distraction du timonier pourrait entraîner le bateau dans l'abîme. Aucune langue, quelque riche qu'elle soit, aucun pinceau, même entre les mains du génie, ne pourrait reproduire ni pour les yeux ni pour l'esprit cette merveille du monde. Le frère de Livingston, qui a visité cette cataracte en 1860, ne craint pas d'avancer que la chute du Niagara, qu'il connaissait aussi, ne pouvait lui être comparée. Une crevasse de plus de 200 pieds de large s'étend d'une rive à l'autre. Le fleuve s'y précipite par une chute perpendiculaire de près de 400 pieds ; or, comme le fond est moins large que l'orifice, l'eau s'y trouve violemment comprimée et produit de splendides colonnes de vapeur qui s'élèvent dans les airs. En plongeant son regard dans le gouffre, Livingston vit la nappe d'eau, qui était d'abord restée intacte comme une glace convexe, se briser en myriades de fragments à formes étoilées, et se convertir en une couche neigeuse d'une blancheur éblouissante sur laquelle se dessinaient à droite les vives couleurs de deux arcs-en-ciel. Sur sa gauche, il pouvait suivre les flots impétueux qui se précipitaient en bouillonnant vers l'étroite issue que le travail de la nature leur avait ouverte. Les particules écumeuses qui s'en détachaient brillaient au soleil comme des étincelles électriques. Livingston était le premier européen qui eût visité cette cataracte ; il se crut donc autorisé à lui donner le nom de chute de Victoria. Elle se trouve sous le 23° 21' de longitude est et le 17° 51' de latitude sud.

« On croyait que le Zambèse se déchargeait dans l'océan Indien par deux branches principales, qui formaient avec la mer un triangle équilatéral dont chaque côté mesurait une centaine de kilomètres. La branche septentrionale sur laquelle est construite Quilimané passait pour l'embouchure du fleuve. Une carte, sortie il n'y a pas longtemps des bureaux du ministère des colonies portugaises, la donne encore comme telle ; c'est une erreur. Livingston prouve que cette branche est indépendante du fleuve, car elle a dans les eaux basses de véritables solutions de continuité avec lui. Elle est alimentée par quatre affluents qui viennent du nord ; aussi porte-t-elle parmi les indigènes un nom particulier, le Couacoua. Ce n'est que dans la saison pluvieuse qu'elle se relie au Zambèze par des canaux naturels qui se cachent au milieu d'un fouillis épais de plantes marines. Le vrai Zambèze est la branche qui coule au sud et se décharge dans la mer par cinq bouches principales, en formant une delta d'environ 40 kilomètres de base[1]. »

[1] C. Cailhate, l'*Afrique australe* (Revue des Deux-Mondes, 1er avril 1866).

La côte est divisée entre la colonie anglaise du Natal, la Caffrerie, les établissements portugais de Mozambique, de Zanguebar et le pays de Somâl. La colonie anglaise de *Natal* a pour ville principale NATAL, sur l'Océan Indien, ville appelée ainsi, parce qu'elle fut découverte par Vasco de Gama, le jour de la Nativité. La colonie est nouvelle mais déjà florissante.

La Caffrerie, soumise en partie à l'influence des Anglais, est habitée par une race à part, les Caffres (ou infidèles); différente de la race nègre, moins noire, moins luisante, elle a des traits plus réguliers et un caractère plus énergique. Les Caffres ne vivent que de la chasse, ils se couvrent de peaux; quelques tribus sont encore antropophages.

La côte de Mozambique appartient aux Hollandais, qui en ont fait une capitainerie générale. Contrée fertile, riche en céréales, en forêts, en mines et en éléphants; elle a pour capitale MOZAMBIQUE, située sur une petite île et une petite baie du même nom. On remarque plus au sud le port de **Sofala**, renommé par son or, et la ville de **Quilimané**, près des bouches du Zambèze. Cette colonie sert aussi au Portugal de lieu de déportation.

La côte de Zanguebar très-longue, peu fertile, peu peuplée est presque toute entière soumise au sultan arabe de Maskate. Les villes principales échelonnées sur cette côte sont le port de **Quiloa**; **Zanzibar**, qui est la capitale de la contrée et située dans une île; **Melinde** très florissante autrefois, maintenant déchue, **Lamo** et **Patta**. La population compte, outre les nègres indigènes, beaucoup d'Arabes.

La pointe que forme l'Afrique dans l'Océan Indien et qui se termine par le cap *Guardafui*, comprend le pays de **Somale**, et au sud de l'Abyssinie, la côte d'*Adel* et la côte d'*Agen*. Le Somale est le pays de l'or, de la myrrhe, de l'encens, de l'ivoire, de la gomme arabique. Les habitants, les Somali sont d'origine arabe et professent la religion mahométane.

Iles africaines de l'Océan Indien.

Dans l'Océan Indien, on remarque un grand nombre d'îles plus importantes que celles de l'Océan Atlantique.

C'est d'abord la grande île de Madagascar dont les côtes sont marécageuses et insalubres, mais dont l'intérieur est montagneux et très-fertile. Cette île qui a 1,700 kilomètres de longueur et 400 de large, se trouve en face de la côte de Mozambique dont elle est séparée par un canal qui porte le nom de la côte. Elle compte une population d'environ 2,000,000 d'âmes : les habitants, nommés Madécasses ou Malgaches, se divisent en Arabes, nègres et en hommes d'une autre race qui ressemble aux Malais; ce sont les *Hovas* qui dominent l'île presque entière. Ces peuplades ont pour capitale TANANARIVE dans le centre.

Les Français ont eu autrefois des établissements à Madagascar, surtout à **Tamatave** sur la côte orientale, et nous y avons conservé quelque influence.

Autour de Madagascar se trouvent les petites îles de *Sainte-Marie* à l'est, de *Mayotes* et de *Nossi-bé* au nord-ouest, qui appartiennent à la France.

A l'est de Madagascar on rencontre le groupe des îles *Mascaraygnes* qui comprennent l'*île Bourbon* ou de *la Réunion* appartenant à la France, l'*île Maurice* (ancienne île de France) et l'*île Rodrigue* appartenant aux Anglais.

L'*île Bourbon*, d'une fertilité merveilleuse et d'un climat très-sain, a pour capitale la ville de SAINT-DENIS, très-agréablement construite et qui compte 20,000 habitants.

L'*île Maurice*, également très-belle, a pour chef-lieu

Port-Louis, 70,000 habitants. La population de cette île est encore en partie française de langage, de mœurs et de cœur.

Les Anglais possèdent en outre le groupe des *îles Seychelles* et le groupe des *îles Amirantes* ; enfin, au nord et vis-à-vis du cap Gardafui, se trouve la grande île de *Socotora* sur les côtes de laquelle on pêche le corail ; elle appartient à un prince arabe.

Résumé des possessions européennes.

En Asie, c'est la Russie et l'Angleterre qui dominent; en Afrique, la France reprend le premier rang. Sans doute les Anglais ont pris soin, comme toujours, d'envelopper l'Afrique de leurs comptoirs et de leurs forteresses : *comptoirs de la Gambie*, *îles de l'Ascension* et *Saint-Hélène* dans l'Atlantique, *colonie du Cap* au sud de l'Afrique, *îles Maurice, Rodrigue, Seychelles* dans l'Océan Indien. Mais ces colonies perdront de leur importance par suite du percement de l'Isthme de Suez, et ce n'est pas le petit rocher de *Périm* dans la mer Rouge, la ville d'*Aden* en Arabie qui sont de nature à leur procurer les avantages qu'ils tiraient de leurs colonies africaines, lorsque le cap de Bonne-Espérance était la seule route ouverte au commerce.

La France, au contraire, a contribué au percement de l'isthme de Suez et elle exerce encore une certaine influence sur l'Égypte. Le canal de l'isthme de Suez la rapprochera de sa colonie de la *Réunion*, et peut-être essayera-t-elle alors de rappeler ses droits sur Madagascar. Enfin elle s'établit solidement sur deux points du continent africain, dans la vallée du *Sénégal* et dans l'*Algérie*. Ces deux colonies, quoique éloignées l'une de l'autre, peuvent se relier à travers le désert, et alors s'ouvrira pour elles une ère nouvelle de prospérité.

LIVRE V.

L'AMÉRIQUE.

CHAPITRE I.

GÉOGRAPHIE GÉNÉRALE.

Amérique septentrionale.

Lorsqu'en 1492 Christophe Colomb naviguait vers
l'ouest en cherchant à atteindre les Indes, il heurta sans
le savoir un immense continent ignoré jusqu'alors et qui
s'interposait entre l'Europe et l'Afrique. Ce nouveau
continent, qui prit le nom d'un autre navigateur, *Ame-
rico Vespucci*, et que nous appelons *Amérique*, est
presque aussi grand que l'Asie. Il est enveloppé à
l'ouest par l'océan Atlantique, à l'est par l'océan Pacifique, et au nord par des glaces que les navigateurs les
plus audacieux n'ont pu franchir.

C'est un continent en deux parties. Coupez l'isthme
de Panama et vous aurez deux îles immenses, présentant la première une sorte de quadrilatère ; la seconde
un immense triangle.

L'Amérique septentrionale est creusée sur sa côte

orientale par l'océan Atlantique qui forme : le golfe du Mexique, la mer des Antilles, le golfe du Saint-Laurent, la mer d'Hudson, la baie de Baffin.

La côte occidentale est moins découpée et l'océan Pacifique ne forme de ce côté que le golfe de Californie.

L'Amérique septentrionale toucherait à l'extrémité nord de l'Asie sans le détroit de *Behring*, entre l'océan Pacifique et l'océan Glacial.

La mer de *Baffin*, qui dérive de l'océan Atlantique, communique avec lui par le détroit de *Davis*, entre le Groënland et le Cumberland. Elle communique avec l'océan Glacial par les détroits de *Lancastre*, de *Barrow* et du *Prince de Galles*.

Le détroit d'*Hudson* fait communiquer la mer d'Hudson avec l'océan Atlantique.

Les îles sont très-nombreuses entre l'océan Glacial et l'océan Atlantique et ce ne sont rien que des terres désolées. En descendant vers le sud, on rencontre dans l'océan Atlantique la grande île de *Terre-Neuve*, les îles du *Prince Édouard*, d'*Anticosti*, du cap *Breton* qui se trouvent dans le golfe du Saint-Laurent. Plus au sud, les îles *Bermudes*, les îles *Lucayes* ou de *Bahama* et l'archipel des *Antilles*, qui se divise en grandes Antilles et petites Antilles.

Dans l'océan Pacifique on remarque les îles *Aléoutiennes*, *l'archipel du roi Georges* et du *prince de Galles*, *l'île de la reine Charlotte* et *l'île Van Couver*.

Les pointes que pousse l'Amérique septentrionale dans la mer sont : le cap du *Prince de Galles*, à l'entrée du détroit de Behring, le cap *San-Lucas*, à l'extrémité de la vieille Californie, et, à l'est : les caps *Catoche*, à l'extrémité de la presqu'île *Yucatan*, le cap *Agi*, à l'extrémité de la presqu'île de Floride ; ces deux caps semblent aller à la rencontre l'un de l'autre et marquent l'entrée du golfe du Mexique ; enfin, au nord, le cap *Charles*; le cap *Farewell* termine le Groenland.

Le système montagneux de l'Amérique, des plus simples, est formé par une longue chaîne de montagnes qui parcourt la contrée du nord au sud, la divisant en deux grands versants, celui du Pacifique, à l'ouest, celui de l'océan Glacial et de l'Atlantique au nord et à l'est. La chaîne de montagnes porte le nom de *Montagnes Rocheuses*, puis de *Cordillières du Mexique* et du *Guatemala*. Elle se tient toujours plus près de la côte occidentale, de sorte que le versant du Pacifique est beaucoup moins étendu. Les principaux fleuves de ce versant sont le *Frazer*, l'*Orégon*, le *Sacramento* et le *Rio Colorado*.

L'autre versant est immense, parcouru par de grands fleuves. Dans l'océan Glacial se jette le *Mac-Kensie*, dans le bassin duquel on remarque beaucoup de lacs. Dans l'océan Atlantique se jettent le *Saint-Laurent* qui écoule les eaux de cinq grands lacs, *Ontario*, *Érié*, *Huron*, *Michigan* et *Supérieur*; puis l'*Hudson*, la *Delaware*, le *Potomac*, la rivière *James*, etc. Enfin le *Mississipi*, le roi des fleuves de l'Amériqu du Nord, se jette dans le golfe du Mexique ainsi que le *Rio del Norte*.

Amérique méridionale.

Le même système de montagnes se continue à travers l'Amérique du Sud d'une manière bien plus accentuée encore, car les montagnes qu'on appelle les *Cordillières des Andes* serrent de très-près toute la côte occidentale, de telle sorte que le versant du Pacifique n'a pas de fleuve digne d'être nommé.

Les eaux qui tombent de ces montagnes et des chaînes secondaires s'en vont donc presque toutes à l'océan Atlantique par des fleuves nombreux et qui presque tous se déroulent majestueux et abondants à travers des plaines immenses. C'est d'abord le *Magdalena*, qui tombe dans la mer des Antilles, puis l'*Orénoque*, qui se jette dans l'Atlantique, puis le fleuve des *Amazones*, le plus large du monde, le *Rio San-Francisco*, le *Parana* et l'*Uruguay*, dont la réunion forme le *Rio de la Plata*, enfin le *Rio Negro*.

Les côtes de l'Amérique méridionale sont en général peu déchirées; cependant on y remarque : le golfe de *Darien*, formé par la mer des Antilles, le golfe des *Amazones* et du *Rio de la Plata*, formés par l'océan Atlantique, le golfe de *Panama* et de *Guayaquil*, formés par l'océan Pacifique. La pointe méridionale a été brisée par la mer qui a formé ainsi plusieurs îles, la *Terre de Feu* et l'archipel de *Magellan*, îles séparées du continent par le détroit qui porte le nom du célèbre navigateur. On remarque en outre dans le Pacifique, et tout près de la côte, l'archipel de la *Mère de Dieu*, l'île de *Chiloé* et les îles de *Juan Fernandez*. Dans l'océan Atlantique et au sud on n'aperçoit que les îles *Malouines*.

Les principaux caps sont à l'est : le cap *Saint-Roch*, qui forme la pointe extrême du Brésil, le cap *Horn*, au-dessous de la Terre de Feu ; à l'ouest le cap *Blanc*, le cap *Saint-François* et le cap *Corrientes*.

La superficie des deux Amériques est d'environ 38,000,000 de kilomètres carrés de superficie ; la population de 75,000,000 d'habitants qui se divisent en blancs et gens de couleur. On appelle gens de couleur les nègres, les mulâtres nés de blancs et de nègres, les quarterons nés de blancs et de mulâtres. La population européenne tend à coloniser ces vastes régions où de longtemps la terre ne manquera pas à l'homme.

CHAPITRE II.

I

TERRES ARCTIQUES.

Passage du Nord-Ouest.

Au nord de l'Amérique septentrionale se trouvent, nous
l'avons dit, beaucoup de terres désolées, baignées ou
plutôt enfermées par l'océan Glacial arctique. Elles ont
été successivement découvertes par des navigateurs anglais préoccupés de chercher au nord de l'Amérique un
passage plus court pour se rendre en Chine et au Japon.
En 1576, *Forbisher* découvrit la plus grande terre, le
Groënland, puis *Davis* (1585) explora le détroit qui porte
son nom, *Hudson* (1607-1610) découvrit la mer d'Hudson, *Baffin* (1610) celle de Baffin. En 1725, un Danois,
Behring part de la Russie et découvre le détroit de Behring. Puis dans notre siècle se succédèrent, dans ces parages dangereux, les Anglais *Parry*, *Ross* et sir *John*

Franklin. Franklin découvrit, en 1837, le passage nord-ouest que l'on cherchait depuis plusieurs siècles, mais en 1845 il repartit pour de nouvelles expéditions et on ne le revit plus. Ce n'est pas qu'on n'essaya de retrouver ses traces et de s'informer de son sort. Jusqu'en 1859 on espéra toujours le retrouver, car on pensait qu'il pouvait être enfermé dans quelque île, mais le nombre d'années écoulées détruit maintenant tout espoir.

Ses voyages toutefois eurent pour résultat de compléter les connaissances géographiques dans l'Amérique du nord.

Mac-Lure, parti du détroit de Behring, passa entre l'île Melville et l'île de Bankes, et rendit plus complète la connaissance du passage nord-ouest qui toutefois restera impraticable pour le commerce.

En 1854, un voyageur américain, *Kane* s'avança jusqu'au delà du 81° degré latitude nord, et aperçut une mer libre de glaces, qu'on appela de son nom. Personne n'avait hiverné au Groënland sous une latitude aussi septentrionale. Un de ses compagnons *Morton,* contourna le cap Jackson : il vit un cheval libre et une prodigieuse quantité d'oiseaux; des phoques se jouaient sur les eaux ; sur la terre quelques plantes épanouissaient leurs fleurs. Morton arbora le drapeau étoilé de l'Union américaine au sommet du cap Constitution, à 81° 22' degré de latitude, et sur la terre la plus rapprochée du pôle que l'homme ait jamais foulée. Au loin, dans le nord-ouest, au-delà du 82° degré, s'élevait une haute montagne : Elle reçut le nom de *Parry.*

On ne désespère point d'atteindre le pôle nord, et des expéditions s'organisent encore pour réaliser de ce côté la conquête géographique la plus importante.

Possessions du Danemark.

Ce sont les pêcheurs danois qui se sont établis dans les terres arctiques, principalement dans le Groenland et dans l'île d'Islande ; ils profitent des quelques mois où la température s'échauffe pour s'occuper de la pêche de la baleine. Le chef-lieu des établissements danois au Groënland est *Upernawick*. La population indigène, les Esquimaux, habite en général dans des trous de rochers et se couvre de peaux de phoques. Dans l'île d'Islande, on trouve un volcan encore en éruption, l'*Hécla* ; la ville principale de l'Islande est *Reikiawick*.

II

LA NOUVELLE-BRETAGNE.

Possessions anglaises.

La Nouvelle-Bretagne qui occupe la partie nord de l'Amérique septentrionale, s'étend entre les terres arctiques au nord, l'océan Pacifique et les anciennes possessions de l'Amérique russe à l'ouest et l'océan Atlantique à l'est. Elle est creusée au nord par la mer d'Hudson.

La grande arête de partage des eaux de l'Amérique, la coupe tout près de la côte occidentale, déterminant ainsi, vers l'est, l'écoulement de la plus grande partie de ses eaux. Dans l'océan Pacifique ne tombe guère que le fleuve *Fraser*. Au contraire de l'autre côté, on remarque le *Mackensie* qui se jette dans l'océan Glacial et dont les affluents forment le lac *des Esclaves* et du *Grand Ours* ; la *Severn*, par laquelle s'écoulent dans la mer d'Hudson, les deux lacs *Ouinipeg* ; puis le magnifique fleuve le *Saint-Laurent*, qui se jette dans l'océan Atlantique. Tout le nord de ce pays est froid, désert et stérile. En Amérique, la diminution graduelle de la température moyenne, à mesure que l'on s'élève en latitude, est beaucoup plus rapide qu'en Europe, et ses régions sont plus désolées que les parties septentrionales de notre continent.

La Nouvelle-Bretagne possède une grande quantité d'animaux à fourrure précieuse.

Divisions politiques.

Les Anglais, qui occupent ce pays depuis 1763, l'ont divisé en neuf provinces :

A l'ouest la *Colombie britannique* dont dépend l'île *Van-Couver* et l'île de la *Reine Charlotte*. Cette région, située entre les montagnes Rocheuses et le Pacifique, est une des moins âpres; importante par ses mines d'or et par ses forêts, elle a pour capitale **Victoria**.

Au nord, le *territoire de la compagnie de la baie d'Hudson* couvert de grands lacs, d'immenses forêts et de glaces.

A l'est, l'île importante de *Terre-Neuve*, qui a longtemps appartenu à la France; sur les côtes la pêche de la morue est très-active. Les Français possèdent encore, au sud de cette grande île, les îlots de *Saint-Pierre* et de *Miquelon*, ainsi que le droit de pêche sur une partie des côtes de Terre-Neuve et du *Labrador*.

Puis à l'extrémité nord-est l'île du *Prince Edouard*, capitale : **Charlotte-Town**; la presqu'île de la *Nouvelle-Ecosse*, capitale : **Halifax**; le *Nouveau-Brunswick*; capitale : **Frédérick-Town**; enfin le *Canada*.

Le Canada.

Situé dans le bassin du fleuve Saint-Laurent et des

grands lacs qui s'écoulent dans ce fleuve, le Canada est un pays pittoresque, varié, fertile, qui autrefois nous appartenait. On y retrouve encore aujourd'hui, avec son costume et sa langue, sa religion et ses usages, ses seigneurs et ses vassaux, le siècle de Louis XIV en personne. « Ce n'est pas précisément celui de Versailles, a-t-on dit avec raison, non, c'est le xviie siècle de la Basse-Normandie et du Poitou, avec son allure un peu lourde et son accent traînard, mais aussi avec un poignet de fer, un cœur brave, mille qualités solides; franchise, politesse et prévenances envers l'étranger ; enfin, ce qui à nos yeux ne doit rien gâter, la douce souvenance de la vieille terre qui a nourri les aïeux. »

On divise le Canada, qui depuis 1763 appartient à l'Angleterre, en *Bas-Canada* et *Haut-Canada*.

Le Haut-Canada, qui occupe la région des grands lacs (*Supérieur, Michigan, Huron, Erié, Ontario*), mais qui ne s'étend que sur leurs rives septentrionales, a pour capitale OTTAWA, sur un affluent du Saint-Laurent, et pour villes principales Toronto, la plus grande ville, 50,000 habitants, agréablement située sur le lac Ontario; Kingston, à l'endroit où le Saint-Laurent sort de l'Ontario.

C'est dans cette partie que se trouve la fameuse chute de la *Niagara*. La Niagara unit les lacs Erié et Ontario, et sert de limite entre le Haut-Canada et les États-Unis. Elle n'a que 60 kilomètres de cours mais est fort large et forme une cataracte fameuse qui se divise en deux chutes, l'une du côté du Canada, l'autre du côté des États-Unis. « Impossible, dit une voyageuse, d'exprimer par des paroles la grandeur de ce spectacle, ni de quels sentiments il pénètre l'âme. Mis en présence de ce tableau, le peintre doit désespérer de le rendre, et le poète renoncer à le décrire. Au soleil, les reflets de la nappe neigeuse des deux chutes brillent de toutes les couleurs du prisme et forment les plus beaux arcs-en-ciel que l'on puisse imaginer. Cependant je ne trouvais pas, comme d'autres voyageurs l'ont affirmé, que le bruit formé par les chutes fût assourdissant ni qu'on l'entendît de fort loin. Du côté du Canada, on peut s'avancer un peu au-dessous de la chute ; mais à cet effet on prend un guide et des habits appropriés. Non-seulement le spectacle dont on jouit sous la chute est saisissant et grandiose, mais il fait frissonner. La masse qui roule au-dessus de votre tête, le fracas horrible et le mugissement continu de l'élément qui bouillonne et jette une écume blanche comme du lait ; l'arête de rochers éboulés, étroite et glissante, sur laquelle on se tient devant l'abîme où l'eau s'engouffre ; les débris de rochers qui surplombent et qui se détachent de temps à autre : tout rend cette partie vraiment dangereuse, et vous cause tant d'émotions diverses que je ne conseillerais qu'à peu de personnes de l'entreprendre [1]. »

Le Bas-Canada a pour capitale Québec, sur le Saint-Laurent ; le fleuve y est si large que les vaisseaux peuvent remonter jusque-là ; cette ville compte 60,000 habitants. **Montréal,** sur une île du Saint-Laurent, est la plus grande, la plus belle et la plus commerçante du Canada (100,000 habitants).

Au nord-ouest du Canada s'étend le territoire de la *Rivière Rouge* au-dessus des grands lacs, et encore habité par des Indiens.

Ancienne Amérique russe.

La Nouvelle-Bretagne tient toute la largeur de l'Amérique du nord, cependant elle ne touche à l'océan Pacifique que sur un point dans la Colombie anglaise. La

---

[1] *Voyage autour du Monde,* M™ Ida Pfeffer.

pointe nord-ouest, appartenait naguère à la Russie qui y avait des établissements de chasse, et qui y faisait un assez grand commerce de fourrures. La Russie tenait peu à cette province froide, désolée et qui n'était qu'une continuation de la Sibérie. Dominant en Asie, n'ayant aucune espérance en Amérique, elle a vendu sa province américaine qui borne le détroit de Behring, non point aux Anglais qui auraient été heureux de compléter la Nouvelle-Bretagne, mais aux États-Unis qui cependant sont assez éloignés de cette province. La cession fut conclue le 30 mars 1867, au prix de 7,200,000 dollars en or.

CHAPITRE III.

RÉGION CENTRALE. — ÉTATS-UNIS. — GÉOGRAPHIE
PHYSIQUE.

Limites. — Côtes. — Courant du Gulf-Stream.

Les États-Unis sont bornés au nord par la Nouvelle-
Bretagne, à l'ouest par l'océan Pacifique, au sud par le
Mexique et le golfe du Mexique, et à l'est par l'océan
Atlantique. Ils occupent ainsi dans toute son étendue un
pays non moins vaste, mais plus fertile et plus beau que
celui de la Nouvelle-Bretagne.

Les côtes de l'océan Atlantique fort découpées, ne présentent que golfes, baies, havres dont les plus grands
sont ceux de *Massachusetts, Long-Islande, Delaware, Chesapeake.* A l'extrémité sud-est on voit s'avancer la grande
presqu'île de la Floride. C'est de ce côté que l'on remarque dans l'Océan le grand courant qu'on appelle le courant du golfe, *Gulf-Stream.*

Ce courant, produit par l'échauffement des eaux, part
des côtes de l'Amérique méridionale. « Il absorbe la
rivière des Amazones, hésite un instant devant les
petites Antilles, où il détache une branche ascendante,

pendant que le gros du mouvement s'enfonce dans le golfe du Mexique, dont il suit toutes les sinuosités. Il passe devant la Nouvelle-Orléans, et, se serrant entre Cuba et la Floride, franchit la fosse de Bahama en tournant brusquement au nord. C'est là qu'il est le plus étroit, le plus rapide, semblable à une majestueuse rivière, au Mississipi ou à l'Amazone. Les eaux sont bleues comme celles des lacs des montagnes, plus salées que dans le reste de l'Océan par suite de l'évaporation qu'elles ont subie, et ce qui nous importe surtout, elles ont une température de 26 à 30 degrés qui diminue avec la profondeur, mais reste encore égale à 20 degrés à 900 mètres.

« Ici le *Gulf-Stream* rallie la branche qui a tourné brusquement à l'est des Antilles; il s'étale, diminue de profondeur sans se refroidir beaucoup, et, laissant entre lui et l'Amérique un courant descendant d'eau froide, il atteint Terre-Neuve et court franchement à l'est. Alors il se ralentit, s'épanouissant sur une immense étendue, se divisant dans tous les sens, comme si, arrivé à la limite de son immense voyage, il n'avait plus qu'à distribuer la chaleur qu'il amène avec lui. Une branche qui pénètre dans le détroit de Davis, longeant les glaciers de ces mers découpées, d'où elle arrache les *Icebergs* (montagnes de glaces), qu'elle entraîne en longs convois vers le nord. Le tronc principal contourne la Norwége et s'élance dans les eaux circompolaires pour entretenir peut-être la chaleur de cette mer libre qui baigne le pôle, et dont on a tant parlé. Enfin, il revient par de nombreux filets le long des côtes de France et d'Espagne, et probablement aussi dans des profondeurs inaccessibles [1]. »

[1] Jamin, *Revue des Deux-Mondes. Les Vents et la Pluie*, 9 février 1867.

Quant aux côtes de l'océan Pacifique elles sont en général régulières.

Montagnes et fleuves.

Une immense vallée, celle du Mississipi, encadrée par
deux vastes terrasses, l'une qui regarde l'océan Pacifique,
l'autre qui incline vers l'océan Atlantique, tel est le plan
général du pays. La charpente en est formée par les
monts Rocheux qui traversent toute l'Amérique et qui
projettent un grand rameau du côté de l'est. Ce rameau,
qui marque physiquement la séparation entre les États-
Unis et la Nouvelle-Bretagne, et qui ferme le bassin des
grands lacs et du Saint-Laurent, vient s'épanouir sur
la côte nord-est, en une chaîne très-large sans être trop
élevée, qu'on appelle la chaîne *des Alleghanys*.

Les monts Rocheux ne se trouvant pas éloignés de
la côte occidentale et la chaîne des Alleghanys étant
rapprochée de la côte orientale, il n'y a donc place en
dehors de la vallée du Mississipi que pour des cours
d'eau peu importants. Le versant de l'océan Pacifique
beaucoup plus grand que celui de l'autre terrasse, a
un fleuve assez remarquable, l'*Orégon* ou Columbia qui
a pour affluent la *Lewis* et le *Clark*; on peut citer aussi
le *Sacramento* et le *Rio-Colorado*.

De l'autre côté, sur le versant de l'Atlantique, on voit
le *Connecticut*, l'*Hudson*, la *Delaware*, la *Susquehanna*,
le *Potomac*, le *Rappahanock*, le *James-River*, le *Roannoke*,
la *Savannah*, etc.

Les États-Unis partagent avec la Nouvelle-Bretagne
les lacs Supérieur, Huron, Érié, Ontario, mais ils ont
seuls le vaste lac *Michigan*.

Le plus grand bassin des États-Unis se trouve à l'intérieur et tourné vers le golfe du Mexique. C'est le bassin
du *Mississipi* ou *Meschacebé* (Père des Eaux). Le fleuve qui

en occupe le fond et qui prend sa source dans les montagnes qui enferment les grands lacs, descend droit au golfe du Mexique sur une longueur de plus de 4,500 kilomètres. Il reçoit un grand nombre d'affluents : à droite, le *Missouri* dont le cours est de 5,000 kilomètres et qui descend des montagnes Rocheuses, traçant la route qui mène au grand Ouest; plus bas, la rivière *Blanche*, l'*Arkansas*, la rivière *Rouge*; à gauche, l'*Illinois*, l'*Ohio* ou la *Belle-Rivière*, qui a elle-même pour affluent le *Tennessee*.

« Quand tous ces fleuves se sont gonflés des déluges de l'hiver, quand les tempêtes ont abattu des pans entiers de forêts, le temps assemble sur toutes les sources des arbres déracinés : il les unit avec des lianes, il les cimente avec des vases, il y plante de jeunes arbrisseaux, et lance son ouvrage sur les ondes. Charriés par les vagues écumantes, ces radeaux descendent de toutes parts au Meschacebé. Le vieux fleuve s'en empare, et les pousse à son embouchure pour y former une nouvelle branche. Par intervalles, il élève sa grande voix en passant sous les monts; il répand ses eaux débordées autour des colonnades des forêts et des pyramides des tombeaux indiens : c'est le Nil des déserts. Mais la grâce est toujours unie à la magnificence dans les scènes de la nature; et, tandis que le courant du milieu entraîne vers la mer les cadavres des pins et des chênes, on voit, sur les deux courants latéraux, remonter le long des rivages, des îles flottantes de pistia et de nénufar, dont les roses jaunes s'élèvent comme de petits pavillons. Des serpents verts, des hérons bleus, des flamants roses, de jeunes crocodiles s'embarquent passagers sur ces vaisseaux de fleurs, et la colonie, déployant au vent ses voiles d'or, va aborder endormie dans quelque anse retirée du fleuve [1]. »

-----

[1] *Génie du christianisme*, par Chateaubriand.

Ce fleuve roule un tel limon que dans son cours inférieur le niveau de ses eaux s'élève, comme il arrive pour d'autres grands fleuves célèbres au-dessus des contrées voisines : il faut les contenir par des digues qu'il brise souvent. Il se jette dans le golfe du Mexique par plusieurs embouchures.

Aspect et climat.

Le climat des États-Unis, un des plus inconstants, des plus capricieux du monde, passe des frimas de la Norwége aux chaleurs de l'Afrique, de l'humidité de la Hollande à la sécheresse de la Castille. Sur la côte de l'océan Atlantique, les mêmes parallèles sont soumises à un climat plus froid qu'en Europe.

Malgré les brusques changements de température, le pays est généralement très-sain, sauf certaines parties avoisinant le golfe du Mexique. Les États-Unis n'offrent guère qu'une immense forêt qu'ouvrent de jour en jour la culture et l'industrie. La vie se concentre surtout dans la vallée du Mississipi et sur la terrasse qui fait face à l'Europe.

CHAPITRE IV.

ÉTATS-UNIS. — GÉOGRAPHIE POLITIQUE.

Les États-Unis ont été formés par des émigrations successives d'Angleterre et ne comptaient à l'origine que 13 colonies. Aujourd'hui la république des États-Unis est divisée en 37 États et 8 territoires, qui n'ont pas encore une organisation politique. Les États et les territoires embrassent une étendue de 3,230,572 milles carrés (8,334,876 kilom. carrés). Le territoire indien, mesurant 74,127 milles carrés (191,248 kilom. carrés), n'est pas compris dans la statistique qui précède, quoiqu'il appartienne à la république, parce que, politiquement parlant, il n'en forme pas une partie intégrante.

États de l'Est.

Les plus anciens États et les plus importants sont sur la terrasse de l'est, où on les classe, suivant la nature du pays, en États du nord, du centre et du sud. Plus la chaîne des Alleghanys se rapproche du nord, plus ses hauteurs s'élèvent et serrent de près la côte. Dans ces contrées le climat est froid, la terre peu fertile, le travail dur, les déchirures profondes des côtes ouvrent aux vaisseaux des refuges et des abris sans nombre. Les populations infatigables labourent la terre, filent des étoffes, entassent ballots sur ballots. Dans les campagnes un peuple aisé, une foule active dans les villes, le bruit et l'encombrement dans les ports; voilà l'aspect que présentent les États de la côte nord de l'Atlantique. Sur la côte sud, au contraire, les Alleghanys s'écartent, puis s'effacent, et on aperçoit des pays plats, bordés de côtes plates, n'offrant qu'un petit nombre de ports, peu ou point de manufactures, des villages plutôt que des villes, d'immenses plantations de coton, de cannes à sucre, de riz, où sous un soleil implacable travaillent des troupes de nègres. Entre l'extrême sud et l'extrême nord se trouvent les provinces les plus riches qui partagent l'admirable fertilité du sud et l'activité commerciale du nord : elles sont pour les céréales les greniers de l'Amérique.

Les États du nord : *Maine, New-Hampshire, Vermont, Massachusetts, Connecticut, Rhode-Island, New-York, New-Jersey, Pensylvanie*, sont très-peuplés et très-industrieux.

Les villes principales sont : **Portland, Portmouth, Boston**, la seconde ville des États-Unis pour le commerce maritime; elle possède 240,000 habitants et de nombreuses sociétés littéraires; **Lowel**, ville très-industrieuse; **Providence** ; **New-York** à l'embouchure de l'Hudson 1,200,000 habitants est une ville immense qui présente un bel aspect du côté de la mer et qui est traversée par la plus belle rue que l'on connaisse, le Broadway. La foule et le mouvement sont plus grands qu'à Londres et les édifices sont nombreux.

Il faut citer encore **Buffalo**, sur le lac *Érié*; **Trenton**, **Newark**; enfin, dans la Pensylvanie, la grande et belle ville de **Philadelphie** (600,000 habitants) à l'embouchure de la Delaware ; **Pittsbourg,** sur l'Ohio, très-industrieuse, et qui compte plus de 100,000 habitants.

Les États du centre sont : *Delaware, Maryland,* la *Virginie.*

Entre le Maryland et la Virginie on rencontre un district peu étendu, le district de *Columbia* qui renferme la capitale politique des États-Unis, WASHINGTON, sur le Potomac où siègent le congrès et le président.

Les villes principales de cette région, où naguère encore commençaient les pays à esclaves, sont : **Baltimore,** sur la baie de Chesapeake, port très-actif et très-célèbre, **Richmont** sur la rivière James, capitale de la Virginie, fut pendant la guerre entre le Nord et le Sud la capitale de la confédération nouvelle qui essaya de se former. Nous citerons encore *Mount-Vernon,* célèbre par la maison qu'habitait Washington, le libérateur des États-Unis. La Virginie a dû à sa situation intermédiaire d'être un des principaux théâtres de la guerre entre les Américains du Nord et du Sud.

On entend par États du Sud, outre les deux *Carolines,* la *Géorgie,* la *Floride,* l'*Alabama,* ceux qui bordent le golfe du Mexique, le *Mississipi,* la *Louisiane,* le *Texas.*

Les villes principales de cette région sont: le port de **Charleston** et le port de **Savannah.** Dans l'intérieur peu de grandes villes. **Pensacola,** sur le golfe du Mexique est un des ports les plus sûrs de la côte méridionale. Mais la ville la plus commerçante est la **Nouvelle-Orléans,** à l'embouchure du Mississipi (150,000 habitants). Le fleuve y est couvert de bateaux à vapeur et de vaisseaux de toute espèce; 800 vapeurs partent de cette ville pour parcourir le Mississipi et ses affluents. La ville régulièrement bâtie a de larges rues, de belles places, des squares. Les habitants de la Louisiane, dont cette ville est la plus riche, sont pour la plupart d'origine française.

Citons enfin : **Lafayette**, au-dessus de la Nouvelle-Orléans, **Port-Hudson**, **Montgomery** et **Mobile** dans l'Alabama ; et dans le Mississipi, **Jackson**, **Wicksbourg**, sur
le Mississipi, **Galveston** port dans le Texas.

<h3 align="center">États de l'Ouest. — Le Grand-Ouest.</h3>

Au delà de la chaîne des Alleghanys, l'émigration a
sans cesse continué de s'avancer, défrichant les forêts
et formant de nombreux États.

Le *Tennessee* arrosé par la rivière du même nom, riche,
fertile, ayant pour capitale **Nashville** et pour villes principales **Memphis** sur le Mississipi, **Knoxville**.

Le *Kentucky* traversé par la rivière du même nom,
pays couvert d'épaisses forêts et dont une partie a mérité le nom de *Paradis des États-Unis* ; la principale
ville est **Louisville**, sur l'Ohio (50,000 habitants). On remarque aussi **Lexington** qui possède une université.

L'*Ohio* au nord du Kentucky et au sud du lac Érié,
un des plus fertiles et des plus populeux États de
l'Ouest. La capitale est **Columbus**, mais la plus grande
ville est **Cincinnati** qui a plus de 200,000 habitants, une
des plus manufacturières de l'Union.

Le *Michigan* comprend l'espace enfermé par les grands
lacs ; ville principale **Détroit**.

L'*Indiana*, capitale **Indianopolis**, ville principale **Vin-
cennes**, fondée par les Français.

L'*Illinois* entre l'Indiana et le fleuve du Mississipi, capitale **Springfield**, villes principales : **Chicago**, sur le lac
Michigan, ville qui se développe avec une rapidité
inouïe ; **Cairot**, au confluent de l'Ohio et du Mississipi.

L'Illinois est couvert de prairies, il en est de même
du *Visconsin* entre le Mississipi et le lac Supérieur.

Au delà du Mississipi, sur sa rive droite on rencontre

l'État de *Missouri* dont la ville principale est **Saint-Louis,** grande et belle cité sur le Mississipi (200,000 habitants). Puis viennent les États d'*Iowa*, de *Minnesota*, de l'*Arkansas* et du *Kansas.*

La vie, qui s'est longtemps concentrée à l'est, s'étend de plus en plus à l'ouest ; la population européenne envahit les grandes plaines de la vallée du Mississipi et du Missouri, se dirigeant vers ce qu'on appelle le Grand-Ours ; les Indiens sont partout contenus ou refoulés, les terres s'exploitent, les villes s'élèvent, les télégraphes jouent, et voici maintenant qu'une immense ligne de chemin de fer unit l'océan Atlantique à l'océan Pacifique et ouvre une route bien plus rapide à l'émigration. Il a fallu, pour établir cette ligne, percer la chaîne des monts Rocheux qui séparent la vallée du Mississipi du versant de l'océan Pacifique. On trouve sur ce versant deux états : la *Californie* et l'*Orégon.*

La *Californie*, livrée aux États-Unis par le Mexique (1848), possède en mines d'or et en productions naturelles des richesses inappréciables. Aussi le développement de cet État a-t-il été d'une rapidité étonnante.

La capitale est **Sacramento-City,** sur le Sacramento, mais la ville principale est **San-Francisco,** qui, en quelques années, est devenue un des ports les plus célèbres du monde par la fièvre de son activité. Comme les dunes montaient de tous côtés presque à pic au-dessus de la mer, on les a enlevées en partie ; avec le sable que l'on en a retiré, on a refoulé les eaux et c'est ainsi qu'on a formé un emplacement artificiel pour les établissements de commerce. Ce terrassement et ces quais de bois avec leurs chantiers ont demandé plus de travail que les grandes maisons. La ville compte 100,000 habitants, mais elle s'accroît chaque jour. Les autres villes principales sont : **Monterey** et **San Pedro de los Angelos.**

L'État d'*Orégon*, très-beau pays, a pour capitale **Salem**, mais pour ville principale et plus importante: **Portland.**

Il faut citer encore de ce côté les États nouveaux de *Nevada*, de *Colorado*, dans les Montagnes-Rocheuses, du *Nouveau-Mexique*, dont la capitale est *Santa-Fé.*

Territoires.

Les territoires, c'est-à-dire les pays qui n'ont pas encore leur constitution indépendante, leur administration autonome et ne sont pas admis dans l'Union, s'étendent dans le bassin du Mississipi, dans les Montagnes-Rocheuses et sur le versant du Pacifique.

Dans le bassin du Mississipi ce sont : le *Territoire indien*, le *Daçotah*, le Nord-Ouest ou *Nebraska*, le *Idaho*. Les tribus d'Indiens indigènes parcourent librement ces vastes espaces qui ne tarderont pas à devenir des pays colonisés et exploités.

Sur le versant du Pacifique on remarque le territoire de *Washington* et ceux situés, dans les Montagnes-Rocheuses, d'*Utah*, de *Montana*, d'*Arizona*.

Population.

« Il n'est pas de pays au monde dont la population soit composée d'éléments aussi hétérogènes que celle des États-Unis. Le caractère des premiers colons a laissé jusqu'à un certain point son empreinte sur celui de leurs descendants, bien que dans plusieurs parties du pays tous ces traits distinctifs aient été affaiblis, effacés par les efforts de l'émigration qui afflue de toutes les contrées de l'Europe. Dans la Nouvelle-Angleterre, on retrouve le cachet assez prononcé du type puritain ; dans le Maryland, les descendants des catholiques anglais forment encore un des éléments principaux de la population; les premiers colons de New-York furent des Hollandais, et dans quelques villages éloignés de cet État, le hollandais était, il y a peu de temps encore, la langue d'un grand nombre des habitants ; des Hollandais et des Suédois furent également les premiers colons des États du Delaware et du New-Jersey ; la Pensylvanie fut colonisée par des quakers anglais, suivis par des Allemands dont les descendants forment une classe nombreuse de la population ; la Caroline du Nord le fut par des non-conformistes, venus de la Virginie ; un nombre considérable de huguenots trouvèrent un refuge dans la Caroline du Sud, peu de temps après l'occupation du pays par des blancs ; la Louisiane, à l'époque où elle fut acquise par les États-Unis, était habitée principalement par des familles françaises ; le Texas et la Californie sont encore jusqu'à un certain point espagnols, et le dernier de ces États renferme 23,140 Chinois ; les Mormons de l'Utah sont pour la plupart Anglais, avec un mélange considérable d'Américains indigènes, de Gallois, de Scandinaves et d'autres nationalités.

« Les races primitives ont presque toutes disparu, et le peu qui en reste forme de petits groupes ramassés et indépendants, dont le mode d'existence se rapproche plus ou moins de celui des blancs, leurs voisins. Dans l'extrême Ouest elles composent encore, en beaucoup d'endroits, la principale ou unique population et mènent leur vie primitive, nomade et sauvage. Quelques tribus, telles que les Apaches, les Comanches et les Navahals, continuent d'être ouvertement ou secrètement hostiles aux blancs. Toutes les fois que cela a été possible, on a transporté les Indiens dans des terres « réservées » disposées à leur usage, et dont la possession commune a été autrefois garantie à la tribu ou à la fraction de tribu qui les occupait en vertu du système de propriété en vigueur chez les Indiens. Depuis 1858, toutefois, le plan adopté a consisté à accorder des titres de propriété individuelle embrassant des morceaux de terre de 40 à 80 acres (16 hectares 18 ares à 32 hectares 36 ares) à tout Indien disposé à les cultiver : cette mesure a produit le meilleur effet parmi les tribus les plus civilisées. Chaque fois qu'on peut décider des Indiens sauvages à quitter leur pays pour aller habiter les « réserves », le gouvernement leur paye la terre qu'ils abandonnent, et il a été actuellement créé à leur profit un fonds de 3,396,241 dollars (16,981,205 fr.), dont il leur sert régulièrement l'intérêt. Ils reçoivent en outre de petites gratifications annuelles des États-Unis. Une partie des Cherokees, des Creeks et des Choctaws, installés sur le territoire indien, ont adopté les usages de la civilisation, et forment en quelque sorte des nations distinctes sous la protection des États-Unis. L'administration des affaires indiennes est confiée à un bureau du ministère de l'intérieur, à la tête duquel est un commissaire du gouvernement [1]. »

La population des treize colonies unies, à l'époque où éclata la guerre de la révolution, en 1775, était de 2,803,000 habitants, y compris 500,000 esclaves. La population totale des États et des territoires, en y comprenant les Indiens, était, d'après le dernier recensement de 1860, de 31,445,089, dont 3,953,760 esclaves et 488,005 nègres libres.

On peut juger par ce simple rapprochement avec quelle rapidité marche le peuplement de ces vastes régions. Le Nouveau-Monde donne à l'ancien l'exemple de l'activité, du travail et de la prospérité. Il lui donne aussi celui de la liberté.

[1] *Les Etats-Unis d'Amérique en* 1863, par John Bigelow.

Gouvernement.

« Le gouvernement se subdivise en trois branches : le pouvoir exécutif, le pouvoir législatif et le pouvoir judiciaire.

« Le pouvoir exécutif est confié à un président élu, ainsi que le vice-président, pour quatre années, par un collége d'électeurs choisis dans chaque État, conformément aux prescriptions de la législation locale, chaque État fournissant au collége un nombre d'électeurs égal à celui des sénateurs et des représentants qu'il a le droit d'envoyer au congrès.

« Dans la Caroline du Sud, les électeurs sont désignés par la législature, et dans tous les autres par le vote populaire.

« Le président, comme tous les fonctionnaires civils, peut être révoqué pour cause de trahison, de concussion ou autres grands crimes et délits. Il est commandant en chef des armées de terre et de mer, et des milices des divers États quand elles sont appelées au service effectif du gouvernement fédéral. Sous la réserve des conseils et de l'assentiment du sénat, il conclut les traités, nomme les ambassadeurs et autres agents publics des États-Unis, aux emplois desquels il n'est pas pourvu différemment. Il reçoit un traitement de 25,000 dollars (100,000 fr.) par an ; le traitement du vice-président est de 8,000 dollars (40,000 fr.).

« Tous les actes du congrès doivent lui être présentés avant d'avoir force de loi ; et, dans les dix jours qui suivent cette formalité, il peut renvoyer à la chambre qui l'a voté, le bill dont il désapprouve la teneur, en faisant connaître ses objections. Si, après un nouvel examen, le bill est encore admis par les deux tiers des votes dans chacune des chambres, il devient loi dès ce moment. Le président doit être citoyen de naissance, être âgé de trente-cinq ans au moins, et compter quatorze ans de résidence dans les États-Unis.

« Le président a près de lui un cabinet composé de sept ministres, désignés sous le nom de secrétaires d'État des affaires étrangères, des finances, de l'intérieur, de la marine, de la guerre, d'attorney général (justice), et de directeur général des postes.

« Ces ministres, nommés par lui, sont confirmés dans leur emploi par le sénat.

« La législature nationale consiste en un congrès composé d'un sénat et d'une chambre de représentants. ,

« Le sénat est formé de deux sénateurs de chacun des États de l'Union, choisis, pour un espace de six années, par les législatures locales, et de telle façon qu'un tiers du corps entier se renouvelle tous les deux ans.

« La chambre des représentants est composée de membres choisis pour deux ans par le peuple de chaque État ; ils doivent avoir vingt-cinq ans, être citoyens des États-Unis depuis sept ans, et, au moment de leur élection, résider dans l'État qui les choisit. Le nombre des représentants au congrès est fixé par la loi à 233 ; ce nombre est réparti parmi les divers États proportionnellement à leur population électrice, laquelle est constatée en ajoutant au nombre des individus libres, y compris les engagés à un service quelconque pour un certain nombre d'années et à l'exclusion des Indiens non imposés, trois cinquièmes de tous les autres habitants (c'est-à-dire les esclaves). Chaque État a droit au moins à un représentant. Les nouveaux États admis après le dénombrement (lequel est fait après chaque recensement décennal), élisent des représentants en addition du chiffre

légal de 233 ; mais cet excédant ne se prolonge que jusqu'au prochain dénombrement. Les territoires envoient
également au congrès des délégués qui peuvent prendre
part aux discussions, mais n'ont pas le droit de vote [1]. »

En outre, chaque État fait ses lois particulières, recueille ses impôts, établit ses écoles, ses temples ou ses
églises, répare ou ne répare pas ses routes, construit ses
chemins de fer. L'Union n'est qu'une association,
chaque membre reste libre de ses mouvements, et
si la dernière crise, la guerre terrible du Nord et du Sud,
a augmenté la force du pouvoir central, elle n'a nullement porté atteinte à l'autonomie des Etats.

[1] *Les États-Unis d'Amérique*, par John Bigelow.

CHAPITRE V.

RÉGION MÉRIDIONALE. — LE MEXIQUE ET LES
ÉTATS DU CENTRE DE L'AMÉRIQUE.

I

LE MEXIQUE.

Géographie physique. — Climat et aspect.

Après le vaste espace occupé par les États-Unis,
l'Amérique se rétrécit, tout en restant encore relativement très-large, et va sans cesse en diminuant jusqu'à
l'isthme de Panama. La plus grande partie de cet espace
est occupée par le *Mexique*.

Le Mexique est borné au nord par les États-Unis, et
il a de ce côté pour limite le fleuve *Rio-del-Norte*; au sud
par les États de l'Amérique centrale; à l'ouest par l'océan
Pacifique; à l'est par l'océan Atlantique. L'océan Pacifique forme, sur sa côte occidentale, la presqu'île de la
Vieille-Californie et la *mer Vermeille* ou *golfe de Californie*. Sur la côte orientale, l'océan Atlantique creuse
le vaste golfe du Mexique, qui est dessiné par la pres-

qu'île de *Yucatan*, au Mexique, et par celle de la *Floride*, aux États-Unis.

«La majeure partie du territoire qui reste au Mexique, depuis qu'il a été tant diminué par les Américains du Nord, est comprise dans cette région distribuée à droite et à gauche de la ligne de l'équateur, limitée au nord et au midi par les tropiques, à laquelle jadis on avait donné le nom de *zone torride*, parce qu'on supposait que, par l'ardeur de sa température, elle était à peu près inhabitable pour l'homme. Cette zone en effet, lorsque les terres y sont peu élevées au-dessus du niveau de l'Océan, présente, à côté d'une végétation luxuriante, une telle chaleur, que l'homme de race blanche n'y résiste pas à un labeur pénible, et que, pour y vivre, il est dans la nécessité de s'enfermer dans l'inaction, de s'abriter presque constamment entre d'épaisses murailles et de faire exécuter tout travail de force, particulièrement celui qui se doit accomplir à la face du soleil, par une race mieux constituée pour en affronter les rayons dévorants. Encore, dans les îles, le voisinage de la mer tempère de diverses façons l'influence brûlante du roi des astres. Lorsqu'au contraire la superficie des terres se présente sur les vastes proportions d'un continent, la chaleur sévit dans la plénitude de sa redoutable puissance, à moins d'une configuration particulière que la Providence s'est plu à accorder au territoire mexicain dans une mesure qu'on pourrait appeler de la prédilection : je veux dire à moins d'une grande altitude [1].

« Plus est prononcée l'altitude d'un pays, plus sa température moyenne s'abaisse, tout comme s'il s'éloignait de l'équateur pour se rapprocher du pôle, à ce point

[1] C'est le mot par lequel s'indique l'élévation du sol au-dessus du niveau de la mer, idéalement prolongée sur toute l'étendue du globe terrestre.

que, si l'altitude devient extrêmement considérable, on rencontre sous la ligne même les glaces éternelles, et une température moyenne à peu près pareille à celle de l'Islande ou du Groënland.

« La grande masse du territoire mexicain au lieu de ne présenter qu'un petit relief, par rapport au niveau de la mer, comme les rives du Niger ou du Sénégal en Afrique, ou comme celles de l'Amazone dans l'Amérique du Sud, constitue un plateau exhaussé, qu'un plan incliné, à pente relativement rapide, rattache de chaque côté au rivage de l'océan, ici l'Atlantique, là le Pacifique. Ce n'est pas le moindre privilége du plateau mexicain que de se tenir dans les hauteurs qui sont le plus favorables pour que la race européenne y prospère, s'y entoure des cultures qu'elle aime et des industries où elle excelle, et y vive dans des conditions propices pour sa santé et pour l'exercice de ses facultés en tout genre.

« C'est grâce à ces avantages, qu'avant l'arrivée des Espagnols, il fut le siége d'une civilisation remarquable, sous l'autorité du prince et de l'aristocratie militaire et religieuse des Aztèques.

« Ce plateau mexicain est l'épanouissement de la *Cordillère* centrale de la chaîne des Andes. Une fois au Mexique, la grande Cordillère s'étale de manière à occuper la majeure partie de l'espace entre les deux mers, quoique cet espace aille sans cesse en s'étendant à mesure qu'on s'avance vers le nord. De là une région suspendue au-dessus de l'Océan, à une hauteur qui, au midi des villes de Puebla et de Mexico, est de 1,500 mètres, c'est-à-dire la même que celle du Ballon d'Alsace, la cime culminante des Vosges; à Puebla, de 2,196 mètres, et à Mexico de 2,274. Au nord de Mexico, la belle ville de Guanaxuato, célèbre par les mines d'argent qu'on exploite dans son voisinage, est à l'altitude de 2,084 mètres, c'est-à-dire sensiblement en contre-bas de la capitale ; au delà de Guanaxuato, le terrain se relève de nouveau pour se rabaisser encore.

« Sur les deux flancs de ce long plateau, le plan incliné qui descend jusqu'au rivage de l'un ou de l'autre océan, offre, à mesure que l'on se rapproche du niveau de la mer, des températures de plus en plus élevées. La pente est rapide, et détermine par cela même une variation très-accélérée dans le climat et dans tous les phénomènes qui dépendent de la chaleur, particulièrement dans la végétation. Le voyageur qui descend le plan incliné, ou qui le gravit, assiste à des contrastes pittoresques et même merveilleux. Il passe en revue presque toutes les cultures et contemple, l'une à côté de l'autre, à peu près les productions qui ailleurs se répartissent sur des distances sans fin. S'il part du plateau, par exemple, il commence par traverse soit des forêts de sapins qui lui rappellent celles de l'Europe, soit des champs d'oliviers, de vigne, de blé ou de maïs encore plus semblables aux nôtres, entrecoupés cependant d'espaces couverts de grands cactus, végétation à l'aspect triste, que le territoire le plus aride ne rebute pas, et de beaux aloès tantôt sauvages et tantôt cultivés. En continuant sa marche, il arrive successivement à l'oranger, que les Espagnols ont multiplié extrêmement, et dont on trouve, même à Mexico, le fruit exposé en montagnes sur le marché ; au coton, qui y est indigène, et dont, avant les Espagnols, les Indiens tissaient leurs vêtements et faisaient même des cuirasses résistant à la flèche ; à cette variété du cactus sur laquelle s'élève l'insecte de la cochenille, production qui date aussi des Aztèques ; à la soie, dont il y a des qualités particulières au pays, produites par un insecte différent de notre bombyx ; à la banane, qui est d'une si précieuse ressource pour l'alimentation publique, au café, à la canne à sucre, à l'indigo, qui sont des cultures importées, mais qui n'en réussissent pas moins admirablement ; à la liane sur laquelle on récolte la vanille, et au cacaoyer, tous deux essentiellement d'origine mexicaine, que Montézuma fit servir à Cortez ; enfin à toute cette réunion de fruits à forte saveur et de plantes embaumées ou aux couleurs éclatantes, qui réclament un soleil ardent, et dont la présence est justement considérée comme le signe d'une grande richesse agricole, déjà toute acquise ou aisée à acquérir. Sous le rapport du climat et des cultures, le Mexique offre trois grandes divisions que les Espagnols avaient depuis longtemps désignées par des noms caractéristiques, et qui pourraient se subdiviser elles-mêmes presque à l'infini, soit en raison des altitudes successives, soit par l'effet de plusieurs circonstances, et notamment de la diversité des expositions.

« La première de ces trois zones, appelée la *terre chaude* (tierra caliente), part du littoral et s'étend jusqu'à une certaine hauteur sur le plan incliné, par lequel on monte au plateau. Le nature végétale y est d'une puissance exubérante, par l'excès même de la température et par la présence des eaux courantes, qui s'y montrent plus qu'ailleurs. Cette zone a une végétation particulièrement active sur le versant oriental du Mexique, parce que les vents dominants, les vents alisés, arrivent de ce côté chargés de l'humidité qu'ils ont recueillie dans leur longue course sur la surface de l'Océan, Elle se distingue par les cultures connues sous le nom de tropicales. Malheureusement, sur plusieurs points, surtout dans le voisinage des ports que baigne l'océan Atlantique, elle est désolée par la fièvre jaune, dont le foyer pestilentiel est dans des marécages que l'industrie humaine réussira quelque jour à dessécher, quand elle voudra y appliquer les puissants moyens dont elle dispose aujourd'hui. Au dessus, à mi-hauteur sur le plan incliné, s'étend la zone appelée la *terre tempérée* (tierra templada), qui présente une température moyenne annuelle de 18 à 20 degrés, et où le thermomètre éprouve très-peu de variations d'une époque à l'autre de l'année, de sorte qu'on y jouit d'un printemps perpétuel. C'est une région délicieuse, dont le type le plus parfait s'offre aux environs de la ville de Jalapa, et qu'on retrouve avec ses charmes autour de la ville d'Orizaba et de celle de Chilpancingo, où s'était réuni le premier congrès indépendant. Elle possède une végétation à peu près aussi active et aussi vigoureuse que celle du littoral, sans avoir le ciel embrasé et les miasmes empestés de la plage et de la contrée qui l'avoisine. Elle est exempte de ces myriades d'insectes incommodes ou venimeux qui pullulent dans la région basse de la terre-chaude et y font le tourment de l'homme. On y respire l'atmosphère pure du plateau, sans en subir les passagères fraîcheurs et l'air vif, dangereux aux poitrines délicates. La zone tempérée est un paradis terrestre, quand l'eau y abonde, comme à Jalapa et dans quelques autres districts, où les glaciers éternels de quelques montagnes, telles que le pic d'Orizaba et le Coffre de Perote, se chargent d'en fournir aux sources toute l'année.

« Au-dessus de la zone tempérée se déploie la *terre froide* (tierra fria), ainsi nommée en raison de l'analogie que des colons venus de l'Andalousie durent lui trouver, sur une partie de son développement, avec le climat assez cru des Castilles; mais les Français, les Anglais et les Allemands transportés au Mexique dans la terre froide, s'y jugent à peu près partout en un climat fort doux. La température moyenne de Mexico, et d'une bonne portion du plateau, est de 17 degrés ; c'est seulement un peu moins que celle de Naples et de la Sicile, et c'est celle de trois mois de l'été à Paris. D'une saison à l'autre les variations, comme partout entre les Tropiques, y sont bien moindres que dans les parties les plus tempérées et les plus belles de l'Europe.

« Pendant la saison qu'on n'y saurait appeler l'hiver que par une extension excessive des termes du dictionnaire, la chaleur moyenne du jour, à Mexico, est encore de 13 à 14 degrés, et en été, le thermomètre à l'ombre, ne dépasse pas 26 degrés.

« Une supériorité du Mexique sur une partie des autres régions équinoxiales de l'Amérique, c'est le petit nombre de ses volcans et l'absence de ces violents tremblements de terre, qui ailleurs viennent de temps en temps détruire les villes. Dans toute l'étendue du Mexique, on ne comptait, il y a cent ans environ, que quatre volcans encore en feu : le pic d'*Orizaba*, qui n'a pas fait d'éruption notable depuis trois cents ans ; le *Popocatepetl* qui constamment jette de la fumée en très-petite quantité, depuis une suite d'années, et qui ne dévaste pas ses alentours ; la montagne de *Tustla* et le volcan de *Colima*, qui ne paraissent pas avoir jamais causé de désastres. En septembre 1759, une phénomène fit sortir de terre, au milieu de circonstances terrifiantes, un volcan nouveau, celui de *Jorullo*, aujourd'hui encore enflammé, autour duquel apparurent en même temps une infinité de petits cônes qui n'ont pas cessé de fumer. Aucune des cités du Mexique n'a éprouvé de ces tremblements de terre terribles qui ont désolé et quelquefois renversé Guatemala, Lima, Caracas et d'autres centres de population de l'Amérique centrale ou de l'Amérique du sud.

« Sous quelques-unes d'entre elles, assez fréquemment

le sol remue; Mexico même est dans ce cas. Mais ce sont des tremblements si faibles qu'ils n'inquiètent pas les habitants. Ils n'empêchent pas de bâtir des maisons à plusieurs étages; ils obligent seulement à donner aux murs une solide assiette et à s'abstenir de l'architecture élancée, comme celle de nos cathédrales gothiques.

« Le côté faible du Mexique, ce sont les cours d'eau. Ceux qu'on y voit sont des torrents qui, pendant la belle saison sont presque tous à sec. Le *Rio-Bravo-del-Norte*, qui est bien mieux pourvu, ne peut guère rendre de services. Autrefois en plein dans le pays, il est à la frontière depuis que les États-Unis se sont emparés du Texas, et la partie du Mexique qu'il borde est des moins peuplées. Au midi, le *Guazacoalco*, fleuve navigable, dont l'embouchure pourrait devenir un bon port, n'est pas davantage à la portée des provinces populeuses. Il paraît certain néanmoins que dans les temps primitifs, je veux dire à l'époque de la conquête, ses bords étaient couverts d'habitants; le *Santiago* ou *Tololotlan*, qui débouche dans l'océan Pacifique, près du port de San-Blas, a un cours plus étendu. Heureusement, pendant la saison des pluies, qui dure quatre mois de notre été, chaque jour la terre mexicaine est abondamment arrosée dans l'après-midi, et alors s'emplissent non-seulement les réservoirs naturels qui alimentent les sources, mais aussi les bassins disposés par la prévoyance des hommes pour assurer des approvisionnements à l'agriculture, bassins qu'il serait possible de multiplier. Sur le plateau, les ruisseaux et même les sources sont assez rares. C'est le même phénomène qui se rencontre dans un certain nombre de pays calcaires. La cause en est dans la constitution du terrain. Non qu'il soit calcaire comme certains plateaux du midi de la France, désignés communément sous le nom de *causses*, et où se montrent fort peu de sources ; mais il est de même fissuré. Les eaux pluviales, absorbées par le sol, descendent par d'innombrables fentes imperceptibles, de manière à aller former les cours d'eau, petits ou moyens, qui sourdent sur la pente des deux plans inclinés conduisant à la mer. En somme, le Mexique est un pays sec, assez souvent aride. Quelques lacs cependant y sont épars. Le plus grand est celui de *Chapala*, dont la surface est de plus de 300,000 hectares. C'est le double du lac de Constance, dont l'étendue est déjà peu commune. Il est situé dans la partie peuplée du plateau, non loin de l'importante ville de Guadalaxara. Les lacs qui forment un réseau à côté de la ville de *Mexico* sont au nombre de cinq ; ils occupent ensemble une superficie de 44,000 hectares. On en compte neuf autres au nord de la ville de *Zacatecas* et cinq autour de *Chihuahua*. Malheureusement l'eau de la plupart de ces lacs contient une proportion très-sensible de carbonate de soude, à ce point qu'on a pu y établir l'exploitation de ce sel ; mais cet avantage manufacturier est acheté par un grave inconvénient ; leur eau est impropre à l'irrigation, qui partout est une si précieuse ressource pour l'agriculture. Elle ne vaut rien non plus pour les usages domestiques [1]. »

Villes principales.

Le Mexique a pour capitale la grande et belle cité de Mexico où nos troupes sont entrées en 1863, et où elles sont restées jusqu'en 1867, sans pouvoir, malgré de nombreuses expéditions, arracher ce beau pays à l'anarchie qui le désole depuis le commencement du siècle.

Les principaux ports sont sur l'océan Atlantique, Matamoros, à l'embouchure du Rio-del-Norte, Tempico,

[1] M. Michel Chevalier, *le Mexique*

Vera-Cruz, celui qui se trouve le plus près des villes de l'intérieur, **Campêche** dans la presqu'île de Yucatan. Sur l'océan Pacifique les ports sont ceux de **Guaymas,** de **Mazatlan** et d'**Acapulco.**

A l'intérieur, la ville la plus importante après Mexico est **Puebla,** grande et belle cité très-fortifiée, que nos troupes n'ont emportée qu'après un siége long et régulier. Puis on remarque **San-Luis de Potosi, Durango, Guadalaxara, Oaxaca, Queretaro,** où s'est joué le dernier acte du drame dont l'infortuné Maximilien a été le héros et la victime (1867).

Le Mexique est une république indépendante ; on a essayé en vain de la soustraire à l'anarchie qui la dévore et la livrera tôt ou tard aux États-Unis. La religion dominante est le catholicisme.

II

AMÉRIQUE CENTRALE.

Etats. — Isthme de Panama.

Le grand isthme qui réunit l'Amérique du Nord et l'Amérique du Sud est divisé en cinq petites républiques qui sont, du nord au sud : *Guatemala,* sur les deux océans ; *Honduras,* sur l'Atlantique ; *San-Salvador,* sur le Pacifique ; et enfin *Nicaragua et Costa-Rica,* qui possèdent aussi l'avantage de réunir les rivages des deux océans. Autrefois ces républiques ne formaient qu'un état : divisées politiquement elles se sont rapprochées par des traités.

L'intérêt que ces républiques nous offre est tout entier dans le territoire qu'elles possèdent. La mer des Antilles en creusant profondément, aux dépens de l'isthme la baie de *Mosquite* et le golfe de *Honduras*, au fond desquels se jettent deux cours d'eau, met à la disposition de ces républiques deux points importants où il serait facile d'établir, entre les océans, deux nouveaux passages. L'un est sur le territoire de Guatemala, l'autre entre Nicaragua et Costa-Rica. Un chemin de fer, qui appartient à la république de Vénézuela, relie déjà les deux rives de l'isthme de *Panama*. Les projets de canaux ont été très-nombreux : par l'isthme de *Tehuantepec* au Mexique, par l'isthme de *Honduras*, par les lacs de *Nicaragua* et de *Léon ;* c'est là en effet que le passage semblerait le plus facile à réaliser, l'existence d'un grand lac dont les eaux débouchent dans la mer des Antilles, par le fleuve navigable de San-Juan, ne laisserait à frayer une route qu'à travers les montagnes peu épaisses qui séparent le lac de Nicaragua des rivages du Pacifique; l'empereur Napoléon III, lorsqu'il n'était encore que prince Bonaparte, s'était occupé de ce projet. Enfin les autres tracés sont dirigés par l'isthme de *Panama*, par l'isthme de *Darien,* etc.

III

ANTILLES.

C'est l'archipel des Antilles qui fut le premier découvert par les Espagnols; c'est une longue chaîne d'îles volcaniques qui s'étendent entre l'Amérique du Nord et l'Amérique du Sud, depuis la Floride jusqu'aux embouchures de l'Orénoque. On partage les Antilles en deux groupes principaux, les grandes et les petites.

Le groupe des îles *Lucayes* ou *Bahama*, répandues au sud-est de la Floride, et qu'on leur réunit d'habitude, ne sont guère que des rochers; ces rochers toutefois occupent une position avantageuse, et l'Angleterre s'en est assuré la possession.

Grandes Antilles.

Le groupe des Grandes-Antilles, comprend quatre îles, grandes, belles et riches. L'île de *Cuba*, la plus longue et la plus vaste des Antilles, est presque aussi grande que l'Angleterre. Une chaîne de montagnes la traverse dans toute sa longueur; d'une admirable fertilité, elle jouit d'un climat très-chaud, et ses forêts contiennent une grande quantité de bois précieux; c'est dans ce pays toutefois qu'on trouve le mancenillier, arbre gracieux qui cache un poison redoutable.

La capitale de Cuba est la HAVANE, d'où l'on exporte des tabacs renommés; le commerce y est très-actif et le port peut contenir mille vaisseaux; elle compte 200,000 habitants. Les autres villes principales sont : Matanzas, avec un beau port, et Santiago. Cette île appartient à l'Espagne, mais les États-Unis la convoitent.

La *Jamaïque*, île anglaise, est traversée par une chaîne de montagnes hautes et âpres. Elle est néanmoins très-bien cultivée et produit des fruits exquis; sa principale industrie est la fabrication du rhum ou eau-de-vie de sucre. Sa capitale est KINGSTON, port de mer sur la côte méridionale, dont le commerce est très-actif.

L'île d'*Haïti*, découverte la première par Christophe Colomb, qui lui donna le nom d'Hispaniola. Longue de 660 kilomètres, large de 260, très-montagneuse, mais ayant aussi de vastes plaines, jouissant d'un climat sain sur les hauteurs, est partout d'une fécondité étonnante; elle a mérité le surnom de *Reine des Antilles*. Elle est divisée en deux états : à l'ouest, la république d'*Haïti*, à l'est, le territoire de *Saint-Domingue* . La capitale de la république d'Haïti est Port-au-Prince, 20,000 habitants ; ville principale : **Le Cap**, qui a un port excellent.

Haïti était une ancienne possession française; le territoire de Saint-Domingue, qui appartenait à l'Espagne, secoua le joug, mais en 1861, il retomba sous la domination espagnole. Ce territoire forme les deux tiers de l'île. La capitale est Saint-Domingue.

La plus petite des Grandes-Antilles est *Porto-Rico*, à l'est de l'île d'Haïti; elle a pour capitale San-Juan de Porto-Rico. Elle appartient à l'Espagne.

Petites Antilles. — Colonies européennes.

Le groupe des Petites-Antilles est divisé entre cinq puissances, la France, l'Angleterre, la Hollande, le Danemarck et la Suède.

A la France appartiennent : la *Martinique* (136,000 habitants), où l'on remarque un grand nombre de volcans mal éteints; la capitale est Fort-de-France, port excellent; la ville principale : **Saint-Pierre**, centre du commerce.

L'île de la Martinique présente l'aspect d'un pâté de montagnes au milieu desquelles s'élève une pyramide abrupte et colossale aux flancs ravinés comme le cône d'un volcan : c'est la célèbre montagne du *Piton*, que les voyageurs comparent au volcan de Ténériffe. Tous d'ailleurs admirent ces montagnes baignées de soleil, éclatantes de verdure, s'amoncelant les unes sur les autres et s'élevant pêle-mêle ; rien de plus fougueux et de plus étincelant dans le détail, rien de plus noble, de plus riant, de plus harmonieux dans l'ensemble. La Martinique est souvent appelée la plus belle des Antilles.

La *Guadeloupe* (139,000 habitants), île cruellement

éprouvée par les tremblements de terre et par des ouragans, mais néanmoins riche dans tous les genres de productions qui ont fait la prospérité des Antilles. La capitale est la BASSE-TERRE; ville principale : **Pointe-à-Pitre**, centre du commerce.

De cette île dépendent les petites îles *Marie-Galande*, dont le sol est fertile; les *Saintes*, composées de cinq îlots fortifiés, qu'on appelle le Gibraltar des Antilles; la *Désirade*; *Saint-Martin*, dont une partie seulement nous appartient; la partie sud est à la Hollande.

A l'Angleterre appartiennent : *La Trinité, La Grenade, Saint-Vincent, Sainte-Lucie, Tabago, La Barbade, La Dominique, Antigoa, Barboude, Montserrat...*

A la Hollande : *Curaçao, Saint-Eustache, Saba*, et une partie de *Saint-Martin*.

Au Danemarck : *Sainte-Croix, Saint-Jean* et *Saint-Thomas*.

A la Suède : *Saint-Barthélemy*.

CHAPITRE VI.

AMÉRIQUE DU SUD. — RÉGION DU NORD-EST.

Bassin de l'Orénoque.

L'Amérique du Sud est divisée, nous l'avons dit, en deux versants, mais celui de l'océan Atlantique est si vaste qu'on peut dire qu'il occupe l'Amérique méridionale presque tout entière.

Parmi les principaux fleuves qui arrosent ce versant, on rencontre d'abord la *Magdalena* et l'*Orénoque*, c'est la région nord; le bassin de ces deux fleuves s'appuie à la *Cordillière des Andes*, d'où se détache une chaîne appelée *Cordillière de la Nouvelle-Grenade*, et qui sépare le bassin de la Magdalena de celui de l'Orénoque.

Le bassin de l'Orénoque est le plus grand. L'*Orénoque* prend sa source dans un petit lac nommé *Ipava*, près d'une chaîne de montagnes secondaires, fait un grand détour au sud et à l'ouest, traversant d'immenses plaines qu'on appelle *Llanos*, plaines sablonneuses en été, couvertes d'herbages après les pluies, et qui ressemblent aux steppes de l'Asie.

L'Orénoque, dont le cours est de 2,200 kilomètres,

forme beaucoup de rapides et de cataractes, et se jett
dans l'Atlantique par des bouches nombreuses. Il
pour principaux affluents, à droite le *Karoni* et à gauch
la *Méta* et l'*Apure* ; ce fleuve communique, par un cana
naturel, avec le Rio-Négro, affluent de l'Amazone.

Dans cette région, les côtes sont en général mal
saines, on y remarque le golfe de *Darien*, le golfe d
Maracaïbo dans lequel s'écoulent les eaux d'un lac d
même nom.

Le bassin de l'Orénoque comprend : les États-Um
de Colombie, la République de Vénézuéla et le
Guyanes.

I

ÉTATS-UNIS DE COLOMBIE.

Aspect et villes.

Les *États-Unis de Colombie* ou Confédération de la *No*
velle-Grenade occupent le bassin secondaire de la Ma
dalena et la partie déserte du bassin de l'Orénoque. L
Andes, couvertes de majestueuses forêts et qui se ran
fient en plusieurs chaînes, s'étendent une partie du pa
aussi est-ce la partie la plus riche en mines et en produ
tions végétales.

La Confédération, qui comprend neuf États, est bo
née, au nord, par l'Amérique centrale, le golfe de D
rien et la mer des Antilles ; à l'est, par le Vénézuéla
le Brésil ; au sud, par la République de l'Équate
et à l'ouest, par l'océan Pacifique et le golfe de P
nama.

La capitale de cette République est Santa-Fé-de-L
gota, sur un plateau très-élevé et sujet aux trembl

ments de terre ; les villes principales sont : **Sainte-Marthe**, **Carthagène**, ports sur la mer des Antilles, **Colon** ou **Aspinwall**, sur l'isthme de Panama, **Panama**, sur l'océan Pacifique et point de départ des grandes lignes de navigation sur cet océan. La religion de cette République est la religion catholique.

II

VENEZUELA.

Le Vénézuéla est traversé par la chaîne de montagnes qui, détachée de la chaîne des Cordillères, traverse la Nouvelle-Grenade et marque le partage des eaux de la mer des Antilles et de l'océan Atlantique ; il est borné au nord par la mer des Antilles et l'Atlantique ; à l'est, par la Guyane anglaise ; au sud, par le Brésil, et à l'ouest par la Nouvelle-Grenade. Ce pays comprend tout le bassin central et supérieur de l'Orénoque et renferme beaucoup de *Llanos,* plaines désertes où l'on nourrit cependant beaucoup de bestiaux.

La capitale est **Caracas**, dans une charmante vallée, non loin de la mer des Antilles ; elle a pour port la *Guayra ;* les villes principales sont : **Puerto-Cabello**, sur la mer des Antilles, **Maracaïbo**, entre le lac et le golfe du même nom, **Bolivar**, sur l'Orénoque.

III

LES GUYANES.

Les côtes de l'océan Atlantique qui séparent les bouches de l'Orénoque de celles du fleuve des Amazones sont couvertes de forêts et de marécages, elles sont peu peuplées et divisées entre les Anglais, les Hollandais et les Français.

La *Guyane anglaise*, la plus peuplée, est arrosée par l'*Essekubo*, et a pour capitale GEORGES-TOWN;

La *Guyane hollandaise* vient ensuite, ayant pour capitale PARAMARIBO avec un beau port.

La *Guyane française*, qui est bornée, à l'ouest, par la Guyane hollandaise, au sud par le Brésil, et sur les autres côtés par l'océan Atlantique. La partie qui occupe le littoral et s'étend jusqu'aux premiers sauts des rivières comprend les terres basses, marécageuses; l'autre partie comprend les terres hautes. L'intérieur de ce pays n'est pas encore tout à fait exploré.

La capitale est CAYENNE, sur la rive droite de la rivière de ce nom, 8,000 habitants. Les principaux établissements sont: *Sinnamari, Oyapock*. La Guyane ne mérite pas la mauvaise réputation qu'on lui a faite, sauf dans certaines contrées marécageuses. Ce pays a été choisi par le gouvernement français pour être le siége d'une colonie pénale. On y transporte les forçats et les repris de justice en rupture de ban.

Les productions de ces pays sont en général les bois, la canne à sucre, le café, le coton, le cacao, l'arbre à caoutchouc...

IV

BASSIN DES AMAZONES. — EMPIRE DU BRÉSIL.

Le fleuve des Amazones.

La plus grande partie du centre de l'Amérique du Sud appartient au bassin du fleuve des Amazones. Ce bassin est encadré, à l'ouest, par la chaîne des *Andes* qui présente à cet endroit ses sommets les plus élancés ; au nord, par la chaîne peu élevée qui limite le bassin de l'Orénoque ; au sud, par la *Sierra Cochamba,* le plateau de *Porexis* et par une chaîne qui va aboutir au cap *Saint-Roch*.

Le fleuve des Amazones prend sa source dans les Andes du Pérou et porte d'abord les noms d'*Apurimac* et d'*Ucayale,* se joint au *Maragnon* et coule ensuite directement vers l'ouest, entre des rives basses, sur lesquelles il déborde périodiquement ; il forme des îles nombreuses et des marécages qui lui donnent plusieurs lieues de largeur, se jette dans l'Atlantique par des embouchures qui s'étendent sur une largeur de 300 kilomètres, et vomit à la mer un volume d'eau si considérable qu'il refoule l'eau salée et que très-loin dans l'océan l'eau reste douce ; la lutte des deux courants produit, aux marées, le phénomène du mascaret ou *pororoca :* c'est une immense colonne d'eau qui remonte le fleuve et brise tout ce qui lui résiste.

« Le cours de l'Amazone , dit Malte-Brun , est de 7,500 kilomètres dont plus de 6,000 sont navigables. Il reçoit plus de cinq cents rivières dont six aussi grandes que le fleuve lui-même, onze plus fortes que le Rhin, trente plus fortes que la Seine. Le développement de la navigation que présente ainsi l'Amazone avec ses affluents est de 70 à 80,000 kilomètres carrés : c'est le réseau le plus vaste, le plus complet, le plus facile de routes naturelles qui soit au monde. »

En dehors de ce bassin s'ouvrent encore sur l'océan Atlantique les bassins secondaires du *Rio-Parahyba* et du fleuve *Saint-François*.

V

Le Brésil. — Étendue et situation.

Le bassin des Amazones et les deux bassins secondaires sont compris dans l'empire du Brésil qui même déborde au delà vers le sud. C'est le plus grand des États de l'Amérique méridionale.

« Il étend ses immenses possessions entre le Vénézuéla et les Guyanes anglaise, hollandaise et portugaise, au nord ; les provinces unies du Rio-de-la-Plata, l'Uruguay, le Paraguay, la Bolivie, au sud ; le Pérou et la Nouvelle-Grenade, à l'ouest ; l'océan Atlantique à l'est. — Sa superficie égale douze fois celle de la France, et ses côtes ont un développement de 1,000 lieues sur le littoral. Les fleuves magnifiques, que nous venons de décrire, sillonnent en tous sens ce vaste empire — des montagnes qui renferment des mines de tous genres, depuis le charbon de terre jusqu'au diamant ; — un sol où toutes les productions abondent ; où les fleurs, les plantes, les arbres d'Europe se mêlent à la riche végétation des tropiques et à des essences particulières ; — un climat dont la température varie suivant la situation de ses provinces : tel est le Brésil.

« Son littoral a l'étendue de la côte de l'Europe entre le cap Nord et le détroit de Gibraltar.

« Il s'ouvre en entrepôt à l'Afrique et à l'avenir incalculable du défrichement de l'Amérique méridionale, sur le chemin des échanges de l'Amérique du Nord et du monde manufacturier, vers les régions de l'Inde, de la Chine, de l'océan Austral et de l'océan Pacifique. »

« Ajoutons qu'avec ses seize provinces assises sur l'Atlantique, avec ses ports magnifiques, produisant abondamment tout ce que la civilisation européenne recherche, consommant tout ce qu'elle produit, l'empire du Brésil a devant lui un avenir de prospérité.

Divisions et villes principales.

« Avant 1829, le Brésil formait onze capitaineries générales. Il se divise aujourd'hui en vingt provinces, dont quelques-unes sont plus étendues que la France.

« Les ports du Brésil sont si nombreux que la plupart sont à peine connus. Les plus fréquentés sont les ports de **Para, Saint-Louis** de **Maranhao, Parahyba, Pernambuco, San-Francisco, Bahia** ou **San-Salvador,** sur la vaste et remarquable baie de *Tous-les-Saints,* **Destero,** et enfin la plus belle baie qui existe dans l'univers entier, celle de Rio-de-Janeiro.

« Rio-Janeiro, capitale de l'empire, est située sur une baie circulaire semée d'îles et d'îlots sillonnés par des milliers de navires, circonscrite par des montagnes.

« Ce qui frappe, dit Ferdinand Denis [1], ce sont les grandes lignes du paysage, la végétation abondante des collines, l'indicible sérénité de l'air, les milliers de maisons de campagne, de villages, de chapelles, de couvents qui semblent enfouis dans les fleurs et dans le feuillage, enfin la pureté des vagues qui reflètent ce beau paysage. » Cette ville compte 360,000 habitants.

A l'intérieur, on cite parmi les villes les plus importantes **Barro do Rio Negro,** au confluent du Rio-Negro et de l'Amazone ; **Saint-Paul,** au sud-ouest de Rio-Janeiro, **Uro-Preto...**

[1] *Le Brésil*

Population et gouvernement.

La population du Brésil est de 8 millions d'habitants, elle se compose de trois éléments : les Brésiliens créoles, descendants des Portugais ; les Indiens et les noirs. Les Indiens aujourd'hui ne sont plus qu'en petit nombre ; ce sont quelques tribus clair-semées, quelques pauvres peuplades qui errent dans les forêts.

Le gouvernement du Brésil est un gouvernement constitutionnel : un empereur avec un sénat, une chambre de députés et un conseil d'État. Les sénateurs sont au nombre de deux par province ; ils sont choisis par l'empereur sur une liste de trois candidats nommés par l'élection. Le nombre des députés est proportionné à la population de chacune des provinces.

Les provinces sont administrées par un gouverneur nommé par l'empereur. Le gouverneur est assisté d'une représentation locale, formée d'un certain nombre de députés, ce qui rappelle nos conseils généraux. Presque tous les fonctionnaires sont nommés à l'élection. La législation brésilienne est basée en grande partie sur la nôtre, c'est le code civil avec quelques modifications locales.

La nature du Français s'assimile facilement à celle du Brésilien. Les deux peuples puisent dans leur origine latine des points de contact, de ressemblance et de sympathie. Chaque année un grand nombre de jeunes gens traversent l'Océan et viennent visiter l'Europe. On les rencontre en Allemagne, en Angleterre, en Italie ; mais on les retrouve surtout en France sur les bancs de nos écoles.

On parle français à Rio-Janeiro. Notre langue, exigée pour les écoles spéciales, est enseignée dans les écoles primaires, et la librairie française est l'objet d'un commerce considérable.

Les lettres, les sciences et les arts sont en grand honneur chez les Brésiliens. En même temps qu'il constituait sa nationalité, ce jeune peuple révélait le génie qui lui est propre. La langue portugaise est restée la langue des Brésiliens, mais il s'est créé une littérature indigène qui a déjà de glorieuses annales, et le Brésil a ses poètes et ses historiens, tout comme il a ses orateurs et ses hommes d'État.

CHAPITRE VII.

AMÉRIQUE DU SUD. — RÉGION DU SUD-OUEST.

Bassin de la Plata.

Les montagnes qui ferment au sud le bassin du fleuve
des Amazones le sépare d'un autre bassin presque aussi
vaste, celui de la Plata.

Cette chaîne qui se détache du plateau des Andes,
donne, sur son versant méridional, naissance à un grand
nombre de cours d'eaux dont les trois principaux, venus
de trois points divers, de l'ouest, du nord, de l'est, forment par leur réunion une artère fluviale presque aussi
remarquable que celle du fleuve des Amazones. Ces
trois cours d'eaux sont : le *Parana* qui prend sa source
dans les montagnes voisines de l'Atlantique ; le *Paraguay*
qui descend du plateau des *Parexis* au nord, il reçoit le *Picomayo* qui descend de l'est, des hauteurs les
plus élevées des Andes. Lorsque le Parana a été grossi
de ces deux branches importantes il descend plus rapidement vers le sud où il entraîne les eaux de tout un
quart du continent colombien. Les paquebots à vapeu
remontent le fleuve principal et son tributaire, le Para-

guay, jusqu'à Cubaya, au centre même du Brésil 4,500 kilomètres de l'embouchure. En aval du confluent du Paraguay, le Parana présente une largeur de 15 kilomètres en moyenne, et dans les endroits où son lit est encaissé, où son courant est plus rapide, la nappe resserrée des eaux n'offre pas moins de 5 kilomètres. En rongeant incessamment les berges de sa rive gauche, ainsi que le font, en vertu de la rotation du globe, presque tous les fleuves de l'hémisphère méridional, le Parana délaisse graduellement les terres de la rive droite qu'il a nivelées, et tous les méandres de ses anciens lits sont remplacés par autant de rivières, les unes encore en mouvement, les autres obstruées par les vases et les troncs d'arbres. Ce n'est pas un cours d'eau, c'est un réseau de fleuves et de lacs entremêlés qui borne la pampa. Le navigateur, perdu au milieu de ce dédale d'îles, de canaux et de vastes nappes lacustres, pourrait croire qu'il vogue sur les détroits d'un archipel marin. Pendant les grandes inondations, l'aspect change : le Parana redevient un fleuve, mais un fleuve au courant formidable, dévorant d'un côté ses hautes berges, de l'autre côté s'étalant à perte de vue dans l'immensité des plaines. Alors l'eau, gonflée de 6 ou même 8 mètres au-dessus du niveau moyen, passe en tournoyant sur les îles, reconnaissables seulement à leurs forêts de saules penchés sous l'effort du courant. Des radeaux formés de troncs d'arbres et de branchages entremêlés, des îlots entiers retenus par un lacis de racines, de grandes prairies d'herbes aquatiques parsemées de fleurs bleues, descendent en longues traînées sur le flot, se rencontrent, puis se séparent pour se rejoindre encore. Des bandes d'oiseaux volent au-dessus de ces masses de verdure flottantes, et picorent çà et là les insectes qui se noient ; les grands animaux, surpris par l'inondation dans les îles, les jaguars, les chevreuils cherchent à gagner la rive, et parfois, trop fatigués pour l'atteindre, s'arrêtent au milieu des amas de débris que le fleuve emporte vers la mer. C'est ainsi qu'en 1825 et en 1853 des marins ont pêché des jaguars en plein estuaire de la Plata, et que des chasseurs ont tué de ces pauvres animaux naufragés aux portes de Buenos-Ayres et de Montevideo.

Les diverses bouches du Parana et le puissant *Uruguay* qui s'unit au cours d'eau principal près l'île de Martin-Garcia, forment ensemble le vaste estuaire ou *Rio de la Plata*, qui est en même temps une embouchure fluviale et un golfe de la mer. Cette masse énorme d'eau, douce en amont, salée en aval, n'a pas moins de 250 kilomètres d'ouverture, de Maldonado au cap San-Antonio, et gardée d'un côté par Montevideo, de l'autre par Buenos-Ayres, s'avance à 300 kilomètres dans l'intérieur du continent. C'est là une magnifique avenue marine pour toutes les régions arrosées par les fleuves tributaires, et notamment pour la longue presqu'île comprise entre l'Uruguay et le Parana[1]. »

Le Parana entraînerait une masse d'eau plus considérable encore si les eaux de ses affluents de la rive droite, le *Pilcomayo*, le *Vermejo*, le *Solado* ne se perdaient pas en partie à cause de l'évaporation dans les lagunes et les marécages. De même le *Rio-Dulce* va se perdre dans une lagune salée à une assez grande distance à l'ouest du Parana.

Les Pampas.

« Les régions où vont se perdre ces eaux ne présentent point le même aspect dans toute leur étendue. Les plaines occidentales qui entourent en partie le massif de

---

[1] Elisée Reclus, *Revue des Deux-Mondes*, 15 février 1865.

Cordova sont parsemées de plantes épineuses, de gênets, de mimosas et d'autres arbustes au maigre feuillage; le sol argileux et compacte n'offre qu'un gazon court; çà et là, resplendissent au soleil de vastes espaces salins complétement dépouillés de verdure. Ce sont de véritables déserts qui furent autrefois noyés sous les flots d'une mer intérieure, et qui de nos jours sont presque complétement privés d'eau, si ce n'est durant les pluies: les voyageurs traversent en caravanes ces régions inhospitalières, semblables aux solitudes de l'Afrique et de la Perse; ce sont des *Llanos.*

« Plus à l'est commence cette grande plaine centrale qui forme l'un des caractères distinctifs du continent Colombien, et dont l'immense surface presque horizontale s'étend sur une longueur de 3,000 kilomètres au moins, des régions brûlantes du Brésil tropical, aux froides contrées de la Patagonie. Au nord du Salado, cette plaine qu'habitent des Indiens encore indomptés et que se disputent les diverses républiques voisines, avant d'y avoir même établi leurs colonies, porte le nom de *Gran-Chaco.* Le Pilcomayo, le Vermejo et d'autres fleuves descendus des Andes promènent en liberté leur cours à travers ces espaces presque entièrement inexplorés; leurs eaux, animées d'un très-faible courant, sont arrêtées par le moindre obstacle, et décrivent dans les campagnes une série de méandres aux rives incessamment changeantes; des lagunes, des marécages, des *banados* n'ayant parfois que deux ou trois décimètres d'eau sur de vastes espaces, reçoivent le trop plein de la masse liquide pendant la saison des pluies, et la déversent de nouveau dans le fleuve à l'époque des sécheresses. Un réseau de coulées et de marais coupe la plaine, dans le voisinage des grandes rivières, et sépare les uns des autres les terrains plus secs où campent les tribus indiennes. Au nord du Pilcomayo, des bouquets de palmiers se montrent parmi les arbres généralement peu élevés qui ombragent le sol du Chaco ; mais, plus au sud, ces massifs deviennent rares, les mimosas et d'autres arbustes épineux constituent presque toute la végétation forestière. Çà et là, s'étendent des espaces libres couverts de graminées : ce sont les petites savanes qui annoncent le voisinage de la grande mer de verdure.

« La *pampa* proprement dite occupe toute la contrée qui s'étend au nord et au sud, entre le Salado et les régions de la Patagonie, parcourues par les Indiens sauvages. C'est là l'immense et célèbre pâturage qui a fait la richesse de la République à cause des bestiaux qui le parcourent par centaines de mille et par millions. L'immense surface herbeuse semble complétement horizontale comme la nappe de l'Océan ; de tous les côtés, la rondeur du ciel repose sur une ligne circulaire aussi nette que si elle eût été tracée au compas. Aucun objet ne rompt la grandiose uniformité du paysage, si ce n'est un troupeau de bœufs, la muraille jaunie de quelque *estancia*, ou bien un arbre solitaire oublié par la hache du *gaucho*. Des flaques, les unes salines ou saumâtres, les autres remplies d'eau douce, parsèment la prairie et continuent la nappe onduleuse des graminées par des touffes de joncs et de roseaux à travers lesquels on voit briller çà et là un reflet du ciel bleu, un rayon de lumière. Pendant les jours brûlants de l'été, le mirage fait osciller les couches d'air qui pèsent au loin sur les campagnes, et figure des objets fantastiques, des lacs imaginaires ; parfois le vent s'élève et déroule en longs tourbillons les nuages de poussière qu'il prend sur les chemins piétinés par d'innombrables bestiaux. La Pampa est la région par excellence de la République-Argentine, celle que les poètes ont chantée avec le plus d'enthousiasme, celle que les voyageurs se rappellent avec le plus d'amour. D'où vient que ces espaces monotones, ces océans d'herbes sans limites visibles ont toujours été célébrés en paroles plus fières et plus émues que ne l'ont été les montagnes, à la stature colossale, aux formes si variées, aux jeux de lumières si changeants ? — C'est que l'homme se sent maître de l'espace et qu'il y est libre [1].»

En dehors du bassin principal de la Plata, il faut citer les bassins secondaires du *Rio-Colorado* et du *Rio-Negro* qui se jettent dans l'océan Atlantique. Ce dernier fleuve sépare les États de la *Plata* de la Patagonie.

Le bassin principal et les bassins secondaires embrassent, outre une partie du Brésil et de la Bolivie, les Provinces-Unies de la Plata ou Confédération Argentine; le Paraguay et l'Uruguay.

I

URUGUAY.

L'Uruguay forme une république indépendante entre le Brésil au nord, l'Atlantique à l'est, le Rio de la Plata au sud et la Confédération Argentine à l'ouest : il porte aussi le nom de *Bande orientale*. Arrosé et limité à l'ouest par l'Uruguay, puissant affluent du Parana, son territoire est très-fertile. Cette république a pour capitale: MONTEVIDEO (50,000 habitants) à l'embouchure du Rio de la Plata; c'est de beaucoup le meilleur port de cette région, mais il n'est pas assez bien relié aux provinces de l'intérieur.

---

[1] Elisée Reclus, *Revue des Deux-Mondes*, 15 février 1865.

II

PARAGUAY.

Dans une presqu'île dessinée par le Paraguay et une grande courbe du Parana s'est formée la République du *Paraguay*. Cette contrée, salubre entre toutes, jouit à la fois des avantages des pays continentaux, puisqu'elle est située au centre, et des priviléges des régions du littoral, car les navires peuvent remonter pendant une moitié de l'année jusqu'à la jonction des deux grands fleuves. Grâce à une chaîne de hauteurs qui traversent ce pays du nord au sud, le Paraguay a moins de plaines inondées que les contrées voisines, il est aussi beaucoup mieux cultivé.

La capitale est l'Assomption sur le Paraguay.

III

CONFÉDÉRATION ARGENTINE.

Le reste du bassin de la Plata appartient à la *Confédération argentine* ou *Provinces-Unies*.

La capitale est Buenos-Ayres dans la province de ce nom. Située dans une position magnifique sur la rive méridionale du Rio et de la Plata, cette ville prend de jour en jour plus d'importance comme cité commerciale et compte 140,000 habitants. Toutefois, une décision de 1869 vient de désigner pour la capitale de la Confédération, à partir de 1873 la ville de Rosario.

Les autres villes principales sont : Santa-Fé sur la rive droite du Parana, Corrientes un peu au-dessous du confluent du Paraguay et du Parana. Dans l'ouest on remarque : Cordova et Mendoza, presque au pied des Andes, ville malheureusement détruite par un tremblement de terre en 1861.

Ces contrées, qui occupent une étendue cinq fois supérieure à celle de la France, ne comptent encore que 3,000,000 d'habitants, et au siècle dernier n'en avaient que 500,000. Sans les guerres civiles qui désolent le plus souvent les provinces do la Confédération, sans les grandes luttes de la Confédération contre l'Uruguay et aujourd'hui contre le Paraguay, le développement de la population serait beaucoup plus grand. Ces contrées, en effet, jouissent d'une température moyenne, d'un climat sain et sont heureusement situées pour devenir le domaine de nations de premier ordre. Le Paraguay, la République-Argentine et l'Uruguay sont un même pays, et tôt ou tard, en dépit des rivalités et des guerres, ils ne formeront, comme l'a voulu la nature, qu'un seul État. L'émigration européenne, principalement française, italienne et allemande, prend de plus en plus des proportions considérables et concourt maintenant, avec l'accroissement naturel des habitants, à transformer les solitudes en campagnes populeuses.

IV

PATAGONIE.

Au delà du Rio-Negro s'étend une terre désolée, la *Patagonie*, pays froid, sauvage, semé de loin en loin de prairies et de forêts, il est habité par des tribus indiennes, les *Puelches*, les *Patagons* ou *Thuelches*. On croyait les Patagons (hommes aux grands pieds) plus grands que les autres hommes, mais des observations répétées ont singulièrement rabattu les descriptions exagérées des voyageurs.

Au sud de la Patagonie se trouve un groupe d'îles montagneuses, froides et cependant semées de volcans, c'est pour cela qu'on appelle ce groupe la *Terre-de-Feu*.

Ces îles sont séparées du continent par le détroit de *Magellan*, passage long, sinueux, étroit, d'une navigation pénible, mais cependant ayant beaucoup de mouillages sûrs et commodes. L'importance de ce détroit, découvert en 1519 par Magellan, a diminué depuis qu'on a reconnu le cap Horn, à l'extrémité de la Terre-de-Feu ; néanmoins, comme le voyage autour du cap *Horn* présente de grands dangers, le détroit de Magellan est encore assez fréquenté. Si un passage était ouvert à travers l'isthme de Panama, cette route serait sans doute de plus en plus délaissée.

A l'est de la Terre-de-Feu, dans l'océan Atlantique, se trouvent deux grandes îles, les îles *Malouines* ou *Falkland;* l'Angleterre en a pris possession parce qu'elles sont un point de relâche pour la navigation du cap Horn et pour les bâtiments baleiniers.

V

ÉTATS DE LA COTE OCCIDENTALE.

Côte du Pacifique. — Cordillère des Andes.

Remontons maintenant la côte occidentale de l'Amérique du Sud, bande étroite entre la mer et une longue chaîne de montagnes appelées les *Cordillères des Andes.* Cette chaîne prend successivement, si nous remontons vers le nord, les noms suivants : *Andes de la Patagonie, Andes du Chili, Andes de la Bolivie* et du *Pérou,* Andes de *Quito,* et *Cordillères occidentales, centrales, orientales* de la Nouvelle-Grenade.

Cette chaîne, une des plus hautes du globe, est entremêlée de plateaux, de nœuds immenses et contient des montagnes remarquables. Les sommets les plus élevés sont: dans les Andes de *Quito,* le *Cotopaxi,*

5,760 mètres : le *Chimborazo*, qui a 6,530 mètres d'altitude ; on dirait vraiment que le colosse touche à la voûte
céleste. Toutefois l'Himalaya, en Asie, a des sommets
beaucoup plus hauts, et les Andes mêmes en ont d'autres qui le dépassent : les pics d'*Illimani*, 7,400 mètres ;
de *Sorata*, 7,690 mètres dans les Cordillères du Pérou ;
la *Concagua*, dans les Andes du Chili, 6,692 mètres. On
remarque dans les Andes de Bolivie le grand lac de
Titicaca.

VI

CHILI.

Des États qui bordent cette côte, le Chili est le plus
méridional et le plus étroit. Situé à l'ouest des États de
la Plata, il est pittoresque, fertile, salubre, mais tous
ces avantages sont compromis par l'instabilité du sol ;
les tremblements de terre sont fréquents et violents.

La capitale est SANTIAGO ; villes principales : **Valpa-
raiso**, 50,000 habitants, principal port de commerce ;
Coquimbo, Valdivia.

Le pays est surtout riche en mines de cuivre, d'or,
d'argent, sans parler des produits de l'agriculture que
favorise un climat délicieux.

Du Chili dépend l'île de *Chiloé.*

VII

BOLIVIE.

Au nord du Chili, on rencontre la *République de Bolivie*, qui est comprise entre l'océan Pacifique et le Pérou à l'ouest, le Pérou au nord, le Brésil à l'est, le Paraguay et la Plata au sud.

Cet État s'étend donc à la fois sur les deux versants de la chaîne des Andes, et les cours d'eau qui l'arrosent sont en général des affluents du grand fleuve des Amazones et de la Plata. Parmi les affluents de l'Amazone, on remarque la *Mamoré* ou *Rio-Grande* et le *Rio-Madera*. Dans le sud coulent le *Pilcomayo* et le *Paraguay*, deux des principaux affluents du Panama.

Cet État contient les nœuds les plus élevés des Andes, le *Sorato*, l'*Illimani;* aussi le pays est-il très-riche en mines d'or et d'argent. Tout le monde connaît la montagne célèbre du *Potosi* où on a longtemps exploité les plus riches mines d'argent.

La Bolivie forme une république indépendante dont la capitale est La Paze, ville assez grande, 50,000 habitants; villes principales **Sucre** ou **Chuquisaka, Potosi,** et sur la côte, **Cobija**.

VIII

PÉROU.

Le Pérou, comme la Bolivie par laquelle il est limité au sud et à l'est, se partage entre les deux versants des Andes; comme elle il est traversé du nord au sud par la partie la plus haute de cette chaîne de montagnes qui s'y divise même en trois rangées et renferme aussi beaucoup de volcans. Dans l'océan Pacifique ne tombent que de petites rivières; toutes les eaux s'en vont dans le bassin de l'Amazone; le pays est arrosé surtout par le *Maranon* qui est considéré comme la branche principale du fleuve des Amazones et que vient grossir l'*Ucayale*, qui reçoit lui-même l'*Apurimac*.

La richesse du Pérou en mines d'or et d'argent est légendaire, bien que ces mines aient été bien mal exploitées. L'agriculture y prospère, car la température des montagnes y est très-favorable.

C'est au Pérou que l'on trouve le lama qui est le chameau de l'Amérique.

La capitale de ce pays qui, comme les pays voisins, forme une république indépendante, est LIMA, grande et belle cité de 80,000 habitants, ville de luxe et de plaisirs, mais où l'on danse sur un volcan puisque cette ville a souvent été dévastée par des tremblements de terre; elle a pour port *Callao*.

Les villes principales sont : **Cuzco**, ancienne capitale de l'empire des Incas et qui renferme encore quelques monuments péruviens; **Arequipa**, dans le voisinage d'un volcan; **Truxillo**, près de la mer; **Pisco**, **Arica** et **Islay**.

Au Pérou appartiennent les îles *Chinchas*, importantes par leurs gisements de guano qui fait l'objet d'un commerce considérable pour les engrais.

IX

EQUATEUR.

Au nord du Pérou se trouve la *République de l'Équateur* limitée, comme ce dernier pays, à l'ouest par le Pacifique, à l'est par le Brésil.

La capitale est QUITO, située à 2,900 mètres au-dessus du niveau de la mer, ville de 80,000 habitants, mais souvent dévastée par les tremblements de terre. Les villes principales sont: le port de **Manta**, **Guayaquil**, **Cuenca** et **Loja**.

La République de l'Équateur a pour voisines au nord les Républiques de la Nouvelle Grenade et du Vénézuéla que nous avons déjà décrites : elle nous ramène ainsi à notre point de départ dans l'étude de l'Amérique méridionale,

LIVRE V.

OCÉANIE.

CHAPITRE I.

OCÉANIE OCCIDENTALE

On comprend, sous le nom d'Océanie, les îles situées au sud de l'Asie avec l'Australie et toutes les îles dispersées dans le grand Océan. On a divisé cette multitude d'îles en quatre groupes principaux : la *Malaisie*, la *Mélanésie*, la *Polynésie* et la *Micronésie*. Les deux premiers groupes forment l'Océanie occidentale.

I

MALAISIE.

L'immense archipel de la Malaisie a été appelé le paradis du globe à cause de sa situation au milieu des mers calmes et lumineuses de la région tropicale. Il est occupé par la race *malaise*. Cette race que l'on fait généralement sortir de la presqu'île de Malacca, d'où vient son nom, a le teint d'un rouge de brique foncé, les

cheveux longs et noirs, les yeux grands et étincelants ;
il y a plus d'une analogie entre le caractère malais et le
caractère arabe. Dans l'une et l'autre de ces races,
l'homme est aventureux, taciturne et réservé, enclin à
se vanter des bonnes comme des mauvaises actions. Le
visage du Malais a même quelque chose de sémitique.
La race malaise a adopté le mahométisme, mais elle a
conservé avec les prescriptions du Coran une foule de
superstitions locales qui semblent un reste de leurs
croyances primitives.

La *Malaisie* comprend, 1° les *îles de la Sonde* ; 2° l'*archipel de Bornéo* ; 3° l'*archipel de Célèbes* ; 4° les *îles Moluques* ; 5° les *îles Philippines.*

Les deux plus importantes des îles de la Sonde, sont
Sumatra et *Java*, qui paraissent la continuation de la
presqu'île de Malacca en Asie. L'île de Sumatra, peuplée de 4,500,000 habitants, jouit d'un climat tempéré ;
elle est couverte de forêts ; on y cultive le riz, le coco-
tier, le bétel, le sagoutier, le poivre, etc.

L'île de *Java*, qui a 1,000 kilomètres de longueur, et
qui est, comme Sumatra, traversée par une chaîne de
montagnes volcaniques, jouit également d'un climat
sain et produit le sagoutier, dont la moelle donne aux
habitants une farine dont ils se nourrissent, le bananier,
l'ananas, la goyave, le jacquier, etc. Elle compte environ
12,000,000 d'habitants.

Les autres îles de la Sonde sont : *Bali*, *Sumbava*,
Florès et *Timor*.

L'archipel de *Bornéo* a pour îles principales : *Bornéo*,
la plus grande des îles de l'Océanie après l'Australie,
elle a 1,270 kilomètres de long sur 900 de large, elle
surpasse la France en étendue, mais n'a que 3 à 4 mil·
lions d'habitants, elle renferme beaucoup de mines de
fer, d'or, de cuivre et de diamants.

On remarque encore l'archipel des *Célèbes*, dont la principale est l'île du même nom ; île singulièrement formée et qui figure quatre doigts d'une main, écartés. L'intérieur est montagneux. Cette île, d'un climat très-agréable, produit en quantité du riz, du coton, du camphre, du bois de sandal, et même de l'or : la population est évaluée à 2 millions d'habitants.

Les îles *Moluques*, divisées en grandes et petites, sont appelées aussi *Iles aux épices*, parce que leurs principales productions sont les épices, le giroflier, le muscadier... On remarque parmi les principales : *Ternate*, *Banda*, *Gilolo*, *Amboine* et *Tidor*.

Tous ces archipels contiennent des États indépendants, mais en général soumis aux Hollandais, ils forment le principal centre de leur empire colonial. Le peuple hollandais, si petit par le territoire et si grand par le caractère, a su étendre sa domination sur une population de 20 millions d'hommes, et les astreindre au travail sans les soumettre à l'esclavage. L'esclavage, cette plaie, a disparu dans les Indes orientales depuis la loi du 7 mai 1859. En 1861, l'esclavage a été aussi supprimé dans les possessions hollandaises de l'Amérique ou Indes occidentales.

Dans cet empire, c'est à peine si on compte 22,000 Européens ; les races de l'Asie et de l'Océanie en forment donc le fond principal, la race javanaise, la race malaise, la race chinoise.

C'est une merveille que la rapide prospérité de ces îles hollandaises si favorisées par le soleil ; elles sont pour la Hollande une source considérable de richesses. La capitale des établissements hollandais est dans l'île de Java : BATAVIA, 250,000 habitants, divisée en ville haute et ville basse ; on remarque encore, dans la même île, **Sourabaya, Samarang, Bantam.**

Dans l'île de Sumatra, les chefs-lieux des établissements hollandais sont **Padang** et **Bencoulen**.

Dans l'île Célèbes, la ville principale est **Macassar**.

Un autre archipel de la Malaisie, appartient à l'Espagne, ce sont les îles *Philippines*, dont la principale culture est le riz, le cotonnier, l'ananas, le gingembre, le cassier, le bananier, le tabac.

La principale île est *Luçon*, fertile, mais volcanique. MANILLE, sur la côte occidentale, chef-lieu des établissements espagnols, compte 140,000 habitants. Les autres îles sont *Mindanao, Samar, Zébu, Mindoro*, etc. On évalue la population des Philippines à 5 millions d'habitants.

II

MÉLANÉSIE.

La Mélanésie, ainsi appelée parce qu'elle est occupée par des peuples de race noire, comprend les archipels des îles *Viti*, des *Nouvelles-Hébrides*, les îles *Salomon*, la *Nouvelle-Guinée*, encore peu connue, mais où les Hollandais ont déjà fait quelques établissements.

Australie.

Mais l'île principale de cette région et la plus grande de l'Océanie, est l'*Australie*, vaste comme un continent, qui a été découverte par les navigateurs hollandais, vers l'année 1605. Elle est bornée au nord par le détroit de **Torrès,** qui la sépare de la Nouvelle-Guinée, et par la mer de Timor; à l'est et à l'ouest par le grand Océan, au sud-est par le détroit de *Bass*, qui la sépare de la Tasmanie. Ses côtes sont très-échancrées, et on remarque au nord le golfe de *Carpentarie*. Sa superficie égale la moitié de l'Europe.

Cette île immense, et encore inexplorée dans sa plus grande partie, est surtout colonisée sur la côte orientale où l'on remarque une chaîne de montagnes que l'on a appelées Alpes-Australiennes ou montagnes Bleues; de ces montagnes s'échappe un grand fleuve, le *Murray*, qui court vers l'ouest, reçoit le *Darling* et se jette dans le Pacifique, sur la côte sud-ouest. Plus loin à l'ouest, on rencontre un grand lac, le lac *Torrens*. Chaque année, les voyageurs cherchent à reconnaître l'intérieur de l'île, couvert de steppes, de landes, de forêts, de marécages. Les voyageurs *Landsborough*, *Kennedy*, *Leichart*, *Burke*, et en dernier lieu *Mac-Douall-Stuart*, ont fait faire de grands progrès aux connaissances géographiques; le dernier surtout a traversé le continent dans sa longueur, depuis Adélaïde, au sud, jusqu'au golfe de Carpentarie.

Les colonies australiennes n'ont pas encore cent ans d'existence. La première escadre envoyée d'Angleterre, entrait à Port-Jackson en 1788. Sidney, dont l'origine bien modeste est un établissement pénitentiaire, fut le berceau de ce nouvel empire. Melbourne est beaucoup plus moderne; car les colons ne s'établirent qu'en 1833 sur la pointe sud-est de l'Australie, qui est aujourd'hui la province de Victoria. Cette terre ne paraissait pas offrir de grandes ressources, lorsqu'en 1851 on y découvrit des mines d'or; depuis ce moment, l'émigration se porta avec rapidité vers cette contrée, et la population s'accroît chaque année d'une manière étonnante.

Dans les terrains aurifères, la verdure est morte, les grands arbres des forêts abattus par la main de l'homme sont étendus sur ces terrains bouleversés; la plaine a été grattée, lavée, regrattée et relavée à diverses reprises. Les premiers venus trouvèrent l'or à la surface en si merveilleuse abondance, qu'ils se donnaient à peine le temps de creuser et ne recueillaient que les plus gros morceaux. Il y eut alors une période d'anarchie, de crimes, d'opulence et de désastres. Maintenant tout s'est régularisé. On voit des villes sillonnées de voitures, éclairées au gaz, remplies de clubs, de théâtres, de bibliothèques.

Le travail des mines s'est lui-même transformé. De puissantes compagnies, pourvues de capitaux considérables, creusent des puits profonds et vont chercher dans les entrailles de la terre les pépites que la surface ne rend plus en quantité suffisante.

Quant à l'élevage des bestiaux, c'est une industrie moins aléatoire, mais tout aussi rénumératrice que celle des mines. Les plaines d'une immense étendue que les tribus indigènes parcouraient au hasard sans en tirer nul profit, sont admirablement propres à l'industrie pastorale. On peut s'approprier, au prix d'une faible redevance annuelle, des centaines de kilomètres carrés. Là-dessus vivent des milliers de bœufs ou de moutons, auxquels suffit une escorte de quelques bergers. Ces troupeaux alimentent les villes du littoral; ils fournissent une prodigieuse quantité de laine que l'Australie exporte dans l'ancien monde. Ils contribuent à la richesse du pays presqu'autant que l'or qui a été pendant longtemps la principale attraction de ces colonies improvisées.

La colonie anglaise se divise en cinq provinces:

A l'est, la *Nouvelle Galle du Sud*, capitale Sidney, (port Jackson; *Queensland* (Terre de la Reine); villes principales: **Port-Denison** et **Brisbane**.

Au sud: la *Province de Victoria*, capitale Melbourne, qui doit au voisinage de ses mines récemment découvertes, d'avoir aujourd'hui 150,000 habitants. Dans ces villes, des assemblées élues par les habitants, administrent le pays avec le concours et sous le gouvernement de la reine d'Angleterre. C'est déjà une petite Amérique pour l'activité et la liberté.

A l'ouest, l'Australie occidentale a pour capitale Perth.

La population totale de la colonie anglaise est de 1,400,000 habitants.

Au sud de l'Australie, l'Angleterre possède encore la *Tasmanie*, florissante colonie.

La Nouvelle-Calédonie.

La France possède dans cette région la *Nouvelle Calédonie*, située à l'est de l'Australie. Cette île qui nous appartient depuis 1853 jouit d'un climat salubre et contient beaucoup de forêts, mais l'intérieur en est encore peu connu. On y remarque déjà deux villes, **Fort de France**, sur la côte occidentale, et **Napoléon**, sur la côte orientale.

On trouve à côté de la Nouvelle-Calédonie l'île des *Pins*, qui en est une dépendance.

CHAPITRE II.

OCÉANIE ORIENTALE.

Polynésie et Micronésie.

On a groupé sous ces deux noms (îles nombreuses *Polynésie*, et petites îles, *Micronésie*), de nombreux archipels. Quelques îles seulement sont remarquables et colonisées par des Européens.

I

POSSESSIONS ANGLAISES.

Les Anglais possèdent la plus grande de ces îles, la *Nouvelle-Zélande*. La Nouvelle-Zélande se compose de deux grandes îles, séparées par le détroit de *Cook*, et qui correspondent aux antipodes d'une partie de la France. Le pays est couvert d'une végétation remarquable, les naturels sont braves et les Anglais ont souvent à réprimer de graves insurrections. La richesse du sol, des pâturages, des forêts, des mines d'or assurent à la colonie un grand développement.

La capitale est la ville d'Aukland; les villes princi-

pales sont : **Wellington**, sur le détroit de Cook, **Nelson**
et **Dunedin**.

II

POSSESSIONS FRANÇAISES.

Les établissement français de l'Océanie sont :

Les *Iles Marquises* ou Nouka-Hiva, les *États du Protectorat* ou de la *Société*, qui comprennent les îles de *Taiti*
et *Moorea*, et des îlots secondaires.

L'île de Taiti qui occupe un périmètre de 120 kilomètres et dont le centre est occupé par de hautes montagnes, a pour capitale Papeiti, capitale du Protectorat,
qui possède un port vaste et sûr; elle est la résidence de
la reine et du commissaire français.

Le groupe des îles Marquises se compose de onze îles
ou îlots dont beaucoup sont déserts.

La France possède encore les îles *Gambier*, *Tuamou-
tou* et *Wallis*.

En dehors des archipels qui appartiennent à la France
et à l'Angleterre, l'Espagne possède en Micronésie les
archipels des *Carolines* et des *Mariannes*.

Les archipels indépendants sont, dans la Micronésie :
Gilbert, *Marshall*, *Anson* et *Magellan*; dans la Polynésie,
Touga, l'archipel de *Cook* et les îles *Sandwich* au nord
l'Océanie.

III

VOYAGES EN OCÉANIE.

C'est surtout au xviiiᵉ et au xixᵉ siècle que les archipels
de l'Océanie ont été explorés. Les voyages de Dampier,
de Wallis, de Carteret avaient déjà avancé de ce côté la

science géographique, lorsque le capitaine anglais *Cook*
entreprit de longs et savants voyages, 1768-1772-1776 : il
étudia la côte orientale de l'Australie, reconnut la Nouvelle-Zélande, découvrit la Nouvelle-Calédonie, les îles
de la Société, celles des Amis et les îles Sandwich ; on
sait qu'il périt dans un combat contre les naturels de
ces dernières îles. Le Français *Bougainville* fit également un voyage autour du monde, 1766-1769, dans
lequel il explora également beaucoup de régions ; puis
vint l'infortuné *Lapérouse*, que Louis XVI, en 1785,
chargea d'un voyage de découvertes. Il partit de Brest
avec les frégates *la Boussole* et *l'Astrolabe*; déjà il avait
visité les côtes de beaucoup de pays, surtout de l'Australie, lorsqu'on cessa, en 1788, d'avoir de ses nouvelles.
On fit, mais en vain, plusieurs voyages dans le but de
rechercher ses traces, et on désespérait de les decouvrir.
lorsqu'en 1827 le hasard fit rencontrer par le capitaine
anglais Dilon les débris de ses vaisseaux dans une des
îles *Vanikoro*. En 1828, *Dumont d'Urville* acquit la certi-
tude que Lapérouse avait péri sur les récifs qui entourent l'île de Vanikoro. Ajoutons à ces noms ceux du
navigateur anglais *Van Couver*, un des compagnons de
Cook et du Français *Entrecasteaux*. Au xix⁰ siècle ces
voyages ont continué, mais les grandes découvertes
étaient faites et il ne restait plus qu'à glaner.

IV

TERRES AUSTRALES.

Il y a-t-il vers le pôle sud des terres comme on en a
trouvé vers le pôle nord. Telle etait la question que se
posaient les navigateurs? Cook, après plusieurs voyages,
dit : « Non » et l'on cessa de croire à un continent austral.

Or, en 1828, le capitaine *Foster* rencontre au 64* degré de latitude sud une terre montagneuse et glacée. En 1831, le capitaine Biscoe reconnaît une île qu'il appelle *Adélaïde* puis la terre de *Graham.*

Alors navigateurs anglais, français, américains, rivalisent de zèle pour explorer ces régions. Le capitaine *Dumont d'Urville* en fit le but de plusieurs voyages, il reconnut les îles *Orkney* et une terre qu'il appela terre *Louis-Philippe* (1838); plus tard la terre *Adélie* (1840), dans le voisinage de laquelle on croit qu'existe le pôle magnétique; il reconnut aussi la côte que l'on nomme terre de *Clarie.*

Le lieutenant anglais *Wilkes,* le capitaine *Balleny* visitèrent également les régions antarctiques.

Le capitaine *James Ross,* sur les frégates *Erebus* et *Terror* vérifia les découvertes de Dumont d'Urville, rencontra l'île *Victoria* et, à 77 degrés latitude sud, une montagne volcanique qu'il appela le mont *Erèbe,* (1840). Ces découvertes ne sont précieuses que pour la science, mais elles sont pour elles d'un prix inestimable, surtout au point de vue des calculs mathématiques et des observations physiques.

Le jour approche où pas un coin de terre, fût-il perdu aux extrémités du monde et sous les climats les plus rigoureux, n'aura été exploré, visité; pas une pierre de son domaine n'échappera à la connaissance de l'homme.

TABLE DES MATIÈRES.

LIVRE I.

Géographie générale du monde.

LIVRE II.

L'Europe.

LIVRE III.

L'Asie.

LIVRE V.

L'Amérique.

FIN DE LA TABLE.

Saint-Denis. — Typographie de A. Moulin.